Sempre seu,
Oscar

Oscar Wilde

SEMPRE SEU, *OSCAR*

Uma biografia epistolar

Organização, tradução e apresentação
Marcello Rollemberg

ILUMI//URAS

Copyright © 2001 desta tradução e edição:
Editora Iluminuras Ltda.

Capa:
Fê

Revisão:
Maria Estela de Alcântara

Filmes de capa:
Fast Film - Editora e Fotolito

Composição e filmes de miolo:
Iluminuras

ISBN: 85-7321-160-1

Página 4: Retrato de Oscar Wilde (cerca de 1889).

2001
EDITORA ILUMINURAS LTDA.
Rua Oscar Freire, 1233 - 01426-001 - São Paulo - SP - Brasil
Tel.: (0xx11)3068-9433 / Fax: (0xx11)3082-5317
E-mail: iluminur@iluminuras.com.br
Site: www.iluminuras.com.br

ÍNDICE

Um missivista compulsivo, 9
Marcello Rollemberg

Agradecimentos, 11

A Constance Wilde, 13

A ascenção e a queda de um Dândi (1890-1900), 15
M.R.

Cronologia, 19

SEMPRE SEU, OSCAR, 25

UM MISSIVISTA COMPULSIVO

Marcello Rollemberg

A vida não é para ser descrita. A vida é apenas para ser vivida.
O.W.

Oscar Wilde foi o melhor personagem de si mesmo. Frasista imbatível, dono de um humor ao mesmo tempo cáustico e sagaz — aquilo que os ingleses chamam de wit *e que não encontra paralelo em língua portuguesa —, ele foi o nome do século XIX. De várias formas, foi quem melhor o encarnou, mesmo sendo contemporâneo de gênios da arte como Baudelaire, Charles Dickens, Edgar Allan Poe, Dostoiévski, entre tantos outros. Mas nenhum deles reuniu em uma mesma personalidade tudo de bom e ruim que o século produziu. Ele foi o esteta em um período em que a estética dava as cartas. Elevou o epigrama à forma de arte quando as frases de efeito rodavam pelos salões culturais, levou a comédia de costumes para o palco de uma forma que até então nunca havia sido feita e fustigou a sociedade britânica com uma vara tão curta quanto o lápis ou a caneta que usava para criar suas obras. E também foi a principal e mais conhecida vítima de uma época marcada pelo (falso) puritanismo e pelas aparências.*

Muito se tem falado de Wilde ao longo das últimas décadas, já que sua redenção depois de ter descido ao inferno do ostracismo devido a sua prisão foi absoluta. Mais se falou em 2000, quando se comemoraram os cem anos de sua morte. Muito se falou, muito se escreveu, muito se publicou, mas em nenhum momento se deu voz ativa ao personagem principa: o próprio Wilde. Ele já havia sofrido desse mesmo mal com algumas biografias que mais tencionavam explorar seu lado picaresco, homossexual, extravagante e desgraçado do que o mostrar em toda sua complexidade como ser humano e artista. É claro que há obras de referência a respeito dele, isso é inegável, mas pouco se valorizou sua própria fala — uma fala que, antes de mais nada, merecia ser ouvida não só pelo que tinha a contar, mas pela forma que o fazia.

A idéia desse volume de cartas de Oscar Wilde é exatamente essa: dar voz ao autor de O retrato de Dorian Gray. *Bem mais interessante do que ler uma nova biografia ou recorrer a antigas, por melhores que sejam, é "ouvir" dos próprios lábios de quem passou por tantas situações emblemáticas sua versão da história. Nas cartas de Wilde, que era um missivista compulsivo e que empregava em suas cartas a mesma verve que utilizava em suas peças e livros, há um colorido único, uma tonalidade que só quem passou pelo que ele passou poderia empreender. Wilde foi do céu ao inferno em uma década, e é exatamente esse período — de 1890 a 1900 — que está relatado nas cartas desse volume. Nada mais justo. Afinal, foi nesse espaço de tempo, compreendido do lançamento de Dorian Gray até sua morte em um hotel barato em Paris, que tudo o que lhe tinha de acontecer de fato aconteceu. Desde o luxo dos teatros e salões londrinos, das muitas taças de champanhe, até as celas úmidas e sombrias das prisões inglesas. Esse é o período mais importante da vida de Oscar Wilde, e ele tem muito a contar sobre isso.*

É verdade que, em vida, Wilde proibiu que Alfred Douglas publicasse as cartas que lhe havia enviado e que ele era extremamente zeloso com as coisas que lhe diziam respeito. Mas muito tempo já se passou desde então e Wilde não é mais o pária que a justiça britânica tentou fazer crer. Ele continua sendo o grande artista que sempre foi e sua importância há muito não é mais contestada. Nem poderia ser. Por isso, deve-se pedir licença ao autor dessas cartas e publicá-las pela primeira vez no Brasil, exatamente como o crítico e pesquisador inglês Rupert Hart-Davis fez nos anos 60. Sua edição completa das cartas de Wilde, por sinal, foram de grande valia para a confecção dessa, respeitando-se, é claro, o que há de particularmente autoral em cada uma delas.

Wilde adorava paradoxos, era mesmo um mestre nessa arte. Pois aí está mais um, em homenagem a ele: foi por ser tão zeloso quanto à publicação de suas cartas, que ele pode abrir-se tanto nelas e mostrar-se por inteiro, comentando assuntos que poderiam ficar obscuros sem a sua participação. Mas foi também por causa desse zelo, de um lado, e desse esgarçar de alma, por outro, que hoje a publicação de suas cartas torna-se possível. Lê-las é como ver letras diante do espelho. Só que o que é refletido é mais do que uma simples caligrafia. O que surge é a própria alma de seu autor.

Verão de 2001

AGRADECIMENTOS

Não poderia deixar de agradecer a algumas pessoas que foram absolutamente importantes para a edição desse livro. Em primeiro lugar, aos editores Samuel Leon e Beatriz Costa, que acreditaram desde o primeiro instante no projeto e tiveram a paciência necessária para vê-lo concluído. Também merece todos os meus agradecimentos os jornalistas e amigos João Luís Costa e Francisco Costa, que tanto me incentivaram na produção deste trabalho.

Um último e muito especial agradecimento vai para Carla Risso, companheira tão insone quanto eu, que leu com dedicação além da conta os originais desse volume e deu sugestões e fez correções sempre pertinentes, além de me incentivar e ajudar na tradução da quilométrica De Profundis, *quando todos os prazos já pareciam ter estourado. É para Carla, se é que eu posso fazê-lo, que esse livro é dedicado.*

Here I stay
till Sunday
—
Tuesday
Dec 16 1881

The Balmoral,
Edinburgh.

Dear and Beloved
Here am I, and
at the Antipodes
you
O execrable facts,
keep our lips
that
kissing, though
from
our souls are one.
what can I
tell you by
letter — ? alas!

A CONSTANCE WILDE

16 de dezembro de 1884   The Balmoral, Edimburgo

Minha querida e amada, aqui estou eu, e você em Antípoda. Oh, que situação execrável! Isto impede nossos lábios de se beijarem, embora nossas almas sejam uma só.

O que posso eu lhe dizer por carta? Puxa vida! Nada do que eu poderia dizer-lhe. As mensagens dos deuses pessoais não se transmitem por canetas ou tinta e, de fato, sua presença física não a tornaria mais real do que já é. Posso sentir seus dedos em meus cabelos e sua face tocando a minha. O ar está repleto da música de sua voz. Minha alma e meu corpo parecem que não me pertencem mais, pois ambos estão misturados num estranho êxtase junto com os seus. Eu me sinto incompleto sem você. Sempre e sempre seu,

OSCAR

Estarei por aqui até domingo

(Exceto por algumas poucas notas, esta é a única carta de Oscar Wilde a sua mulher Constance que restou. As outras foras destruídas por ela ou sua família.)

Na página anterior: Carta de Oscar Wilde para Constance (16 de dezembro de 1884).

A ASCENSÃO E QUEDA DE UM DÂNDI
(1890-1900)

A década de 1890 tinha tudo para ser aquela na qual Oscar Wilde definitivamente mostraria sua genialidade. Afinal, nos anos anteriores, ele tinha-se preocupado exatamente em pavimentar esse caminho, às custas de muito trabalho, muita arte e várias extravagâncias. Como ele mesmo escreveu certa vez, sua intenção era "ficar famoso, célebre ou, então, notório". Conseguiu as três coisas. Com suas peças, poemas, ensaios e O retrato de Dorian Gray, *seu único romance, ele conheceu a fama. Com suas tiradas perspicazes, eivadas de ironia e mordacidade, ele tornou-se célebre. E, com seu malfadado romance com Lord Alfred Douglas — o Bosie, que conheceu em 1890 e para quem ele enviou tantas cartas de amor e ódio, cartas essas que acabaram sendo usadas no tribunal contra ele e ajudariam a levá-lo para a prisão —, Wilde ficou tristemente notório.*

Foi nos anos 90 do século XIX que Wilde conheceu sua ascensão, seu apogeu, seu declínio, sua queda vertiginosa e sua morte, aí já nos estertores do século, em 30 de novembro de 1900, aos 46 anos. Mas até isso acontecer passou por várias fases distintas em sua vida e, em um determinado momento, parecia que nada poderia arrancá-lo de seu pedestal. A não ser ele mesmo. Quando publicou O retrato de Dorian Gray, *em 1890, Wilde já era uma figura conhecida nos círculos sociais e literários de Londres — e também dos Estados Unidos, onde fizera uma série de leituras aplaudidíssimas em 1882, e em Paris, que ele considerava sua verdadeira casa. Suas, digamos, excentricidades — como jogar pétalas de rosa e lírios no caminho de atrizes como Sarah Bernhardt —, suas tiradas sarcásticas e sua inteligência acima do normal faziam com que ele fosse requisitado para todos os salões londrinos. E ele ia a todos, sem exceção. Wilde tinha decidido tornar-se o principal nome literário da Inglaterra, e não sossegou até conseguir seu intento.*

Para isso, ele contou com a colaboração mais do que obstinada de sua mãe, Jane Francesca Wilde — que, quando jovem, assinava poemas panfletários contra a Coroa Inglesa como "Speranza" em sua Irlanda natal — e de sua mulher, Constance, com quem se havia casado em 1884 e com quem tinha dois filhos, Cyril (nascido em 1885 e morto em 1915, durante a Primeira Guerra Mundial) e Vyvyan, nascido em 1896 e morto em 1956 e que viria a se tornar o maior divulgador e defensor tanto da obra quanto da vida do pai. Sem se falar, é claro, de amigos sempre dedicados e que estiveram — muitos deles — a seu lado em todos os momentos, tanto nos jantares comemorativos às estréias de suas peças, quanto nos dois anos em que ele ficou preso, condenado a trabalhos forçados, e no período seguinte, quando Oscar Wilde já não existia mais e em seu lugar havia nascido o pobre Sebastian Melmoth, o nome que Wilde adotou para tentar, de alguma forma, viver em paz em seu exílio na França e na Itália. É o nome de Sebastian Melmoth que aparece no livro de registros do Hotel d'Alsace, um lugar de quinta categoria no Quartier Latin parisiense e que serviu de "lar" para Wilde nos últimos meses de sua vida.

Seus amigos mais fiéis em todas essas situações — e para quem escreveu a maioria das cartas — eram o sempre presente Robert Ross — sua primeira paixão homossexual conhecida e que acabou tornando-se o responsável por todo o espólio literário de Wilde —, Ada Leverson — a quem ele chamava carinhosamente de "Esfinge" e que foi uma das primeiras a recepcioná-lo quando ele saiu da prisão de Reading, em maio de 1897 —, More Adey, Robert Sherard, o escritor e jornalista Frank Harris — que mais tarde escreveria uma biografia oportunista do amigo, mas que sempre tentou ajudá-lo em seus momentos de maior penúria — e Leonard Smithers, seu editor, o homem que acabou falindo após publicar A balada do cárcere de Reading, *o longo poema que Wilde escreveu assim que saiu da prisão. Se a falência de Smithers deveu-se à publicação do livro ou à sua notória inabilidade de gerir seus negócios, ainda está por ser melhor definido. Mas que uma coisa se seguiu à outra, disso não restam dúvidas. Wilde também pôde contar com um amigo não tão presente, mas igualmente leal nas horas mais duras: o ator e empresário teatral George Alexander, que foi o ator principal em* O leque de Lady Windermere *e que acabaria por comprar os direitos de suas peças, mas sem a intenção de lucrar algo com isso. O desejo de Alexander era, simplesmente, tirar Wilde de seus apuros financeiros.*

No entanto, até Oscar Wilde ver a sociedade londrina virar-lhe as costas e a miséria instalar-se onde antes havia o fausto, Londres — e a Europa, de uma forma geral — esteve a seus pés, da mesma forma que o Magdalen College, em Oxford, onde estudou, já havia estado. Ele correspondia-se com escritores como W.B. Yeats — que mereceu uma crítica elogiosa por parte de Wilde quando publicou seu primeiro livro de poemas —, George Bernard Shaw, Stephane Mallarmé, Arthur Conan Doyle — o criador de Sherlock Holmes —, *além de enviar constantemente cartas aos principais jornais ingleses, que tanto podiam conter doses industriais de ironia, quanto podiam ser cáusticas e críticas como praticamente só ele sabia ser.*

A grande perdição de Wilde — sem querer entrar no mérito moral, já que ele mesmo fez isso, e dando atenção apenas aos resultados práticos — foi seu relacionamento com Alfred Douglas. O que Robert Ross e Ada Leverson, por exemplo, eram para ele, Bosie foi o contrário. Mesquinho, hipócrita, perigosamente envolvente, Douglas atraiu Wilde para uma teia da qual ele nunca mais conseguiu livrar-se. O relacionamento dos dois — que durou de 1892 praticamente até a morte de Wilde — foi o tremor de terras que fez a torre de marfim do autor de Uma mulher sem importância *ruir. Foi Bosie quem o convenceu a processar seu pai, o marquês de Queensberry, quando este deixou um cartão no clube que Wilde freqüentava chamando-o de "sodomita". Naquele momento, começo de 1895, Wilde estava no apogeu de sua carreira. Tinha duas peças simultaneamente em cartaz — A importância de ser prudente, sua melhor comédia, e Um marido ideal — e ambas eram um tremendo sucesso. Já havia escrito* Salomé *em 1893, e que fora muito bem recebida em Paris e Berlim — a peça não pôde ser encenada na Inglaterra por questões éticas e religiosas, já que continha personagens bíblicos, algo bem próprio da moral vitoriana da época —, e ele podia ser considerado o autor da moda. Foi esse excesso de soberba, pode-se dizer, que o levou a processar Queensberry. Incitado por Bosie e achando-se inatingível, Wilde foi para o tribunal acreditando piamente na vitória, por mais que soubesse que suas chances seriam praticamente nulas caso o marquês conseguisse as provas necessárias para condená-lo. E foi justamente isso o que aconteceu. Valendo-se de muitas cartas de Wilde a Bosie — que haviam sido furtadas por empregados de hotéis e por michês — e com testemunhos dos garotos de programa que Bosie apresentou ao amigo, os advogados de Queensberry viraram o jogo e Wilde, de vítima, passou a réu. Os resultados não poderiam ser mais trágicos.*

Além de ter sido preso, condenado a trabalhos forçados e passado por três prisões — Holloway, Wandsworth e, finalmente, Reading —, Wilde teve sua falência decretada, já que não tinha condições de pagar as custas do julgamento. Bosie havia drenado todo seu dinheiro. Preso, empobrecido, separado da mulher e longe dos filhos, a quem nunca mais viu — com a decretação da prisão, Constance partiu da Inglaterra, mudou seu sobrenome para Holland e chegou a pensar em pedir o divórcio, o que acabou não acontecendo e que proporcionou a Wilde continuar recebendo uma pequena pensão até o fim da vida, mas proibiu-lhe de voltar a ver os filhos até que se separasse definitivamente de Alfred Douglas, o que nunca aconteceu de fato. Wilde desmoronou. Do homem que havia encantado a Europa agora sobrara uma sombra, um vestígio sem contornos definidos. Depois que foi preso, ele só conseguiu escrever mais duas obras: a longuíssima carta a Bosie que passou a ser conhecida como De Profundis *e* A balada do cárcere de Reading. *Fora isso, o máximo que conseguia era escrever alguns sonetos medíocres — para ele, é claro — e trocá-los por uma taça de absinto ou um prato de comida em algum café de Paris.*

Endividado até a alma, Wilde ainda conseguiu manter o humor em alguns momentos e tentou reatar com Alfred Douglas, mesmo desaconselhado pelos amigos. Nada deu certo. Doente, com suspeita de meningite, Wilde foi definhando gradativamente. Ao morrer em Paris, foi enterrado em uma cova simples em um cemitério de indigentes nos arredores da capital francesa, só sendo trasladado para o Père Lachaise, onde está até hoje, em 1909, depois que Robert Ross conseguiu quitar todas as dívidas que ele havia deixado.

M.R.

CRONOLOGIA

1854 — Nasce, em 16 de outubro, Oscar Fingal O'Flahertie Wilde, segundo filho de sir William Wilde, médico especialista em olhos e ouvidos e cirurgião de fama internacional, e de lady Jane Francesca Wilde, poeta, tradutora e ativista da causa da independência da Irlanda. Seu irmão mais velho, William, havia nascido em 1852.

1864-1871 — Freqüenta a Portora Royal School, em Enniskillen, ao norte de Dublin.

1871-1874 — Freqüenta o Trinity College de Dublin.

1874 — Ganha a Medalha de Ouro de Berkeley por seu trabalho em grego sobre poetas helênicos. Recebe, em outubro, uma bolsa de estudos para freqüentar o Magdalen College, de Oxford, na Inglaterra, onde ficará até 1879.

1875 — Viaja para a Itália em junho com o escritor e professor J.P. Mahaffy, um de seus primeiros mestres.

1876 — Morre, a 19 de abril, seu pai, sir Wilde. Nesse mesmo ano, começa a publicar seus poemas e textos em revistas universitárias inglesas e irlandesas. Ganha o primeiro prêmio em literatura grega e latina no Magdalen College.

1877 — Visita, entre março e abril, a Grécia e a Itália, mais uma vez na companhia de Mahaffy. Continua a publicar seus poemas.

1878 — Ganha, em 10 de junho, o Newdigate Prize, o mais importante prêmio literário do Magdalen College, com o poema "Ravena", que publicara em março. Recebe seu bacharelato em artes como primeiro aluno da turma.

1879 — Se muda para Londres no outono e divide um apartamento com o colega Frank Miles. Publica poemas — entre eles "Phèdre", que recebe o título de "A Sarah Bernhardt" — em vários jornais londrinos. Começa a se fazer notar pela comunidade social e cultural da cidade.

1880 — Escreve sua primeira peça, *Vera ou os niilistas*.

1881 — Publica em junho a primeira edição de *Poemas*. Já pode ser considerado uma celebridade londrina graças à sua forma extravagante de se vestir e aos seus conceitos estéticos. É satirizado em revistas humorísticas, o que lhe dá ainda mais fama. No dia 24 de dezembro, embarca para os Estados Unidos.

1882 — Passa todo o ano entre os Estados Unidos e o Canadá proferindo conferências sobre arte e estética. Conhece Walt Whitman nos Estados Unidos.

1883 — Retorna à Europa e fica, de janeiro a maio, em Paris, onde conhece Goncourt, Victor Hugo, Aphonse Daudet, o pintor J.S. Sergent e o ator Paul Bourget. Escreve *A duquesa de Pádua*. Em agosto, *Vera* é montada em Nova York, mas não obtém quase nenhum sucesso e fica em cartaz apenas uma semana. Começa, em setembro, uma série de palestras pela Grã-Bretanha que durará até o final do ano. Em 26 de outubro fica noivo de Constance Lloyd, uma jovem endinheirada de origem irlandesa.

1884 — Casa-se com Constance em 29 de maio e passa a lua-de-mel em Paris e Dieppe, na costa francesa.

1885 — Muda-se, no dia 1º de janeiro, para a Tite Street, número 16, em Londres, onde escreverá muitos de seus trabalhos mais importantes e onde viverá com a família até ser preso. Em 5 de junho nasce Cyril, seu primeiro filho, que morrerá em 1915 durante a Primeira Guerra Mundial.

1886 — Conhece Robert Ross, para muitos a pessoa que o incitou definitivamente ao homossexualismo. Ross será seu amigo mais fiel até o fim de seus dias, tornando-se responsável pela edição de suas obras após sua morte, estando hoje enterrado ao seu lado no Père Lachaise, em Paris. No dia 3 de novembro nasce seu segundo filho, Vyvyan, o principal responsável por sua redenção literária e pessoal na década de 50 do século XX.

1887 — Torna-se editor do *Women's World*, cargo que ocupará até 1889. Publica *O fantasma de Canterville* em duas partes, nos dias 23 de fevereiro e 2 de março, em *The Court and Society Review*, onde também publica *O crime de Lorde Arthur Savile*. Publica *A esfinge sem segredo*, sob o titulo de *Lady Alroy*, em *The World* no dia 25 de maio.

1888 — Esse ano marca o começo de um período de crescente e ativa produção literária que só vai ter um ponto final com sua prisão, em 1895. Publica em maio *O príncipe feliz e outras histórias* — entre as quais "O gigante egoísta" e "O rouxinol" e a rosa.

1889 — Em janeiro publica o ensaio "A decadência da mentira" em *The Nineteenth Century*. Em julho é publicado o conto "O retrato de Mister W.H.", na *Blackwood's*.

1890 — Publica *O retrato de Dorian Gray* em capítulos na *Lippincott's Magazine*. Em fevereiro, publica *A alma do homem sob o socialismo* na *Fortnightly Review*, a mesma revista onde publicará, em março, um prefácio para *Dorian Gray*.

1891 — Publica, em 2 de maio, seu volume de ensaios *Intenções*. Publica *O retrato de Dorian Gray* em livro, com capítulos adicionais e um novo prefácio. Publica *Uma casa de romãzeira*, que inclui os contos "O aniversário da infanta" e "O pescador e sua alma", entre outros. *A duquesa de Pádua* é encenada em Nova York sob o título de *Guido Ferranti* e sem apresentar o nome de seu autor. A acolhida não é das melhores. Escreve em Paris e em francês, entre novembro e dezembro, sua peça *Salomé*. É em janeiro deste ano que conhece Lord Alfred Douglas.

1892 — Estréia no St. James' Theatre, em 20 de fevereiro, *O leque de Lady Windermere*. Em junho, *Salomé*, cujo papel-título seria de Sarah Bernhardt, é proibida de ser encenada na Inglaterra por representar personagens bíblicos de forma pouco ortodoxa. Entre agosto e setembro, escreve *Uma mulher sem importância*.

1893 — *Salomé* — que é publicada em francês em 22 de fevereiro em Paris — é encenada na capital francesa com muito sucesso. O mesmo sucesso, só que do outro lado do Canal da Mancha, que tem *Uma mulher sem importância*, encenada no Haymarket Theatre de Londres. Em 9 de novembro é publicada *O leque de Lady Windermere*. Wilde agora já é o grande nome da cena cultural londrina

1894 — No dia 9 de fevereiro, *Salomé* é finalmente editada em inglês, com ilustrações hoje clássicas de Aubrey Beardsley e tradução de Alfred Douglas, a quem o trabalho é dedicado. Em maio vai para Florença com Douglas e, entre agosto e setembro, fica em Worthing, no countryside inglês, escrevendo *A importância de ser prudente*. Em 9 de outubro é publicada *Uma mulher sem importância,* mesma época em que viaja com Douglas para Brighton, na costa sul da Inglaterra.

1895 — Esse é seu ano de apogeu e queda. Em 3 de janeiro é montada no Theatre Royal a peça *Um marido ideal* e, em 14 de fevereiro, estréia *A importância de ser prudente* no St. James's. Ambas são um sucesso absoluto. No dia 28 de fevereiro, porém, recebe em seu clube um cartão do Marquês de Queensberry, pai de Alfred Douglas, acusando-o de "sodomita". Instado por Douglas e contra a vontade de seus amigos mais próximos, abre processo contra Queensberry por injúria e calúnia. O marquês é preso e o julgamento começa a 3 de abril. Em 5 de abril, Queensberry é absolvido e Wilde é preso por excesso de provas contra si. Em 6 de abril começa o primeiro dos três processos contra ele na corte de Old Baley. Em 11 de abril é transferido para a prisão de Holloway, sem direito a fiança. O julgamento recomeça em 26 de abril e em 3 de maio, sem que o júri tivesse chegado a uma conclusão, é posto em liberdade sob fiança. Volta ao tribunal em 7 de maio, apesar de seus amigos desejarem que fugisse para a França. Em 20 de maio começa o segundo julgamento, com a revisão do processo e, diante das provas apresentadas, é considerado culpado por atos indecentes. No dia 25 de maio recebe a pena máxima de dois anos de prisão com trabalhos forçados, inicialmente cumpridos na prisão de Pentonville. Em 4 de julho é transferido para Wandsworth. Em setembro é declarado oficialmente falido e todos seus bens são confiscados. Em 20 de novembro é transferido para a prisão da cidade de Reading, nos arredores de Londres, onde cumprirá o restante de sua pena.

1896 — Morre, em 3 de fevereiro, sua mãe, Lady Wilde. *Salomé* é produzida em Paris com Sarah Bernhardt no papel principal.

1897 — Escreve, entre janeiro e março, a longuíssima carta a Alfred Douglas que acabou conhecida como *De Profundis*. Em 19 de maio é posto em liberdade e no dia 26 do mesmo mês parte para Dieppe, na França. Em agosto, encontra-se com Douglas em Rouen, onde fica até meados de setembro. Entre setembro e dezembro visita a Itália em companhia de Alfred Douglas. Envia sua primeira carta ao *Daily Chronicle* falando a respeito do sistema carcerário inglês.

1898 — Fixa residência em Paris em fevereiro, após ser abandonado por Douglas. No dia 13 desse mês é publicado o poema "A balada do cárcere de Reading", assinado apenas como C. 3. 3., seu número de identificação na prisão. Em

7 de abril, morre em Gênova sua mulher, Constance. Envia sua segunda carta ao *Daily Chronicle*.

1899 — Em fevereiro é publicada *A importância de ser prudente* e, em julho, *Um marido ideal*. Viaja pela Itália, Suíça e França graças à ajuda de vários amigos. Finalmente, em agosto, fixa-se no Hôtel d'Alsace, onde viverá seus últimos dias. Reencontra-se com Alfred Douglas.

1900 — Visita a Sicília e Roma na primavera, mas já dá sinais de sérios problemas de saúde. É operado em 10 de outubro, mas acaba morrendo de meningite em 30 de novembro, às 9h45min.

SEMPRE SEU,
OSCAR

Página de rosto da primeira edição de O retrato de Dorian Gray *(1891).*

AO EDITOR DO *SCOTS OBSERVER*

9 de julho de 1890   16 Tite Street, Chelsea

Sir, o senhor publicou uma crítica de meu romance *O retrato de Dorian Gray*. Como tal crítica foi grosseiramente injusta para comigo como artista, eu lhe peço que me permita exercitar em suas colunas meu direito de resposta. A crítica, sir, ainda que admita que o romance em questão é "claramente o trabalho de um homem de letras", trabalho de quem tem "cérebro, arte e estilo", ainda sugere, e aparentemente com seriedade, que eu o teria escrito para que pudesse ser lido pelos mais depravados membros das classes criminosas e iletradas. Bem, sir, eu não suponho que as classes criminosas e iletradas leiam coisa alguma a não ser jornais. Elas não estão, certamente, capacitadas a entender qualquer coisa minha. Então, deixe-as de lado e permita-me dizer algo sobre a questão principal do porquê de um homem de letras escrever, afinal. O prazer de alguém criar uma obra de arte é puramente pessoal e é justamente por causa desse prazer que há a criação. O artista trabalha com o olho no objeto. Nada mais o interessa. Aquilo que as pessoas gostariam de falar nunca lhe ocorre. Ele está fascinado por aquilo que tem nas mãos. É indiferente aos demais. Eu escrevo porque isso me dá o maior prazer artístico possível. Se o meu trabalho agrada a poucos, fico satisfeito. Se não, não me causa dor. Quanto à multidão, não tenho o mínimo desejo de me tornar um escritor popular. Seria muito fácil.

Portanto, sir, sua crítica comete o absoluto e imperdoável crime de tentar confundir o artista com seu tema. Para isso, sir, não há desculpas. Keats, uma das maiores figuras da literatura desde a Grécia antiga, observou que tinha muito mais prazer em conceber o mal do que o bem. De volta à sua crítica, sir, considere o propósito de se fazer uma apurada apreciação de Keats, pois é sob tal condição que todo artista trabalha. Uns permanecem distantes de seu assunto. Uns criam, outros contemplam. Quanto mais distante o tema, mais liberdade tem o artista de trabalhar. Sua crítica sugere que não deixo suficientemente claro se prefiro a virtude à iniqüidade ou a iniqüidade à virtude. Um artista, sir, não tem quaisquer simpatias éticas. Virtude e iniqüidade são para ele simplesmente o que são as cores na paleta para um pintor. Não são mais nem menos. Ele vê em ambas as formas um certo efeito artístico que pode ser produzido, e o produz. Iago pode ser moralmente horrível, e Imogen imaculadamente puro. Shakespeare, como disse Keats[1], teve o mesmo prazer em criar tanto um como o outro.

---

1) "O personagem poético... tem o mesmo deleite em conceber um Iago como um Imogen. Aquilo que choca os filósofos virtuosos é o deleite do poeta camaleão" (John Keats para Richard Woodhouse, 27 de outubro de 1818).

Era necessário, sir, para o desenvolvimento dramático dessa história, cercar Dorian Gray com uma atmosfera de corrupção moral. De outra forma, a história não teria sentido e o enredo ficaria sem desfecho. Manter essa atmosfera vaga, indeterminada e maravilhosa foi o objetivo do artista que a escreveu. Afirmo, sir, que tal sucedeu. Todo homem vê seu próprio pecado em Dorian Gray. O que são os pecados de Dorian Gray ninguém sabe. Aquele que os encontra é quem os trouxe à tona.

Concluindo, sir, deixe-me dizer quão profundamente desapontado eu fiquei pela publicação de uma crítica dessa natureza, a ponto de me obrigar a escrever para o seu jornal. Que o editor do *St. James's Gazette* tenha empregado Caliban[2] como seu crítico de arte foi naturalmente possível[3]. O editor do *Scots Observer* talvez não devesse ter permitido que Tersites[4] torcesse o nariz ao meu livro em sua crítica. Isso é indigno de um homem de letras tão distinto. Sinceramente, etc.

OSCAR WILDE

Oscar Wilde comparece à estréia de O leque de Lady Windermere. Caricatura de Bernard Partridge (1892).

A GEORGE ALEXANDER

2 de fevereiro de 1891   16 Tite Street

Meu caro Aleck, não estou satisfeito nem comigo nem com meu trabalho. Não consigo ainda ter o controle da peça[5]: não consigo tornar meus personagens reais. O fato é que trabalhei nela quando não estava com ânimo para a tarefa, coisa que devo esquecer para retornar a ela completamente revigorado. Desculpe-me, mas o trabalho artístico não pode ser feito a menos que o autor tenha disposição. Certamente, o meu trabalho depende disso. Às vezes passo meses

---

2) O animalesco escravo de Próspero em *A tempestade* de Shakespeare, parte humano parte fera, cuja vilania é um dos mais importantes elementos da peça.
3) Houve uma prolongada controvérsia nas colunas do St. James's Gazette após à publicação em 24 de junho do artigo extremamente grosseiro intitulado "Um estudo sobre a Pelintrice". Wilde enviou quatro cartas em defesa de sua novela. A sua última, datada de 28 de junho, termina assim: "Concluindo, sir, deixe-me pedir-lhe que não me force a continuar esta correspondência de ataques diários. Isto é um transtorno e um aborrecimento. Como foi você que começou com os ataques verbais, eu tenho o direito de ter a última palavra. Permita que a última palavra esteja presente nesta carta e deixe o meu livro, eu lhe imploro, na imortalidade que ele merece."
4) Segundo a *Ilíada*, Tesites é o mais feio e o mais covarde de todos os gregos que combatem em Tróia. (N.T.)
5) *O leque de Lady Windermere*.

debruçado sobre algo e não faço nada que me agrade. Outras vezes, o texto sai em duas semanas.

Você vai interessar-se em saber que *A duquesa de Pádua* foi produzido em Nova York na última quarta-feira com o título de *Guido Ferranti*, por Lawrence Barrett[6]. O nome do autor foi mantido em segredo, e de fato não revelado até ontem, quando, por uma solicitação de Barrett, confessei a autoria por cabograma. Barrett me telegrafou dizendo que foi um grande sucesso e que ele já se está preparando para esta temporada. Ele parece encantado com o trabalho.

A respeito do cheque de 50 libras que você me deu, devo-lhe devolver o dinheiro, e fim de questão, ou o guardo e, quando a peça estiver escrita, doul-he os direitos autorais dela? Faça como desejar.

Estou encantado de saber de sua brilhante abertura no *St. James's*. Sempre seu,

OSCAR WILDE

A STÉPHANE MALLARMÉ[7]

25 de fevereiro de 1891   Hôtel de l'Athénée, Paris

Querido mestre, como posso agradecer pela graciosa maneira com que me apresentaste a magnífica sinfonia em prosa que inspiraram a ti as melodias do gênio do grande poeta celta Edgar Allan Poe[8]? Na Inglaterra nós temos prosa e poesia, mas a prosa francesa e a poesia nas mãos de um mestre tal como tu tornam-se uma e a mesma coisa.

O privilégio de conhecer o autor de *L'Aprés-Midi D'Un Faune* não pode ser mais lisonjeiro, embora encontrar nele o acolhimento que me demonstraste seja, na verdade, inesquecível.

Assim, caro mestre, queira aceitar a certeza da minha alta e mais que perfeita consideração.

OSCAR WILDE

---

6) Ator e empresário americano. A peça parece ter estreado na quarta, 21 de janeiro de 1891 (embora Wilde claramente pensasse que foi uma semana depois). Ela saiu de cartaz em 14 de fevereiro. Wilde tentou interessar Irving em uma produção em Londres.

7) Poeta simbolista francês (1841-98) que ganhava a vida como mestre de escola, mas vivia apenas para a poesia. Seu apartamento em Paris na Rue de Rome tornou-se um centro de inspiração e de conversas sobre literatura.

8) *Le Corbeau*, tradução para a prosa feita por Mallarmé do poema "*O corvo*" de Poe (1875, 2. ed., 1889).

A CYRIL WILDE

3 de março de 1891   Hotel de l'Athénée, 15 Rue Scribe (Paris)

Meu querido Cyril, mando-lhe esta carta para dizer que estou muito melhor. Saio toda manhã de carro por um lindo bosque chamado Bois de Boulogne, à tarde janto com meu amigo e depois me sento em pequenas mesas e vejo as carruagens passarem. Esta noite vou visitar um grande poeta, que me deu um maravilhoso livro sobre um Corvo. Levarei chocolates para você e Vyvyan quando voltar.

Espero que você esteja cuidando bem da querida Mamma. Mande-lhe meu amor e beijos, e também amor e beijos para Vyvyan e você. Seu afetuoso Papa,

OSCAR WILDE

A ARTHUR CONAN DOYLE

Abril de 1891   16 Tite Street

Entre eu e a vida há sempre uma névoa de palavras. Atiro o provável pela janela motivado por uma única frase e a possibilidade de um epigrama faz de mim uma realidade árida. Meu alvo é desenvolver um trabalho de arte, e fico realmente lisonjeado por você considerar meu tratamento ao texto sutil e artisticamente bom. Os jornais parecem ser escritos por lascivos para serem lidos por filisteus. Não consigo compreender como podem tratar *Dorian Gray* como imoral. Minha dificuldade foi manter a moral inerente subordinada ao efeito artístico e dramático, e ainda assim me parece que a moral é muito óbvia.

OSCAR WILDE

AO EDITOR DO *SPEAKER*

Dezembro de 1891   Boulevard des Capucines, Paris

Sir, eu acabei de comprar, por um preço que eu consideraria exorbitante para qualquer outro jornal inglês de seis pence, um exemplar do *Speaker* em um desses charmosos quiosques que decoram Paris — a propósito, instituições que acredito deveriam ser introduzidas em Londres. O quiosque é algo encantador e, ao ter sua iluminação interna acesa à noite, tão adorável como uma fantástica lanterna chinesa — especialmente quando os anúncios transparentes são originários do traço criativo de M. Chéret[9]. Em Londres, nós só temos aqueles jornaleiros mal ajambrados — donos de uma voz que está sempre fora de tom, a despeito de todos os esforços do Royal College of Music tentar fazer da Inglaterra uma nação verdadeiramente musical —, cujos farrapos, mal desenhados e pessimamente vestidos, simplesmente enfatizam o lembrete doloroso de uma miséria indecente sem, contudo, transmitir-nos um caráter pitoresco, a única coisa que faz com que o espetáculo da pobreza seja suportável.

Porém, não foi o estabelecimento de quiosques em Londres que me fez escrever-lhe — apesar de eu ter a opinião de que essa idéia deveria ser examinada pelo Country Council algum dia. O objetivo dessa carta é corrigir uma declaração que consta em um parágrafo de seu interessante jornal.

O escritor do parágrafo em questão declara que as ilustrações que deixaram o meu livro *A casa de Romãs* encantador foram feitas pelas mãos de Mr. Shannon e que as delicadas folhas de rosto que separam e antecedem cada história são de autoria de Mr. Ricketts. É justamente ao contrário. Mr. Shannon é o autor das folhas de rosto e Mr. Ricketts é o engenhoso e criativo decorador. De fato, deve ser creditado a Mr. Ricketts todo projeto gráfico do livro, desde a escolha da tipologia e diagramação dos ornamentos até a capa maravilhosa que encaderna a obra. Quem escreveu esse parágrafo continua declarando que não gostou da capa. Isto deve ser lamentado, mas não é uma questão relevante, já que só há duas pessoas no mundo a quem essa capa deva agradar: uma delas é o Mr. Ricketts, que a desenhou, a outra sou eu, que a preencheu. E ambos a admiram imensamente! O motivo, contudo, que seu crítico dá para o seu fracasso em perceber qualquer noção de beleza parece-me demonstrar uma falta de senso artístico por parte dele, fato que eu lhe imploro uma permissão para tentar corrigir.

Ele reclama que a parte esquerda da ilustração da capa lhe lembra uma maça* de madeira usada em ginástica sobre a qual está um pincel de pintor de parede. Já a parte direita sugere a ele a idéia de "uma cartola com uma esponja dentro". Não pretendo nem por um momento discutir se estas foram realmente as impressões tidas por seu crítico. É o espectador e a sua mente, como já apontei no prefácio de *O retrato de Dorian Gray*, que a arte realmente espelha. O que eu quero indicar é que a beleza artística da capa do meu livro reside nos traços delicados, nos arabescos e em misturar várias linhas de um vermelho coral sobre uma base de um branco marfim. O efeito das cores atinge seu clímax com inscrições em um dourado vivo e ainda se torna mais prazerosa com a fita de tecido verde musgo que enlaça o livro.

---

9) Jules Chéret (1836-1932) era um famoso artista francês de pôsteres. Ele viveu na Inglaterra no período de 1859-66.

*) Maça, pau pesado, grosso, antigamente usado como arma. (N.E.)

O que as inscrições douradas sugerem, cujo paralelo pode ser encontrado no caos que chamamos de Natureza, não tem a menor importância. Talvez elas sugiram, como às vezes o fazem para mim, pavões, romãs e chafarizes de água dourada ou, então, como elas sugerem ao seu crítico, esponjas, uma maça de madeira usada em ginástica e uma cartola. Essas impressões e evocações não têm nada a ver com a qualidade estética e o valor do desenho. Uma coisa encontrada na Natureza transforma-se em algo muito mais fascinante se nos remete a alguma coisa presente na Arte. Em contrapartida, uma coisa presente na Arte não proporciona nenhum ganho estético se nos remeter a alguma coisa presente na Natureza. A primeira impressão estética de uma obra de arte não se apropria de nenhuma recognição ou semelhança. Ambas pertencem a um estágio posterior e menos perfeito de percepção. Particularmente falando, elas não são parte de uma verdadeira impressão estética de fato, e essa preocupação constante com sujeito-objeto que caracteriza quase todos os nossos críticos ingleses de arte é que faz com que nossa crítica de arte, especialmente no que se refere à literatura, seja tão estéril, tão pouco lucrativa, tão abaixo da média e tão pouco instigante.

Subscrevo-me, sir, seu criado,

OSCAR WILDE

A GEORGE ALEXANDER[10]

Fevereiro de 1892   Hotel Albemarle

Quanto à fala de Mrs. Erlynne no fim do segundo ato, você deve lembrar-se de que até quarta-feira à noite Mrs. Erlynne *saía* apressadamente do *palco*, deixando Lord August num estado de atordoamento. São essas as marcações na peça. Quando a alteração dessa cena foi feita eu não sei, mas eu deveria ter sido informado sobre ela. Essa mudança veio a mim com o choque de uma surpresa. Não tenho objeções a ela, apenas se produz um efeito diferente, é tudo. Não altera as linhas psicológicas da peça... Censurar-me na quarta-feira por não ter escrito uma fala para uma situação para a qual não fui consultado e à qual estava totalmente alheio foi, claro, uma medida equivocada. Com respeito à nova fala escrita ontem, pessoalmente a acho adequada. Quero que a cena completa de Mrs. Erlynne com Lord

---

10) *O leque de Lady Windermere* foi primeiramente encenada no St. James's Theatre em 20 de fevereiro de 1892, com Alexander no papel de Lord Windermere, Marion Terry como senhora Erlynne, H.H. Vincente como Lord Augustus Lorton e Lily Hanbury como Lady Windermere. Essa produção ficou em cartaz até 29 de julho, depois saiu em turnê e retornou ao St. James's em 31 de outubro. Esta carta foi claramente escrita durante os ensaios.

August seja um "furacão" e que a coisa ande o mais rapidamente possível. Seja como for, pensarei a respeito e falarei com Miss Terry. Se eu tivesse sido informado da mudança, é claro que teria tido mais tempo. Quando eu estava incapacitado de assistir aos ensaios na segunda e na terça — graças a uma indisposição causada pela inquietude e a ansiedade —, deveria ter sido informado por carta.

Quanto à sua outra sugestão, sobre revelar o segredo da peça no segundo ato: se eu tivesse a intenção de divulgá-lo — sendo um elemento de suspense e curiosidade, uma qualidade tão essencialmente dramática —, eu teria escrito a peça em linhas inteiramente diferentes. Deveria ter feito Mrs. Erlynne uma mulher desagradável e vulgar e retirado o incidente do leque. A platéia não deve saber até o último ato que a mulher em quem Lady Windermere se propôs bater com o leque tratava-se de sua própria mãe. A nota deveria ser muito áspera, horrível. Os espectadores só vão descobrir isso depois que Lady Windermere deixa a casa de seu marido para procurar a proteção de outro homem. Nesse ponto, o foco concentra-se em Mrs. Erlynne, para quem, dramaticamente falando, destina-se o último ato. Essa mudança também destruiria a surpresa dramática excitada pelo incidente de Mrs. Erlynne pegando a carta, abrindo-a e sacrificando-se no terceiro ato. Se o público souber que Mrs. Erlynne é a mãe, não haverá surpresa alguma em seu sacrifício — isso seria esperado. Mas em minha peça o sacrifício é dramático e inesperado. O grito com o qual Mrs. Erlynne escapa para o outro aposento ao ouvir a voz de Lord Augustus, o selvagem e patético choro da autopreservação ("Então, isso é quem sou, afinal") deve ser repulsivo vindo dos lábios de quem descobre ser a mãe pela platéia. Isso soa natural e muito dramático vindo de alguém que aparenta estar em risco, e de quem ao mesmo tempo parece ansioso para salvar Lady Windermere enquanto pensa em sua própria segurança quando a crise chega. Também destruiria o último ato: e o grande mérito do último ato é para mim o fato de não conter, como as demais peças, a explanação do que a platéia já sabe, mas a súbita explanação do que a audiência deseja saber, seguida imediatamente pela revelação de um personagem ainda intocado pela literatura.

Marion Terry no papel de Mrs. Erlynne em O leque de Lady Windermere.

A questão que você toca a respeito da platéia interpretar mal as relações de Lord Windermere e Mrs. Erlynne depende inteiramente da atuação. No primeiro ato,

Windermere deve convencer a platéia de sua absoluta sinceridade ao falar com sua esposa. O roteiro mostra isso. Ele não diz para sua mulher: "não há nada na vida passada dessa mulher que deponha contra ela"; ele diz abertamente: "Mrs. Erlynne pecou anos atrás. Ela deve recuperar-se disso. Ajude-a a se recuperar.". A sugestão de sua esposa não o faz tratar trivialmente a questão e dizer: "Oh, não há nada nisso. Nós somos simplesmente amigos, isso é tudo.". Ele as rejeita com horror ante a sugestão.

No baile, suas maneiras com ela são frias, corteses, mas um tanto duras — não são as maneiras de um amante. Quando eles pensam estar sós, Windermere não usa palavras de ternura ou amor. Ele mostra que a mulher tem um domínio sobre ele, um detestável domínio que o desfigura.

O que é esse domínio? Isso é a peça.

Entrei em detalhes nessa questão porque eu sempre considero toda sugestão sua cuidadosa e intelectualmente. De outra maneira — isso me parece suficiente a ser dito, e estou certo de que você mesmo reconhecerá —, este é um trabalho de arte forjado fora de linhas definidas e elaborado a partir de um determinado ponto de vista artístico que não pode ser subitamente alterado. Isso tornaria qualquer linha sem sentido e privaria cada situação de seu exato valor.

Uma peça igualmente boa poderia ser escrita, na qual o público saberia de antemão quem Mrs. Erlynne foi realmente, mas isso requereria diálogos completamente diferentes e situações completamente distintas. Construí minha casa sobre uma determinada fundação e essa fundação não pode ser alterada. Não posso dizer mais.

Com respeito ao nosso assunto pessoal, acredito que esta noite será completamente harmoniosa e pacífica. Depois da peça produzida e antes de viajar ao sul da França, onde me vejo obrigado a ir por motivo de saúde, seria sábio para nós termos, de qualquer maneira, um encontro a fim de tratarmos da situação. Verdadeiramente seu,

OSCAR WILDE

AO EDITOR DA *ST JAMES'S GAZETTE*

26 de fevereiro 1892

Sir, permita-me corrigir uma afirmação apresentada em sua publicação de hoje quanto ao fato de ter feito certa alteração em minha peça em conseqüência da crítica de alguns jornalistas que escrevem imprudente e tolamente nos jornais sobre arte dramática. A afirmação é totalmente falsa e grosseiramente ridícula.

Os fatos são os que se seguem. Na noite do último sábado, depois do término da peça, e o autor, de cigarro na mão, emitir um encantador e imortal discurso, tive o prazer de entreter à ceia um pequeno número de amigos pessoais. E, como nenhum deles fosse mais velho que eu, naturalmente ouvi suas opiniões com atenção e prazer. As opiniões dos mais velhos em matéria de Arte são, claro, de nenhum valor, quaisquer que sejam. Os instintos artísticos dos jovens são invariavelmente fascinantes e estou disposto a afirmar que todos os meus amigos, sem exceção, eram de opinião de que o interesse psicológico do segundo ato aumentaria consideravelmente pela revelação do verdadeiro relacionamento existente entre Lady Windermere e Mrs. Erlynne — opinião, devo acrescentar, que foi prévia e fortemente aceita de forma instigante por Mr. Alexander. Para aqueles de nós que não olham para uma peça como uma mera questão de pantomima e palhaçada, o interesse psicológico é tudo. Por isso, resolvi, conseqüentemente, fazer uma mudança no momento preciso da revelação. Tal determinação, seja como for, teve início muito antes de ter a oportunidade de estudar a cultura, a cortesia e a faculdade crítica exibida em textos como os de *Referee*, *Reynolds* e do *Sunday Sun*.

Quando a crítica na Inglaterra tornar-se uma arte genuína como deve ser e quando nada além de instintos artísticos e culturais forem permitidos para se escrever sobre obras primas, os artistas irão, sem dúvida, ler a crítica com certa dose de interesse intelectual. Como as coisas estão atualmente, a crítica comum dos jornais não tem qualquer interesse, sejam quais forem, exceto aquelas que, afinal, exibem a mais crua forma de beocianismo extraordinário de um país que produziu alguns atenienses e no qual outros atenienses escolheram para viver. Sou, Sir, seu obediente servo,

OSCAR WILDE

A ROBERT ROSS

Maio-junho de 1892   Royal Palace Hotel, Kensington

Meu queridíssimo Bobbie, Bosie[11] insistiu em parar aqui para um lanche. Ele está um completo Narciso — tão branco e dourado. Chegarei quarta ou quinta à noite para ficar com vocês. Escrevam-me. Bosie está tão cansado: ele repousa como um jacinto no sofá e eu o adoro. Você, meu querido garoto. Sempre seu,

OSCAR

---

11) Apelido (contração de *Boysie*) pelo qual Lord Alfred Douglas era chamado por sua família e seus amigos desde criança.

A WILL ROTHENSTEIN[12]

Julho de 1892   51 Kaiser-Friedrich's Promenade, Bad-Homburg

Caro Will, o *Gaulois*, o *Echo de Paris* e o *Pall Mall*, todos me entrevistaram.[13] Gostaria firmemente de saber o que dizer de novidade. O censor de peças é nominalmente o Lord Chamberlain, mas o cargo é exercido por um funcionário banal — no caso, um certo Mr. Pigott[14], que alcovita para a vulgaridade e hipocrisia do povo inglês, deixando passar a farsa reles e o melodrama vulgar. Ele consente que o palco seja usado com o propósito de caricaturar a personalidade de artistas e, ao mesmo tempo em que proíbe *Salomé*, autoriza uma paródia de *O leque de Lady Windermere*, na qual um ator veste-se como eu e imita minha voz e meus gestos!!![15]

Caricatura de Oscar Wilde por William Rothenstein

O curioso é isso: todas as artes são livres na Inglaterra, exceto a arte dos atores. Então, os censores proíbem não a publicação de *Salomé*, mas sua produção. Até agora, nenhum ator protestou contra o insulto ao teatro — nem mesmo Irving, que está sempre tagarelando sobre a arte do ator. Isso mostra quão poucos atores são artistas. Todos

---

12) Artista inglês (1872-1945), filho de um comerciante de madeira de Bradford, foi aluno da Slade School e em 1892 estava estudando arte em Paris. O primeiro volume de *Men and Memories* (1931) contém muita informação valiosa sobre Wilde e seus amigos. Rothenstein foi nomeado cavaleiro em 1931.

13) Sobre a divulgação de *Salomé*. Os ensaios no Palace Theatre, em Londres, com Sarah Bernhardt no papel principal, Albert Darmont como Heródes e figurino de Graham Robertson, estavam em pleno vapor quando Lord Chamberlain, próximo ao fim de junho, proibiu a encenação da peça alegando que esta continha personagens bíblicos — o que era proibido pelas normas da censura da época. Em pelo menos uma dessas entrevistas foi citado que Wilde estava anunciando sua partida para a França, um lugar onde era possível produzir-se trabalhos de arte. Isto causou uma tempestade de comentários.

14) Edward F. Smyth Pigott (1826-95) exerceu o cargo de examinador de peças de Lord Chamberlain de 1875 a 1895. Depois de sua morte, Bernard Shaw o descreveu como "um compêndio ambulante de preconceito insular e vulgar".

15) *The poet and the puppets*, uma paródia musical escrita por Charles Brookfield e J.M. Glover (1861-1931), trazia Charles Hawtrey (1858-1923) numa caricatura burlesca de Wilde no papel do poeta do título. Embora Brookfield e Hawtry tivessem atuado na peça *Um marido ideal*, acredita-se que ambos encabeçaram um movimento de coletar evidências contra Wilde, e os dois celebraram esta convicção oferecendo um jantar a Lord Queensberry. Brookfield foi nomeado examinador de peças em 1912.

os críticos de arte dramática, exceto Archer[16] no *World*, concordam com o Censor que deve haver censura sobre atores e atuação! Isso mostra quão mal nosso teatro deve estar e também *mostra* quão filisteus são os jornalistas ingleses.

Estou muito mal, caro Will, e não posso escrever mais. Sempre seu,

OSCAR WILDE

A WILLIAM ARCHER

27 de julho de 1892   Homburg

Caro Archer, estou numa estação de águas e não tenho cópia de *Salomé* comigo, senão a enviaria com muita satisfação a você. A recusa do censor em permitir a produção de minha tragédia foi baseada inteiramente em seu vulgar e tolo critério de não permitir nenhum tratamento de qualquer *personagem* bíblico. Não acredito que ele tenha *lido* a peça, pois, se o fizesse, tenho a forte ilusão de que mesmo o pobre Pigott teria poucas objeções ao "tratamento" artístico da peça, sob qualquer ponto de vista que ele preferisse. Fazer objeção a isso seria fazer objeção inteiramente à própria Arte — uma posição delicada para um homem adotar e, devo imaginar, ainda mais delicada para Pigott.

Quero dizer-lhe quão grato fiquei com a sua carta no *P.M.G.*, não apenas por sua extrema cortesia e generoso reconhecimento de meu trabalho, mas por seu forte protesto contra a tirania oficial existente na Inglaterra no que se refere ao drama. A alegria de alguns críticos de arte dramática provém da defesa da existência dessa tirania; isto para mim é estarrecedor. Eu deveria ter imaginado que poderia haver um pequeno prazer em criticar uma arte na qual o artista não é livre. Tudo isso é um grande triunfo para os filisteus, mas apenas momentaneamente. Devemos abolir a censura. Acho que podemos fazê-lo. Quando voltar, preciso vê-lo. Sempre seu,

OSCAR WILDE

---

16) William Archer, crítico escocês, tradutor e autor de peças teatrais (1856-1924). Crítico de arte dramática do *World* (1884-1905). Tradutor de Ibsen na Inglaterra. Sua carta de protesto contra a censura de *Salomé* foi escrita em 30 de junho e publicada na *Pall Mall Gazette* em 1º de julho de 1892.

A LORD ALFRED DOUGLAS[17]

Janeiro de 1893   Babbacombe Cliff

Meu garotinho, seu soneto[18] é adorável, e é uma maravilha que seus lábios róseos tenham sido feitos não menos para a melodia do poema que para a loucura dos beijos. Sua dourada e esbelta alma caminha entre paixão e poesia. Sei que Jacinto, a quem Apolo amou tão loucamente, era você na Grécia antiga.

Por que você está só em Londres e quando vai a Salisbury? Vá lá refrescar suas mãos no gótico crepúsculo cinza e venha quando quiser. É um lugar adorável. Só falta você. Mas vá primeiro a Salisbury. Sempre com amor imortal, seu

OSCAR

A BERNARD SHAW

23 de fevereiro de 1893   Babbacombe Cliff

Caro Shaw, você tem escrito bem e sabiamente com sonoro juízo sobre a ridícula instituição da censura teatral: seu pequeno livro sobre o ibsenismo e Ibsen é de tal modo encantador para mim, que constantemente o retomo e sempre o encontro estimulante e animador. A Inglaterra é o país dos *fogs* intelectuais, mas você tem feito muito para clarear o ar: ambos somos celtas e gosto de pensar que somos amigos. Por essas e muitas outras razões, *Salomé* exibe-se a você em trajes púrpuras. Rogo que a aceite com meus melhores votos e creia-me sinceramente seu,

OSCAR WILDE

---

17) Essa carta, com data exata conjectural, mais tarde foi roubada e usada para chantagear Wilde e finalmente lida na corte durante o julgamento de Queensberry e os posteriores. Ficou evidente que a carta fora escrita em Babbacombe. O soneto em francês de Pierre Louÿs baseado nesta carta foi publicado em 04/05/1893 no *Spirit Lamp*, um periódico de alunos de Oxford editado por Douglas.

18) "In Sarun Close" (1892). Nas terceira e quarta linha do soneto, lê-se: "I thougt to cool my burning hands / In this calm twilight of Gothic things [Pensei em refrescar minhas mãos ardentes / Nesse calmo crepúsculo de coisas Góticas]."

A LORD ALFRED DOUGLAS

Março de 1893   Savoy Hotel, Londres

Meu mais querido entre todos os garotos, sua carta estava deliciosa, vinho tinto e branco para mim. Mas estou triste e aborrecido. Bosie, você não deve fazer cenas comigo. Elas me matam, arruínam o encanto da vida. Não posso ver você, tão grego e gracioso, deformado pela paixão. Não posso ouvir seus lábios curvos dizerem coisas horríveis para mim. Logo acabarei sendo chantageado por qualquer michê[19] em Londres enquanto você é amargo, injusto, odioso. Eu preciso vê-lo já. Você é a coisa divina que eu quero, a graça e a beleza. Mas não sei como fazê-lo. Deveria ir a Salisbury? Minha conta aqui é de 49 libras por semana. Também consegui um novo apartamento próximo ao Tâmisa. Por que você não está aqui, meu querido, meu maravilhoso menino? Temo que terei de partir, sem dinheiro, sem crédito, com um peso no coração. Seu querido

OSCAR

A J.P. MAHAFFY

Abril de 1893   Haymarket Theatre

Caro Mahaffy, estou muito satisfeito por você ter gostado da peça e obrigado por sua encantadora carta. O mais lisonjeiro para mim é que ela chega não simplesmente de um homem de grande e indubitável cultura, mas de alguém a quem pessoalmente devo muito, de meu primeiro e melhor professor, um erudito que me mostrou como amar os gregos. Subscrevo-me com afeto e admiração, seu antigo pupilo e velho amigo

OSCAR WILDE

---

19) No original *renter*, uma gíria para um homem que exerce prostituição homossexual.

A WILLIAM WILDE

10 de julho de 1893   The Cottage, Goring-on-Thames

Meu querido Willie, este sábado é, eu temo, impossível, com pessoas por aqui e as coisas tão tediosas. Você e Dan devem vir para cá logo após a regata, mesmo que seja à noite. Haverá fogos de artifícios de inusitada beleza. Estou profundamente angustiado por saber que você e o fascinante Dan estão fumando cigarros americanos. Você realmente não deveria fazer algo tão horrível. As pessoas charmosas deveriam fumar cigarros com filtro dourado ou morrer. Portanto, envio a você um pequeno pedaço de papel para que banqueiros inconseqüentes lhe dêem ouro, porque não quero que você morra. Com amor, sempre seu

OSCAR

A LADY QUEENSBERRY

8 de novembro de 1893   16 Tite Street

Minha cara Lady Queeensberry, mais de uma vez a senhora me consulta a respeito de Bosie. Deixe-me escrever então sobre ele.

Parece-me que Bosie está num péssimo estado de saúde. Ele está insone, nervoso e quase histérico. Parece-me bastante alterado.

Não está fazendo nada na cidade. Traduziu minha peça francesa em agosto último[20]. Desde então, não tem feito nada intelectual. Parece-me ter perdido, creio, seu interesse até mesmo pela literatura. Ele não faz absolutamente nada e está totalmente perdido na vida e, a menos que a senhora ou Drumlanrig[21] possam fazer algo, talvez tenhamos algum tipo de desgosto. Sua vida parece-me desnorteada, infeliz e absurda.

Tudo isso é um grande desgosto e desapontamento para mim, mas ele é muito jovem e seu temperamento terrivelmente juvenil. Por que não tentar arranjos de algum tipo para que ele ausente-se por quatro ou cinco meses com Cromers no Egito, onde ele provavelmente encontrará novas distrações, amigos e um ambiente distinto? Acredito que, se ficar em Londres, nada virá de bom e provavelmente

---

20) A primeira tradução de *Salomé* para o inglês foi de autoria de Alfred Douglas. Seu nome, no entanto, não consta como autor da tradução, muito criticada por Wilde. (N.T.)

21) Francis Archibald Douglas, Visconde de Drumlanrig, filho mais velho dos Queensberry. (N.T.)

desperdiçará sua jovem vida irrecuperavelmente. Sem dúvida, isso custará dinheiro, mas trata-se da vida de um de seus filhos — uma vida que pode ser brilhante, distinta e fascinante —, que se mostra agora sem rumo, quiçá arruinada.

Gosto de pensar em mim mesmo como seu melhor amigo — ele, de qualquer maneira, me faz pensar desse modo —, portanto, escrevo-lhe com franqueza para lhe pedir que o envie para um ambiente melhor. Isso vai salvá-lo, tenho certeza. Atualmente sua vida parece trágica e patética, nessa loucura sem rumo.

Peço que não o deixe saber *nada sobre esta carta*. Tenho certeza de que posso confiar na senhora. Sinceramente seu,

OSCAR WILDE

A LORD ALFRED DOUGLAS

Dezembro de 1893   10 & 11 St. James's Place

Meu queridíssimo Menino, obrigado por sua carta. Estou oprimido pelas asas dos abutres credores e aborrecido, mas feliz por saber que somos amigos novamente. Que nosso amor tenha superado a noite e a sombra da desavença e da tristeza e que retornamos à coroa de flores do início. Deixe-nos ser sempre infinitamente queridos um ao outro, como temos sido de fato, sempre.

Soube que Bobbie está na cidade, manco e barbudo! Não é horrível? Não o vi ainda. Lesly Thomson[22] apareceu: ele está extremamente ansioso para devotar sua vida inteira a mim. Tree[23] escreveu uma longa e apologética carta. Seus argumentos são tão razoáveis, que não consigo entendê-los: um cheque é o único argumento que reconheço. Hare[24] retorna à cidade possivelmente no início da semana que vem. Vou esforçar-me para fazê-lo perceber que minha nova peça é uma obra prima, mas tenho grandes dúvidas. Essas são as notícias. Quão horríveis são. Penso em você diariamente, seu sempre devotado

OSCAR

---

22) Ator inglês.

23) Herbert Beerbohm Tree, inglês, empresário de atores (1853-1917).

24 John Hare, inglês, empresário de atores (1844-1921). Ele eventualmente não gostou do último ato de *Um marido ideal*.

A JOHN LANE[25]

Dezembro de 1893   10 & 11 St. James's Place

Caro Mr. Lane, a capa de *Salomé* é medonha[26]. Não destrua um livro encantador. Ponha simplesmente uma capa de pergaminho com o desenho em escarlate — mais barato e muito melhor. A textura da presente capa é grosseira e comum: isso é terrível e arruina a beleza real do interior. Use esse horrendo material irlandês para contos: não o inflija a uma obra de arte como *Salomé*. Isso realmente lhe trará um grande dano. Todos dirão que ela é grosseira e inapropriada. Como esta me repugna. E também a Beardsley[27]. Sinceramente

OSCAR WILDE

A RALPH PAYNE

12 de fevereiro de 1894   16 Tite Street

Caro Mr. Payne, o livro que envenenou ou tornou perfeito *Dorian Gray* não existe; é apenas uma obra da minha imaginação.

Eu fico muito contente em saber que você gostou do estranho colorido deste meu livro, pois este contém muito de mim em suas páginas. Basil Hallward é quem eu penso que sou; Lord Henry é o que o mundo pensa de mim; Dorian é quem eu gostaria de ser — em outros tempos, talvez.

Você vem ver-me?

Eu estou escrevendo uma peça e por isso vou ao St James's Place, número 10, onde eu tenho aposentos todos os dias às 11h30. Venha na terça, em torno de 12h30. Você virá? Bem, talvez você esteja ocupado. De qualquer modo, nós podemos nos encontrar um dia desses. Sua correspondência me fascina e seus elogios me encantam. Verdadeiramente seu,

OSCAR WILDE

---

25) Editor inglês (1854-1925). Lane e Wilde nunca gostaram muito um do outro. Wilde batizou o criado de *A importância de ser prudente* com o seu nome para mostrar todo o seu desprezo. Em 1895, Lane retirou rapidamente os livros de Wilde de circulação.

26) A tradução inglesa de *Salomé*, ilustrada por Aubrey Beardsley, foi publicada pela Editora Mathews e Lane em 9 de fevereiro de 1894. A edição comum foi encapada com uma grosseira lona azul e a edição de luxo com seda verde.

27) Artista inglês (1872-98). Foi editor de arte do *Yellow Book* (1894-95) e de *Savoy* (1896). Em sua cópia da edição do original de *Salomé* (1893) está inscrito: "Março, 93. Para Aubrey: para o único artista que, além de mim, sabe o que é a dança dos sete véus e que pode ver esta dança invisível. *Oscar*.".

Oscar Wilde e Lord Alfred Douglas em Oxford (1892).

A LORD ALFRED DOUGLAS

16 de abril de 1894   16 Tite Street

Meu queridíssimo menino, seu telegrama acaba de chegar: foi uma alegria recebê-lo, mas eu sinto muito a sua falta. Meu alegre, dourado e gracioso garoto já se foi, e eu odeio todos os outros: são tediosos. Também estou no vale púrpura do desespero e nenhuma moeda de ouro cai do céu para me alegrar. Londres é muito perigosa: oficiais de justiça vêm à noite com intimações, o rugir dos credores, voltado para mim, é amedrontador, e os procuradores estão levando as pessoas a ficarem hidrófobas e cáusticas.

Como eu o invejo por estar sob a torre de Giotto ou sentado na sacada admirando o verde e dourado deus de Cellini. Você deveria escrever poemas sobre a floração das macieiras.

O *Yellow Book* apareceu. É aborrecido e repulsivo, um grande fracasso. Estou muito contente.[28]

Sempre, com muito amor,

OSCAR

---

28) O primeiro volume de *Yellow Book* foi publicado em 16 de abril de 1894 e, pelo que parece, Wilde o viu logo que ficou pronto. Douglas, depois de retornar do Egito, estava em sua primeira visita a Florença, onde, de acordo com sua autobiografia, ficou por um mês. Wilde foi juntar-se a ele em maio de 1894.

A LORD ALFRED DOUGLAS

Julho-agosto de 1894   16 Tite Street

Meu queridíssimo Menino, espero enviar-lhe os cigarros caso Simmonds os traga. Ele tem trabalhado, de fato, pelo salário. Estou devendo 41 libras ao banco: é realmente intolerável necessitar de dinheiro. Não tenho nem um *penny*. Não poderei suportar isso por muito mais, mas não sei o que fazer. Vou a Worthing amanhã. Espero trabalhar lá. A casa, ouvi dizer, é muito pequena e não terei um escritório. Porém, qualquer coisa é melhor que Londres.

Seu pai agiu violentamente, de novo: foi ao Café Royal para me inquirir sobre nós, com ameaças etc. Penso agora que teria sido melhor para mim fazer de tudo para manter a paz, mas que escândalo! Porém, é intolerável ser acossado por um maníaco.

Quando você vier a Worthing, claro que todas as coisas serão feitas em sua honra e prazer, mas temo que você achará a comida e todo o resto maçante. Mas você virá, não? De qualquer maneira, por um curto tempo — até se enfadar.

Ernesto[29] tem-me escrito implorando por dinheiro — uma carta muito interessante —, mas eu realmente não tenho nada agora.

Que vale púrpura do desespero temos de atravessar! Afortunadamente, existe uma pessoa no mundo para amar. Sempre seu,

OSCAR

A GEORGE ALEXANDER

Agosto de 1894   The Haven, 5 Esplanade, Worthing

Caro Aleck, o que você acha disso como uma peça para você? Um homem de posição social e bem apessoado casa-se com uma simples e doce moça do campo — uma Lady —, mas simples e ignorante da vida em sociedade. Eles vivem num local campestre e depois de algum tempo ele entedia-se dela e convida para visitá-los um grupo de homens e mulheres da sociedade *fin-de-siècle*. A peça é aberta por ele ensinando sua mulher como deve comportar-se — não pode ser pudica etc. — e não se preocupar se alguém flertar com ela. Ele lhe diz: "Eu convidei Gerald Lancing, que a admira muito. Flerte com ele quanto quiser.".

---

29) Possivelmente Ernest Scarfe, um camareiro que figurou nos julgamentos.

Os convidados chegam, são desagradáveis como a esposa, eles a acham deselegante e obtusa. O marido flerta com Lady X. Gerald é amável, doce e amigável com a esposa.

II Ato. Na mesma noite, após o jantar. Cena de amor entre o marido e Lady X: eles combinam encontrar-se na sala de estar após todos se retirarem. Os convidados dão boa-noite para a esposa. A mulher está cansada e deita-se um pouco num sofá. Entra o marido: *ele diminui a iluminação*. Então Lady X aparece: *ele tranca a porta*. Cena de amor entre eles. A esposa ouve tudo. Subitamente uma batida violenta na porta. Voz do marido de Lady X do outro lado, querendo entrar. Lady X entra em pânico! A esposa surge, acende a luz, vai para a porta e a destranca. O marido de Lady X entra! A esposa diz: "Temo ter mantido Lady X aqui por muito tempo; estávamos tentando uma absurda experiência de leitura de pensamento" (ou algo do gênero). Lady X retira-se com o marido. A esposa, então, fica a sós com o próprio marido. Ele se volta para ela. Ela diz: "Não me toque". Ele se retira.

Então entra Gerald. Ele diz-se alarmado pelo tumulto, pensa que eram ladrões. A esposa conta-lhe tudo; ele enfurece-se; é evidente que ele a ama. Ela vai para o quarto.

III Ato. Aposento de Gerald. A esposa vem vê-lo: fica claro que se amam. Eles decidem ir embora juntos. Entra um criado com um bilhete. O marido pede para falar com ele. A esposa apavora-se, mas Gerald aceita vê-lo. A esposa retira-se para outro aposento.

O marido está um tanto arrependido. Ele implora a Gerald que use sua influência com a esposa para que ela o perdoe (o marido é um materialista sentimental grosseiro). Gerald promete que o fará. Fica evidente que se trata de um ato de autosacrifício para ele. O marido sai com expressão piegas de gratidão.

A esposa entra: Gerald lhe pergunta se ela não quer voltar para o marido. Ela recusa com desprezo. Ele diz: "Você sabe o que me custa perguntar-lhe isso. Você não vê que eu estou realmente me sacrificando?", etc. Ela pondera: "Por que você haveria de sacrificar-me? Eu te amo. Você me fez amá-lo. Você não tem o direito de dispor de minha vida para ninguém mais. Todo esse autosacrifício é errado, nós estamos destinados à vida. Esse é o sentido da vida." Etc. Ela o força com seus apelos, sua beleza e seu amor para levá-la embora com ele.

Três meses depois: IV Ato. Gerald e a esposa juntos. Ela está lendo o IV Ato de *Frou-Frou*[30]. Eles falam sobre o assunto. Um duelo entre Gerald e o marido foi marcado para o dia em que a cena tem lugar. Ela está confiante de que ele não será morto. Ele sai. O marido entra. A esposa anuncia seu amor por seu amante. Nada a induziria a voltar para seu marido. Dos dois, ela desejaria que o marido morresse.

---

30) No quarto ato de *Frou-Frou*, de Meilhac e Harlévv (1869), o marido da heroína e seu amante travam um duelo fora do palco, no qual o amante é mortalmente ferido.

"Por quê?", pergunta o marido. "Porque o pai de meu filho deve viver". O marido sai. Tiros de pistola são ouvidos. Ele matou-se.

Gerald entra, o marido não apareceu para o duelo. "Que covarde", diz Gerald. "Não", ela responde, "não no final. Ele está morto." "Nós devemos amar-nos devotadamente agora". Cai a cortina com Gerald e a esposa abraçando-se, como se movidos por um louco desejo de manter amor eterno. *Finis.*

O que você acha dessa idéia?

Acho extremamente forte. *Quero que a paixão pura do amor domine tudo.* Nada de autosacrifício mórbido. Nenhuma renúncia. A pura chama de amor entre um homem e uma mulher. Isso é o que a peça deve apresentar — do caráter social do I Ato, por meio da teatral eficácia do II Ato, indo à psicologia com seu grande *dénouement* no III Ato, até que o amor domine o IV Ato e aceite a morte do marido como um caminho de seu próprio direito, deixando ao amor sua tragédia, e então fazendo disso uma paixão ainda maior.

Claro que eu apenas rabisquei isso. Apenas pensei o enredo esta manhã, mas eu o mando para você. Vejo grandes coisas nele e, se você gostar quando estiver pronto, pode mandar para a América. Sempre seu,

OSCAR

A LORD ALFRED DOUGLAS

Agosto de 1894   5 Esplanade, Worthing

Meu único e queridíssimo Garoto, quão doce foi de sua parte ter me enviado aquele encantador poema[31]. Não posso dizer-lhe como ele me tocou e como está cheio daquela graça lírica luminosa que você sempre tem — uma qualidade que parece tão natural para aqueles que não compreendem quão difícil é fazer o pé branco da poesia dançar luminosamente entre as flores sem esmagá-las. Para aqueles "que sabem"[32], tal qualidade é tão rara quanto notável. Não tenho feito nada aqui a não ser ir aos banhos e escrever a peça. Minha peça está realmente muito engraçada: estou verdadeiramente encantado com ela[33]. Mas não tomou forma ainda. Está espalhada em folhas proféticas pelo quarto, e Arthur[34] completou o caos tentando "amarrá-la". O efeito, entretanto, foi bastante dramático. Estou inclinado a achar

---

31) Possivelmente "Jonquil and Fleur-de-Lys", datado de 1894.
32) *Divina Comédia — Inferno*, de Dante Alighieri.
33) *A importância de ser prudente.*
34) Mordomo e espécie de faz-tudo de Wilde.

que o Caos é uma evidência mais forte de um Criador Inteligente que o Kosmos: a visão precisa ser expandida.

Percy[35] foi-se um dia depois de você. Ele falou muito de você. Alphonso ainda está aqui. Ele é minha única companhia, além de Stephen. Alphonso sempre se refere a você como "o Lord", o que, seja como for, lhe dá, penso, uma dignidade bíblica hebraica que os graciosos garotos gregos *não* deveriam ter. Ele também diz, de quando em quando: "Percy era o favorito do Lord", o que me faz pensar em Percy como o infante Samuel — uma imprecisa reminiscência, como se Percy fosse helênico.

Ontem (domingo), Alphonso[36], Stephen e eu velejamos a Littlehampton pela manhã, banhando-nos no caminho. Ficamos num horrível vendaval por cinco horas na volta! Não alcançamos o píer até as 11 da noite, um breu por todo o caminho e um mar terrível. Fiquei ensopado, mas senti-me como um viking e ousado. De qualquer maneira, foi mesmo uma aventura perigosa. Todos os pescadores estavam esperando por nós. Voei para o hotel para tomar uma taça quente de brandy e me banhar, assim como meus companheiros de desembarque, e encontrei uma carta para você do querido Henry, a qual lhe envio: eles tinham esquecido de lhe entregar. Como eram mais de 10 horas da noite de domingo, o proprietário não nos podia *vender* brandy ou qualquer tipo de bebida. Assim sendo, ele teve de nos *dar* o brandy. O resultado não foi desagradável, mas que leis! A um dono de hotel não é permitido vender álcool "necessário e inofensivo" a três marinheiros náufragos, molhados até os ossos, porque é domingo! Alphonso e Stephen agora são anarquistas, sou obrigado a dizer.

Sua nova pitonisa é realmente maravilhosa. É extraordinária. Preciso conhecê-la.

Meu querido, querido garoto, nenhum deles faz a mais remota idéia do que você significa para mim. Você é a atmosfera de beleza através da qual eu vejo a vida, a encarnação de todas as coisas lindas. Quando estamos fora de sintonia, as cores de todas as coisas são fugidias para mim. Mas nós nunca estamos realmente fora de sintonia. Penso em você dia e noite.

Escreva-me em breve, meu garoto de cabelos cor de mel. Sou sempre devotadamente seu,

OSCAR

---

35) Não é o irmão de Douglas, mas sim um rapaz não identificado.

36) Alphonse Conway, um rapaz entregador de jornais que Wilde encontrou na praia de Worthing. Algum tempo depois, Wilde o levou a Brighton, onde lhe comprou um terno novo. Tudo isso veio à tona no julgamento de Queensberry.

A W.B. YEATS[37]

Agosto-setembro de 1894   5 Esplanade, Worthing

Caro Yeats, com prazer. Não sei se considero "Requiescat"[38] um poema típico do meu trabalho. Mas fico contente que você o aprecie.

Acabei de terminar uma peça, por isso minha letra está abominável.

Realmente, gostaria que você escolhesse um soneto, um daqueles vendidos nas adoráveis cartas de Keats ou aquele que começa com "not that I love thy children", com o qual abro meu livro. Mas o jardim, como tal, é seu para colher o que quiser. Sinceramente seu,

OSCAR WILDE

A ELKIN MATHEWS E JOHN LANE[39]

08 de setembro de 1894   5 Esplanade, Worthing

Senhores, recebi suas cartas.

Fui informado por Mr. Lane de que Mr. Mathews recusa-se "a qualquer preço" a publicar minha história sobre os sonetos de Shakespeare, e que ele próprio não a publicará (a qualquer preço, presumo), a menos que a "aprove"!

Há dezoito meses aproximadamente — no mínimo há mais de um ano — Mr. Lane, como representante da editora — e usando o nome da editora —, entrou em acordo comigo para publicar *O retrato de Mr. W.H.* Tudo foi combinado: o número

---

37) Yeats estava compilando *Um livro de poesia irlandesa*, o qual foi publicado por Methuen em março de 1895. O segundo soneto sugerido por Wilde é o "Soneto para a liberdade", o poema de abertura de *Poemas* (1881). Yeats, no entanto, preferiu sua escolha original. Numa antologia posterior, *O livro de oxford de poesia moderna* (1936), Wilde foi representado por trinta e nove estrofes de "A balada do cárcere de Reading".

38) Este poema, escrito em memória de Isola (irmã de Wilde), foi primeiramente publicado em *Poemas* (1881).

39) Esta carta foi escrita em resposta a um impresso que anunciava o término da sociedade entre Mathews e Lane no dia 29 de setembro. O impresso solicitava que os autores deveriam manifestar sua escolha entre um dos dois editores. Na época, Lane continuou como editor de Wilde, mas a versão completa de *O retrato de Mr. W.H.* nunca apareceu, embora no final de 1893 Mathews e Lane tivessem anunciado que a obra estava em rápida preparação. O manuscrito (105 páginas com a letra de Wilde, é quase o dobro da versão original de Blackwood) só apareceu muitos anos mais tarde no meio dos impressos no escritório do gerente de Lane, Frederic Chapman. O texto completo foi publicado numa edição limitada em Nova York em 1921 e dez cópias foram remetidas para Londres. A primeira edição inglesa só foi feita em 1958, editada por Vyvyan Holland.

de exemplares a serem impressos, os direitos autorais a me serem pagos e a seleção do artista a quem a apresentação do trabalho foi confiada. O livro foi subseqüentemente anunciado na lista dos próximos lançamentos da editora e tal publicação foi noticiada em colunas literárias de muitos jornais. O acordo foi selado em minha presença por Mr. Lane e assinado por ele em nome da editora. Não sugiro, no momento, que ele não tinha autoridade de fazê-lo. Ele o fez, estou bem seguro, com a completa autorização da editora da qual é, ou era, sócio. Se ele não o é mais, é problema dele, não meu.

É obrigação da editora publicar meu livro, que foi anunciado há 18 meses e o qual concordaram em publicar. Tenho o direito de insistir que o façam: e esse direito eu mantenho. Para a editora, romper o contrato comigo seria desonroso, desonesto e ilegal.

Por outro lado, estou disposto a firmar um compromisso. Vocês fizeram um acordo para publicar meu livro sob certas condições; anunciaram que o livro estava pronto para ser lançado; vocês tinham os direitos autorais do livro desde julho passado. O atraso dessa publicação tem sido muito inoportuno para mim, mas sempre mantive, em relação a sua editora, um comportamento de perfeita cortesia e atenção. Mesmo agora, quando calmamente me foi dito que um dos membros da editora se recusa — "a qualquer preço" — a publicar um livro cujo acordo foi selado há cerca de dezoito meses, ou ainda quando o outro membro calmamente me diz que a publicação do mesmo livro depende de sua prévia aprovação, eu não estou verdadeiramente irritado — estou até me divertindo. De qualquer modo, estou totalmente disposto a deixar o acordo de lado, com a condição de que vocês, em troca, me mandem um cheque de 25 libras[40]. Acho que concordam comigo que, em vista das circunstâncias, estou agindo com grande consideração para com sua editora. Se vocês não pensam assim, terei a impressão de que tenho estado errado no juízo que formei do seu desejo de agir de forma respeitável e honesta em seus negócios com os homens de letras. Sinceramente seu,

OSCAR WILDE

---

40) Numa carta endereçada a Elkin Mathews e John Lane com a data de 22 de setembro de 1894, Wilde escreve: "pessoalmente, eu lastimo que a firma não tenha aceitado a minha oferta de 25 libras a me serem pagas pelo cancelamento do acordo. Nunca é interessante lidar com um editor que não está realmente interessado no seu trabalho no momento.".

A ARTHUR L. HUMPHREYS[41]

Setembro de 1894   5 Esplanade Worthing

Caro Mr. Humphreys, poderia gentilmente enviar a Cyrill na Tite Street, 16, em meu nome, uma cópia da tradução da *Odisséia* de Butcher e Lang? Estou ansioso para que ele possa ler o melhor livro já escrito para jovens e para aqueles que ainda mantêm a maravilha e o prazer da juventude.

E que tal minha *Oscariana*? Poderia ver algumas provas de página? Atenciosamente,

OSCAR WILDE

A ADA LEVERSON

23 de setembro de 1894   Worthing

Querida Esfinge, é claro que você tem sido profundamente injustiçada[42]. Mas existem muitos bocados valiosos que provêm de sua brilhante caneta. E deslealdade é inseparável da fé. Freqüentemente atraiçõo a mim mesmo com um beijo.

Não acredito que Hichens seja capaz de algo tão sagaz. Parece coisa de jornalistas, eles são muito mais espertos.

Acredito que você tenha ouvido algo sobre nossos telegramas.

Quão doce de sua parte, no seu aniversário, ter encadernado *Intenções* para mim! Simplesmente amo aquele livro. Devo estar na cidade logo e encantar a Esfinge com pães de mel. O problema é que deixei minha flauta em um vagão de trem e os faunos demoram muito para cortar novos juncos. Sempre seu,

OSCAR

---

41) Livreiro, autor e editor (1865-1946). Por muitos anos foi o cabeça da Livraria Hatchard em Piccadilly. Em janeiro de 1895, ele produziu cinqüenta cópias de *Oscariana*, uma coleção de epigramas do trabalho de Wilde selecionados por Constance Wilde, e em maio imprimiu mais uma edição de duzentos exemplares. Em maio de 1985 dele fez uma tiragem de 50 exemplares do livro de Wilde *The Soul of Man under Socialism* e enviou os livros de presente a Wilde quando ele estava na prisão.

42) "*The Green Carnation*", um engenhoso discurso satírico sobre Wilde e seu círculo de amizades, foi publicado anonimamente por Heinemann em setembro de 1894, e suspeitava-se que era de autoria de Ada Leverson. De fato, este foi o primeiro livro de Robert Smythe Hichens (1864-1950), que mais tarde se tornou um novelista produtivo. Seu nome foi impresso na quarta impressão de 1895. Ele encontrou Douglas no Cairo.

Ada Leverson (1862-1933), melhor amiga de Oscar Wilde e que foi apelidada de Sphinx — *ou* Esfinge — *em um poema que lhe dedicou e que foi publicado em 1894.*

A GEORGE ALEXANDER

25 de outubro de 1894   16 Tite Street

    Meu caro Aleck, estive acamado por um bom tempo, com um tipo de malária, de modo que não pude responder ao seu convite. Estou completamente bem agora e, como você desejava ver minha exagerada comédia, envio-lhe a primeira cópia dela. É chamada *Lady Lancing* na capa: mas o título real é *A importância de ser prudente*. Ao ler a peça, você verá o sentido do trocadilho do título. Claro, a peça não é apropriada a você: você é um ator romântico, o povo quer atores como Wyndham e Hawtrey. E eu ainda lamentaria se você alterasse a definida linha artística de progresso que você tem seguido sempre no St. James's. Mas, é claro, leia-a e diga-me o que acha. Recebi muito boas ofertas da América por ela.
    Li muitas descrições encantadoras de seu banquete em Birmingham e seu elogio do dramaturgo inglês. Conheço e admiro o trabalho de Pinero, mas "quem é Jones?" Talvez o nome, como é descrito nos jornais ingleses, seja um erro de impressão. Nunca ouvi falar de Jones. E você?
    Mande meus cumprimentos a Mrs. Aleck, e creia-me sinceramente seu,

OSCAR WILDE

A LORD ALFRED DOUGLAS

17 de fevereiro de 1895   Thos Cook & Son, 33 Piccadilly

Querido Garoto, sim: o Marquês Escarlate conspirou para falar à platéia na noite de estréia de minha peça! Algy Bourke descobriu e sua entrada não foi permitida.

Ele deixou um grotesco buquê de vegetais para mim! Claro, isso torna sua conduta idiota, sem qualquer traço de dignidade. Ele chegou com um boxeador! Eu tinha toda a Scotland Yard — 20 policiais — para proteger o teatro. Ele espreitou por aproximadamente três horas, depois foi embora matraqueando como um macaco monstruoso. Percy está do nosso lado.

Sinto agora, sem que seu nome tenha sido mencionado, que tudo vai bem.

Gostaria que você não tivesse sabido disso. Percy telegrafou sem me informar. Estou profundamente tocado pela sua excursão à Europa. Por mim havia determinado que você não deveria saber de nada. Telegrafarei a Calais e Dover, e certamente você estará comigo até sábado. Então retornarei, acho, a Tite Street.

Sempre, com amor, todo amor do mundo, devotadamente seu,

OSCAR

A CONSTANCE WILDE

Fevereiro de 1895   Hotel Avondale, Piccadilly

Querida Constance, acho melhor que Ciryl *não* venha. Já telegrafei a Mr. Beadley. Irei vê-la às nove horas. Por favor, vá — é importante. Sempre seu,

OSCAR

A ROBERT ROSS

28 de fevereiro de 1895   Hotel Avondale, Piccadilly

Caríssimo Bobbie, algumas coisas aconteceram desde que o vi pela última vez. O pai de Bosie deixou um cartão no meu clube com palavras hediondas. Não percebo nada a não ser uma perseguição criminosa. Toda a minha vida parece arruinada por esse homem. A torre de marfim foi assaltada pela imundície. Minha vida foi derramada na areia. Não sei o que fazer. Se puder vir às 11h30, por favor, faça isso hoje. Eu estrago sua vida, abusando sempre de seu amor e bondade. Pedi a Bosie que venha amanhã. Sempre seu,

OSCAR

Programa da primeira apresentação de
A importância de ser prudente.

Programa da última apresentação de
A importância de ser prudente; o nome de Oscar
Wilde foi suprimido depois de sua prisão.

A ERNEST LEVERSON

Março de 1895   16 Tite Street

Caro Ernest, Bosie e eu não podemos ser suficientemente gratos a você pela sua grande bondade: nós nunca o esqueceremos e sempre lembraremos com carinho, afeição e gratidão o amigo que no momento da notícia veio nos ajudar, tão graciosamente, tão bondosamente, tão prontamente. Em alguns dias esperamos estar livres de nossas obrigações financeiras; a outra obrigação, de gratidão e reconhecimento, gostaríamos de mantê-la sempre. Nossas homenagens à querida e maravilhosa Esfinge, e creia-me, caro Ernest, seu sincero e agradecido amigo,

OSCAR WILDE

Cheque recebido.

A CONSTANCE WILDE

5 de abril de 1895

Querida Constance, não permita a entrada de ninguém em meu dormitório ou sala de estar hoje — exceto os serviçais. Não atenda a ninguém, a não ser seus amigos. Sempre seu,

OSCAR

AO EDITOR DO *EVENING NEWS*

5 de abril de 1895 Holborn Viaduct Hotel

Tem sido impossível para mim provar meu caso sem colocar Lord Alfred Douglas no banco das testemunhas contra seu pai.

Lord Alfred Douglas estava extremamente ansioso para testemunhar, mas não permitirei que o faça. Em vez de colocá-lo em tão dolorosa situação, determinei que se retirasse do caso e sustentarei nos meus ombros quaisquer ignomínias e vergonhas que possam resultar de meu denunciante, Lord Queensberry.

OSCAR WILDE

A LORD ALFRED DOUGLAS

5 de abril de 1895   Cadogan Hotel

Querido Bosie, estarei na Central de Polícia de Bow Street esta noite — sem fiança possível, afirmo. Peça e Percy, George Alexander e Waller para irem até o Haymarket e ficarem de sobreaviso para conseguirem a fiança.

Você ainda poderia telegrafar a Humphreys para ir à Bow Street para mim. Telegrafe para 41 Norfolk Square, W.

E também venha ver-me. Sempre seu,

OSCAR

A ADA E ERNEST LEVERSON

9 de abril de 1895   Prisão de Sua Majestade, Holloway

Querida Esfinge e Ernest, escrevo-lhes da prisão onde suas bondosas palavras me alcançam e me confortam, embora me tenham feito chorar em minha solidão. Não que esteja realmente só. Uma figura esguia com cabelos dourados como anjo permanece sempre ao meu lado. Sua presença me domina. Ele move-se na melancolia como uma flor branca.

Que desastre! Por que a sibila falou coisas tão boas? Nada penso a não ser em defendê-lo de seu pai: não pensei em nada mais e agora —
Não consigo escrever mais. Quão bondosos e doces você e Ernest são para mim.

OSCAR

A MORE ADEY E ROBERT ROSS

9 de abril de 1895   Prisão de Sua Majestade, Holloway

Queridos More e Bobbie, vocês poderiam dizer à Esfinge, Ernest Leverson e Mrs. Bernard Bere (Church Cottage, Marylebone Road) quão profundamente tocado estou por seu afeto e bondade?

Notifiquem os comitês do New Travelers Club, e também do de Albemarle, que renuncio à minha associação (Piccadilly e Dover Street).

Bosie é tão maravilhoso. Não penso em mais nada. Eu o vi ontem.

À sua maneira, eles são bons aqui, mas eu não tenho livros, nada para fumar e durmo mal. Sempre seu,

OSCAR

Peça a Bobbie que vá à Tite Street e faça uma cópia datilografada de um manuscrito, parte de minha tragédia em versos brancos, e também de um livro preto contendo "La Sainte Courtisane", no meu quarto.

Marquês de Queensberry, pai de Alfred Douglas e algoz de Oscar Wilde.

A R.H. SHERARD

16 de abril de 1895   Prisão de Sua Majestade, Holloway

Caro Robert, meu bom e intrépido amigo irresponsável! Fiquei encantado de receber sua carta, com todas as maravilhosas notícias. Quanto a mim, estou mal — apático. Lentamente, a vida escapa de mim. Nada, a não ser as visitas diárias de Alfred Douglas, animam-me à vida, e mesmo a ele só posso ver sob humilhantes e trágicas condições.

Não trave mais de seis duelos por semana! Suponho que Sarah esteja desanimada; mas sua cortês amizade — sua fina, cortês amizade — é mais valiosa que todo dinheiro no mundo. Sempre seu,

OSCAR

A ADA LEVERSON

23 de abril de 1895   Prisão de Sua Majestade, Holloway

Minha querida Esfinge, acabo de receber um bilhete seu encantador e um bilhete encantador de Ernest. Quão bondosos vocês são para mim!

Willie me tem escrito as cartas mais monstruosas. Tive de implorar-lhe que pare.

Hoje, Bosie veio cedo para me ver. Meu advogado parece desejar que meu caso seja julgado imediatamente. Eu não, nem Bosie. Com fiança ou sem fiança, acho melhor esperarmos.

Estive com o advogado e com Bosie. Não sei o que fazer. Minha vida parece ter escapado de mim. Sinto-me preso em uma terrível rede. Não sei como escapar. Fico menos preocupado quando penso que ele está pensando em mim. Não penso em nada mais. Sempre seu,

OSCAR

A ADA LEVERSON

6 de maio de 1895   Prisão de Sua Majestade, Holloway

Minha querida Esfinge, hoje não recebi até agora nenhuma linha de Flor-de-Lis[43]. Suponho que ele esteja em Rouen. Eu fico tão infeliz quando não tenho notícias dele, e hoje estou entediado. E esse encarceramento está me matando.

Estou lendo seus livros, mas o que eu queria era estar fora com as pessoas que amo. Os dias me parecem intermináveis.

Sua bondade e a de Ernest tornam as coisas melhores para mim. Um dia de

---

43) Um dos apelido de Wilde para Alfred Douglas.

cada vez. Oh! Espero que tudo melhore e que possa voltar para a Arte e para a Vida. Aqui, me ponho doente de inanição. Sempre com grande afeto por vocês,

OSCAR

A carta de Bosie, de Rouen, acaba de chegar. Por favor, telegrafe-lhe agradecendo. Ele curou-me do sofrimento, hoje.

A LORD ALFRED DOUGLAS

20 de maio de 1895   2 Courtfield Gardens

Minha criança, hoje foi pedido para se ter as sentenças proferidas separadamente. Taylor[44] provavelmente está sendo julgado neste momento, assim poderei voltar para cá. Minha doce rosa, minha delicada flor, meu lírio dos lírios, é talvez na prisão que testarei o poder do amor. Verei se posso tornar doces as águas amargas por meio da intensidade do amor que eu nutro por você. Houve momentos em que pensei que era mais sábio nos separarmos. Ah! Momentos de fraqueza e loucura! Agora vejo que este ato teria mutilado minha vida, arruinado minha arte, partido as cordas musicais que fazem uma alma perfeita. Mesmo coberto de lama eu irei louvá-lo, do mais fundo abismo chorarei por você. Em minha solidão você estará comigo. Estou determinado não a me revoltar, mas a aceitar todo ultraje pela devoção de amar, a deixar meu corpo ser desonrado por tanto tempo quanto minha alma puder sempre manter sua imagem. Do seu sedoso cabelo aos seus delicados pés, você é a perfeição para mim. O prazer oculta o amor para nós, mas a dor revela-o em sua essência. Ó mais querida das coisas criadas, se alguém ferido pelo silêncio e pela solidão chega a você, desonrado, ridicularizado pelos homens, oh! você pode fechar suas feridas tocando-as e pode revigorar sua alma que, por um momento, foi asfixiada pela infelicidade. Nada será difícil para você então e, lembre-se, é a esperança que me deixa vivo, apenas ela. O que a sabedoria é para o filósofo, o que Deus é para o santo, você é para mim. Mantê-lo em minha alma, tal é o propósito dessa dor que os homens chamam vida. Oh, meu amor, você a quem estimo acima de todas as coisas, narciso branco em um campo que nunca foi ceifado, pense na carga que cai sobre ti, uma carga que apenas o amor pode tornar luz. Mas não se

---

44) Alfred Waterhouse Somerset Taylor. Sua casa em Westminster era usada como ponto de encontro para homossexuais. Wilde conheceu Taylor em 1892. Embora ele tenha-se recusado a fornecer evidências contra Wilde, seu indiciamento e julgamento certamente prejudicaram a absolvição de Wilde.

entristeça com isso, antes seja feliz por ter completado com um amor eterno a alma de um homem que agora chora no inferno, e ainda carrega o céu em seu coração. Amo você, amo você, meu coração é uma rosa que seu amor fez florir, minha vida é um deserto bafejado pela deliciosa brisa do seu hálito, seus olhos são como o frescor da primavera. A marca de seus pequenos pés fazem vales de sombra para mim, o cheiro de seu cabelo é como mirra, e onde quer que você vá exala o fragrância da cássia.

Ame-me sempre, ame-me sempre. Você tem sido o supremo, o perfeito amor de minha vida; não pode haver outro igual. Decidi que isso era o mais nobre e belo a se fazer. Nós não pudemos ficar juntos. Não quis ser chamado de covarde ou desertor. Um nome falso, um disfarce, uma vida de caça, isso tudo não é para mim, a quem você tem-se revelado naquela alta colina onde as coisas belas são transfiguradas.

Ó mais doce de todos os meninos, mais amado de todos os amores, minha alma adere à sua alma, minha vida é sua vida, e em todos os mundos de dor e prazer você é o meu ideal de admiração e alegria.

OSCAR

A ROBERT ROSS

10 de março de 1896   Prisão de Sua Majestade, Reading

Meu caro Robbie, quero que você escreva uma carta a Mr. Hargrove, o procurador, declarando a promessa de minha esposa de me legar um terço de seus pertences no caso de sua morte. Não gostaria de nenhuma oposição à compra do usufruto de seus bens. Sinto que trouxe tal infortúnio a ela e tal ruína aos meus filhos, que não tenho nenhum direito de ir contra o que ela deseja. Ela foi gentil e boa comigo aqui, quando veio ver-me. Tenho total confiança nela. Por favor, faça isso e agradeça a meus amigos por sua bondade. Sinto que estou agindo corretamente em legar isso à minha esposa.

Por favor, escreva a Stuart Merril em Paris, ou Robert Sherard, dizendo quão grato fiquei pela performance de minha peça, e transmita meu agradecimento a Lugné-Poe. Trata-se de algo que, mesmo numa época de desgraça e vergonha, devo prezar como artista. Desejaria sentir mais prazer, mas me sinto morto para todas as emoções, exceto aquelas da angústia e desespero. De todo modo, por favor, deixe Lugné-Poe saber que estou sensibilizado com a honra que ele me proporcionou. Ele é um verdadeiro poeta. Temo que você encontre dificuldade em escrever isso, mas, como não me é permitido escrever sobre "coisas sérias", acredito ter esquecido como escrever: você deve desculpar-me.

Agradeça a More por se empenhar pelos livros: desafortunadamente sofro de dor de cabeça quando leio meus poetas gregos e romanos, assim eles não têm sido de muito uso, mas sua bondade foi grande em enviá-los. Peça-lhe para expressar minha gratidão à senhora que vive em Wimbledon. Escreva-me, por favor, a esse respeito, e fale-me sobre literatura — quais os novos livros etc., e também sobre a peça de Jones e a direção de Forbes-Robertson, sobre qualquer nova tendência teatral de Paris ou Londres. E ainda, veja o que Lemaître, Bauër e Sarcey dizem de *Salomé* e dê-me um pequeno *resumé*: por favor, escreva a Henri Bauër e diga-lhe que estou tocado por seu belo texto. Robert o conhece. Você foi muito gentil em vir aqui me ver: deve voltar qualquer dia. Aqui, eu tenho o horror da morte com o ainda maior horror da vida: e em silêncio e em miséria [*algumas linhas cortadas pelos oficiais da prisão*] mas eu não falo mais disso. Sempre me lembro de você com profunda afeição. Seu sempre amigo,

O.W.

Gostaria que Ernest pegasse minha mala em Oakley Street, meu casaco de pele, roupas e os livros que *eu mesmo escrevi* e dei para minha mãe. Pergunte a Ernest em nome de quem estava o túmulo de minha mãe. Adeus.

A ROBERT ROSS

23 ou 30 de maio de 1896   Prisão de Sua Majestade, Reading

Querido Robbie, não pude concentrar-me ontem e fiquei até agora aguardando sua visita. Você sempre marcará a data quando estiver bom o suficiente para vir ver-me? Qualquer coisa repentina desagrada-me.

Você disse que Douglas dedicará um livro de poemas a mim. Escreva-lhe e diga-lhe que não deve fazê-lo de forma alguma. Não aceito e não permito tal dedicatória. O propósito é revoltante e grotesco. E também, desafortunadamente, ele está de posse de várias cartas minhas. Desejo que ele as mande, sem exceção, a você. Eu iria pedir-lhe para lacrá-las. Caso eu morra aqui, você deve destruí-las. Caso sobreviva, eu mesmo as destruirei. Elas não devem ter existência. É horrível para mim pensar que elas estão nas mãos dele. E pensar que minhas desafortunadas crianças obviamente nunca carregarão meu nome, por mais que saibam de quem são filhos. Mas devo tentar protegê-las da possibilidade de qualquer revoltante exposição ou escândalo.

Além do mais, Douglas tem algumas coisas que lhe dei: livros e jóias. Desejo que tudo seja entregue a você — para mim. Algumas jóias ele passou adiante em circunstâncias desnecessárias de detalhar, mas ele ainda tem algumas, como a cigarreira dourada, a corrente de pérola e o medalhão esmaltado que lhe dei no último Natal. Desejo ter certeza de que ele não terá posse de nada disso que lhe dei. Tudo deve ser lacrado e guardado com você. A simples idéia de ele estar usando ou de posse de qualquer coisa que eu lhe tenha dado é repugnante para mim. Não posso, claro, me livrar da revoltante memória dos dois anos em que estive infeliz o suficiente para tê-lo ao meu lado ou o modo pelo qual ele me empurrou para o abismo de ruína e desgraça para satisfazer o ódio de seu pai e outras ignóbeis paixões. Mas não o quero de posse de minhas cartas ou presentes. Mesmo que saia deste repugnante lugar, sei que não há nada para mim, a não ser uma vida de pária — de desgraça, penúria e desprezo —, mas ao menos não terei nada com ele e nem lhe permitirei aproximar-se de mim.

Assim, escreva-lhe e pegue essas coisas: até saber que você as tem, serei mais miserável que o usual. Sei que isso é uma coisa desagradável de lhe pedir e que ele talvez lhe escreva coisas de abuso grosseiro, como fez com Sherard quando ele impediu a publicação de mais cartas minhas, mas suplico-lhe sinceramente que não faça caso disso. *Tão logo* você as tenha recebido, por favor, escreva-me e divida parte de sua carta com tudo aquilo que você gosta, com todas as notícias interessantes sobre literatura e teatro. Diga-me por que Irving deixou o Liceum etc., o que ele está encenando: o que acontece em cada teatro, quem Stevenson criticou severamente em suas cartas. Qualquer coisa que tire por uma hora meus pensamentos do revoltante objeto de minha prisão.

Ao escrever a Douglas, você deve citar minha carta completa e francamente, assim ele não terá qualquer brecha para escapar. Na verdade, ele não tem como recusar. Ele arruinou minha vida — isso deveria contentá-lo.

Estou profundamente tocado pela senhora de Wimbledon. Você está convidado a vir ver-me. Mande lembranças a More, que eu gostaria tanto de ver.

O.W.

[*Dez palavras omitidas*] A Esfinge tem dez cartas de D. para mim: elas deverão ser devolvidas a ele ou destruídas.

O.W.

Oscar Wilde na Detenção Provisória. Gravura publicada no The Illustrated Police News *(20 de abril de 1895).*

AO MINISTRO DO INTERIOR[45]

02 de julho de 1896 - pág. 142   H.M. Prision, Reading

Ao Honorável Ministro de Estado de Sua Majestade para Assuntos de Interior

A petição do prisioneiro supracitado humildemente demonstra que ele não tem o desejo de pretender minimizar de modo algum as terríveis ofensas com as quais ele foi corretamente julgado culpado, mas sim apontar que tais ofensas são sintomas de loucura sexual, loucura reconhecida como tal não só pela ciência patológica moderna, mas também por muitas legislações contemporâneas como as da França, Áustria e Itália, onde as leis que incidem sobre esses pequenos contraventores foram repelidas, posto que seus delitos são considerados doenças que devem ser

---

45) Esta e mais três petições foram escritas em papéis timbrados oficiais. O tom parece um pouco desesperado e exagerado, mas o leitor deve lembrar que Wilde já estava preso por mais de um ano, uma experiência fragmentadora para alguém com o seu temperamento e estilo de vida. Além disso, Wilde já tinha começado a sofrer de uma dolorosa inflamação no ouvido que viria a matá-lo quatro anos depois.

curadas por um médico, em vez de crimes que devam ser punidos por um juiz. Em trabalhos de eminentes homens de ciência como Lombroso e Nordau[46] — para citar apenas duas instâncias de muitas —, este fato é acentuado na referência à íntima conexão entre a loucura e o temperamento artístico e literário. O professor Nordau em seu livro *Degenerescência*, publicado em 1894, dedica um capítulo inteiro ao requerente como um exemplo especialmente típico dessa lei fatal da natureza

O requerente está agora plenamente consciente do fato de que, enquanto os três anos anteriores à sua prisão foram, do ponto de vista intelectual, os mais brilhantes de sua carreira (quatro peças de sua autoria foram produzidas no palco com imenso sucesso e encenadas não apenas na Inglaterra, América e Austrália, mas em quase todas as capitais européias. Também muitos de seus livros provocaram grande interesse local e foram publicados no exterior), não obstante, durante todo esse tempo, ele estava sofrendo da mais terrível forma de erotomania, a qual o fez esquecer-se de sua mulher e filhos, de sua posição social em Londres e Paris, de sua distinção na Europa como artista, da honra de seu nome e de sua família, de sua própria humanidade. Erotomania que o deixou a mercê das mais revoltantes paixões incentivadas por uma gangue de pessoas que só buscavam benefício próprio e, por fim, que o conduziram a uma ruína hedionda.

É sob uma intermitente apreensão com essa insanidade, a qual antes se mostrou como uma monstruosa perversão sexual e que agora pode estender-se por todo o caráter e intelecto, que o requerente escreve este apelo suplicando, sinceramente, que este seja levado em consideração pelo menos uma vez. Horrível, como o são todos os distúrbios mentais de hoje em dia, o terror dessa loucura não é menos apavorante ou menos danoso para a alma.

Há mais de treze terríveis meses, o requerente foi sujeito à solitária, um sistema de confinamento assustador, sem comunicação de espécie alguma com ninguém, sem livros adequados ou suficientes — algo tão essencial para um homem de letras, tão vital para a preservação de seu equilíbrio mental —, condenado ao silêncio absoluto, exilado de qualquer conhecimento do mundo exterior e dos movimentos da vida, levando uma existência composta por amargas degradações, por um sofrimento terrível, por uma monotonia medonha e recorrente de lúgubres trabalhos forçados e de uma privação repugnante. O desespero e a miséria dessa vida desgraçada de solidão foram intensificados com a notícia da morte de sua mãe, Lady Wilde, a quem ele era profundamente ligado, e com a contemplação da ruína que ele levou à sua jovem esposa e seus dois filhos.

Graças a uma permissão especial, o requerente tem autorização para ler dois livros por semana. Porém, a biblioteca da prisão é extremamente indigente e pequena

---

46) Cesare Lombroso (1836-1909), criminologista italiano. Max Simon Nordau (1849-1923), autor e sociólogo alemão.

— dificilmente contém um número de livros adequado a um homem educado. Os livros que foram gentilmente adicionados por solicitação dos prisioneiros já foram lidos e relidos até a exaustão. O requerente foi deixado, praticamente, sem nada para ler. O mundo das idéias, assim como o mundo real, está fechado para ele. Está privado de tudo o que possa confortar, distrair ou consolar uma mente ferida e abalada. Todas as horríveis privações físicas sofridas na prisão não são nada perto da completa privação dos livros para alguém que tinha a literatura como prioridade em sua vida. A literatura é o modo pelo qual podemos realizar a perfeição, a única maneira de o intelecto poder sentir-se vivo.

Não é natural viver nesse silêncio, nessa solidão, nesse isolamento de toda e qualquer influência de seres humano, nessa tumba para aqueles que não estão mortos ainda. O requerente deve, em todas as horas do dia e da noite, estar sendo torturado pelo medo de uma loucura completa e absoluta. Ele está consciente de que seu intelecto, arrancado artificialmente dos interesses racionais, nada faz — e nada pode fazer — além de meditar sobre aquelas formas de perversão sexual, naqueles repugnantes modos de erotomania que o levaram de uma alta posição, nobre e distinta, para uma cela de condenado numa prisão ordinária. É inevitável que isso devesse acontecer. A mente é forçada a pensar e, quando é privada das condições necessárias para uma atividade intelectual saudável, tais como livros, materiais para escrever, companhia, contato com o mundo existente e coisas afins, transforma-se — no caso daqueles que sofrem de monomanias sexuais — numa presa certa de paixões mórbidas, fantasias obscenas e pensamentos que corrompem, profanam e destroem. Crimes podem ser esquecidos ou perdoados, mas os vícios permanecem e fazem sua morada naquele que, por infortúnio ou sina, se tornou uma de suas vítimas. Os vícios enraízam-se na carne e espalham-se como lepra. Alimentam-se do homem como uma estranha doença até se tornarem uma parte essencial de sua vida. Nenhum remorso, mesmo que lancinante, pode retirá-los. Nenhuma lágrima, mesmo que amarga, pode lavá-los. E a vida na prisão, por seu isolamento terrível de tudo o que poderia salvar uma alma desesperada, leva a vítima, que parece estar com os pés e as mãos atados, a ser possuída e contaminada por pensamentos pelos quais ela própria tem repúdio, mas dos quais não consegue escapar.

Há mais de um ano a mente do requerente tem gerado coisas assim, fato que não pode arrastar-se por mais tempo. E ele encontra-se plenamente consciente de que a corrupção de uma insanidade não fica confinada a apenas uma porção do caráter, mas se expande indistintamente. Seu desejo e sua súplica são de que sua sentença possa ser reduzida agora, de maneira que lhe possa ser permitido voltar ao convívio de amigos que terão a possibilidade de submetê-lo a um tratamento médico que poderá curar essa insanidade sexual que o acomete. Ele sabe muito bem que sua carreira como dramaturgo e escritor está encerrada, que o seu nome foi para sempre apagado do rol da literatura inglesa, que seus filhos não podem carregar mais o seu nome e que só lhe resta uma vida obscura em algum outro país distante. Sabe que a falência investiu-se contra ele, que a pobreza da pior espécie o espera e que toda a alegria e beleza da vida lhe foram tomadas para sempre. Mas, em todo o seu desespero, ele ainda se agarra a uma esperança de que não terá de ser diretamente removido da prisão para o manicômio.

Ainda que sejam aterrorizantes os efeitos do sistema penal — um sistema tão terrível, que endurece a alma daqueles cujos corações não conseguiu quebrar e brutaliza tanto aqueles que o mantém como aqueles que lhe são submetidos —, não obstante, não faz parte de seus objetivos demolir a razão humana. Embora não vise a tornar os homens melhores, também não aspira conduzi-los à loucura. Assim sendo, o requerente vem sinceramente implorar que lhe seja permitido sair em liberdade enquanto lhe resta ainda um pouco de sanidade, enquanto as palavras ainda têm algum significado e os livros uma mensagem. Enquanto ainda houver uma possibilidade de, por meio da ciência médica ou tratamento psicológico, se restabelecer o equilíbrio em sua mente turbulenta e de restaurar a sanidade num caráter que um dia já soube o que era a pureza. Enquanto ainda há tempo para livrar a conduta de uma loucura revoltante e para deixar a alma, mesmo que seja apenas uma pequena porção dela, limpa.

Com toda sinceridade, o requerente vem implorar ao Ministro do Interior que, se o desejar, considere a opinião abalizada de qualquer autoridade médica sobre as conseqüências inevitáveis produzidas pelo confinamento num regime de solitária, sobre quais são os efeitos do silêncio e do isolamento naquele que é acometido do pior tipo de monomania sexual.

O requerente também gostaria de ressaltar que, enquanto sua saúde corporal está melhor em muitos aspectos aqui do que estaria em Wandsworth — onde passou dois meses num hospital graças a um total colapso físico e mental causado por fome e insônia —, ele vem perdendo desde que foi preso, quase que em sua totalidade, a audição do ouvido direito, graças a um abscesso que causou a perfuração do tímpano. O médico daqui assegurou que não pode oferecer nenhuma assistência e que a audição vai ser perdida inteiramente. O requerente, contudo, está certo de que, sob o cuidado de um especialista fora da prisão, sua audição lhe seria preservada. Ele foi assegurado por Sir William Dalby, um grande otologista, que, com o cuidado apropriado, não haveria motivos para se perder a audição. Mas, embora esse abscesso esteja supurando por todo o tempo do meu aprisionamento e a audição ficando pior a cada semana, nada foi feito no sentido de se buscar uma cura. Apenas se limpou o ouvido com água de uma seringa para se fazer exames em três ocasiões, e nada mais. O requerente naturalmente está apreensivo com o fato de que o outro ouvido, como é comum de se acontecer, também possa ser atacado pelo mesmo mal e que, à miséria de uma mente perturbada e debilitada, possa adicionar-se os horrores de uma completa surdez.

Sua visão, a qual sempre lhe obrigou — como a todo homem de letras — a tomar muitos cuidados, também tem sofrido muito com a vida forçada em uma cela caiada de branco e iluminada à noite por uma chama de gás. Ele sente grande fraqueza e dor nos nervos dos olhos, e até mesmo objetos à curta distância parecem embaçados. O brilho da luz do dia, na hora dos exercícios no pátio da prisão, freqüentemente causam dor e cansaço ao nervo ótico. Durante os últimos quatro meses, a sensação da visão estar falhando tem sido fonte de uma terrível ansiedade e, se este aprisionamento continuar, é muito provável que a cegueira e a surdez sejam acrescidas à insanidade e descontrole da razão.

Há outras preocupações causadas pela limitação do espaço sobre as quais não cabe ao requerente explanar. Seu maior perigo é a loucura, seu maior pavor é a loucura, e seu pedido é de que seu longo aprisionamento possa ser considerado uma punição suficientemente grande frente à ruína que lhe acomete, que seu confinamento possa terminar agora e que não seja prolongado inútil e vingativa-mente até que a insanidade tenha tomado conta de sua alma da mesma maneira que já tomou de assalto o seu corpo, trazendo-lhe a mesma degradação e a mesma vergonha.

OSCAR WILDE

A MORE ADEY

25/09/1896   H.M. Prision, Reading

Meu querido More, fiquei realmente encantado em receber sua carta. Estava com medo de que Bobbie pudesse ter ficado doente e que esta poderia ser a causa do atraso. Foi um grande prazer receber notícias dele a esta distância e ver que continuam correndo em suas veias a sua velha sagacidade e a sua sátira divertida. Realmente espero que ele fique bom logo. Por favor, agradeça à mãe dele por suas palavras gentis. Fico muito feliz com o fato dela estar cuidando de Bobbie em sua doença.

Muito obrigado por ter escrito ao Ministro do Interior[47]. Eu espero sincera-mente que surta algum efeito. Mas é uma pena ter de bater nas portas da burocracia.

---

47) Acredita-se que a petição de Adey pedindo a libertação de Wilde ao Ministro do Interior foi esboçada por Bernard Shaw. A resposta do ministério foi de que "o caso desse prisioneiro foi objeto de cuidadosa investigação e consideração" e que conseqüentemente o Ministro do Interior "chegou à conclusão de que em nenhuma instância, médica ou outra qualquer, existe um motivo que o justificasse a aconselhar uma diminuição da pena".

O poder, tanto quanto a punição, mata tudo aquilo que foi bom e nobre em um homem. O homem que não sabe disso perde a sua gentileza natural ou cresce com medo de exercitá-la. Mesmo assim, eu espero que eles tomem alguma providência. Admito que a perspectiva de passar mais um inverno na prisão me aterroriza, é uma coisa horrível. Tem-se que levantar muito antes do amanhecer e, na cela fria e escura, começa-se a trabalhar sob uma luz de lamparina. Parece que só as trevas encontram uma passagem através das barras da pequena janela. Os dias geralmente terminam sem se ter estado uma vez sequer ao ar livre, dias nos quais se sufoca, dias que são intermináveis em sua estúpida e monótona apatia ou em seu desespero. Seria excelente se eu pudesse ser solto antes do inverno chegar. Em 19 de novembro, terei completado dezoito meses nessa vida negra e repugnante. Talvez até lá algo já tenha acontecido. Eu sei que você está-se esforçando ao máximo e não tenho palavras para expressar toda minha gratidão por sua enorme gentileza para comigo.

Por respeito para com meus filhos, para preservar a eles e a mim, eles não podem ser instruídos a ver-me com ódio ou desprezo. Um tutor desconhecido próximo à minha mulher seria por essa razão impossível. É claro que eu preferiria Arthur Clifton se ele aceitasse a responsabilidade. Sendo assim, você poderia pedir a Arthur para ser o meu advogado a partir de agora. Humphreys é, obviamente, um inútil. Embora eu tenha pago a ele uma alta remuneração por intermédio de Leverson, ele nunca veio, nem por uma vez, ver-me para tratar de minha falência. Por causa dele, eu estava prestes a ser declarado insolvente sem motivo algum. Se Arthur for meu advogado, ele pode, por meio de um requerimento ao Ministro do Interior, vir ver-me aqui na sala dos advogados por uma hora e sem a presença de um guarda. Poderia, então, discutir com ele todo o caso e depois escrever para minha mulher sobre o assunto. Eu ficaria bem tranqüilo se Arthur aceitasse ser o tutor de meus filhos. E seus conselhos como advogado seriam de grande valia. Se ele pudesse vir dentro de duas semanas seria ótimo[48].

Fiquei muito tocado pelo resumo da carta da senhora de Wimbledom. Ela deve

---

48) Em 8 de outubro de 1896, Arthur Clifton escreveu para Carlos Blacker: "Eu fiquei muito chocado com a aparência de Oscar, embora muito pouco surpreso. Felizmente ele estava vestido com suas roupas extraordinárias. Seu cabelo estava um pouco comprido e ele estava horrivelmente magro. Você pode imaginar como foi doloroso para mim encontrá-lo. Ele estava muito nervoso e chorou por um bocado. Parecia estar com o coração partido e manteve-se descrevendo a sua punição como um selvagem. É claro que lhe falei o mais que eu pude sobre o futuro, sobre a amizade de seus amigos, sobre suas peças e sobre tudo o mais que eu julguei que pudesse animá-lo. Ele estava ansioso por notícias e contei-lhe o máximo possível sobre o que tinha acontecido ultimamente. Acho que conduzi a maior parte da conversa. Com relação aos negócios, ele não expressou nenhuma opinião resoluta, mas achou que deveria deixar algo fora do acordo se possível, e eu disse-lhe que achava essa uma boa idéia — nominalmente, ele deve reter em torno de um terço do usufruto de seu trabalho. Disse-lhe que faria o melhor de mim para consegui-lo. Como eu já disse a você, Mrs. Wilde, a quem eu encontrei imediatamente depois, concordou. Sendo assim, deverá haver pouca dificuldade. Ultimamente, ele tem lido Pater e Newman, um livro por semana. Eu não sei no que ele está trabalhando. Ele estava terrivelmente desacorçoado e disse inúmeras vezes que não acreditava ser capaz de cumprir a sua pena até o fim.".

preservar uma doce lembrança minha e deve ter confiança ou esperança em mim no futuro. Isto vem iluminar muitas horas pavorosas de degradação e desespero. Tentei lembrar-me e escrever a *Tragédia florentina*, mas sobraram comigo apenas alguns de seus fragmentos e eu não creio que possa inventar o resto. O silêncio, a completa solidão e o isolamento de toda influência humana e humanitária matam o poder da mente. O cérebro perde a sua vida e fica algemado pela monotonia do sofrimento. Contudo, tomo notas dos livros que li e copio frases e estrofes de poetas. O simples ato de segurar a caneta e o tinteiro já me conforta. O horror da prisão é o horror da brutalidade completa, um abismo que está sempre diante de nós imprimindo diariamente a sua marca em nossas faces e nas faces de todos que encontramos. Eu me agarro a meu caderno, isto me ajuda — antes de tê-lo, meu cérebro girava em círculos malignos.

Estou tão contente que vocês e Robert Sherard sejam amigos. Não tenho dúvidas de que ele é por demais indiscreto, porém, é também muito leal e salvou as minhas cartas de serem publicadas. Sei que não havia nada nelas além de uma manifestação tola, deslocada e ingrata de uma afeição por alguém dono de uma natureza bruta e insensível, de uma ganância grosseira e de desejos vulgares, mas é justamente esse o motivo pelo qual a sua publicação iria trazer-me um grande constrangimento. A forca em que estou pendurado na história já está alta o bastante. Não há necessidade de que todos os homens devam, para satisfazer a sua própria vaidade, torná-la ainda mais medonha.

Fico muito contente que Pierre Louÿs tenha erigido um grande nome para si mesmo. Ele era uma das pessoas mais cultas, refinadas e gentis que conheci. Há três anos, disse-me que eu deveria escolher entre a sua amizade e a minha ligação fatal com A.D. É difícil de dizer, mas, na ocasião, eu escolhi o caráter mais desprezível e a mente mais egoísta. Em que atoleiro de loucura eu caminhei!... Pelo seu silêncio, posso notar que ele ainda se recusa a responder às minhas cartas e presentes... É horrível saber que ele ainda tem o poder de me ferir e que ainda encontra uma alegria singular em fazê-lo... Não vou escrever mais sobre ele hoje. Ele é muito mau, e há uma tempestade lá fora...

Pobre Aubrey. Espero que fique bom. Ele trouxe uma nova e pitoresca personalidade para a arte inglesa e, a seu modo, foi um mestre em seus desenhos fantásticos ao utilizar-se do charme do irreal. Sua poesia era terrivelmente risível. Mas suas ilustrações pareciam espreitar alguma filosofia instigante...

Quanto às minhas roupas: meu casaco de pele é tudo o que eu realmente preciso. O resto eu consigo por aí. Não se incomode. Eu espero que Arthur venha trazer-me notícias boas sobre você e Robbie. Sempre seu,

OSCAR

A MORE ADEY

08 de março de 1897   H.M. Prision, Reading

Meu querido More, sinto-me obrigado a lhe agradecer por sua carta, a qual o diretor de Reading gentilmente me permitiu receber e responder. Meus negócios são, eu sei, desagradáveis, porém, não foi por diversão que você aceitou o fardo de conduzi-los. Por isso, escrevo-lhe com tanta franqueza.

Suas notícias me angustiaram um bocado. As reivindicações do meu próprio administrador e do meu cunhado poderiam ser facilmente retiradas se o débito com o julgamento de Queensberry tivesse sido quitado pela família Queensberry como deveria. Acreditava que, mediante um enorme esforço, eu pudesse pagar os meus credores pessoais, que, de fato, são poucos. Vejo, entretanto, que isto não pode ser feito. Terei de pensar num modo de conservar ou adquirir os direitos autorais dos meus livros e peças. Não creio que eles tenham um valor elevado. Como 150 libras já foram pagas para Humphreys que não fez nada para me ajudar (a não ser, é claro, me forçar a comparecer por duas vezes na Corte de Falência, onde uma teria sido suficiente, e convidar o seu próprio parente Mr. Grain para ser meu advogado onde um advogado não era requerido), estou relutante em escrever para eles[49]. Estou ansioso para saber como posso ficar informado a respeito de todas as situações, assim como se poderei fazer uma oferta pelos meus direitos autorais, caso eles sejam colocados à venda. Estou ansioso também a respeito de meu requerimento sobre a residência na Irlanda. Ela está agora totalmente destruída e em ruínas, mas estou reticente em vê-la parar nas mãos de um estranho. Mr. Holman, que já está em contato com o síndico da massa falida, poderia dar-lhe alguma notícia do que está acontecendo? No caso de morte do meu irmão, que não tem um herdeiro masculino, a propriedade irlandesa deveria valer algo em torno de 4.000 ou 5.000 libras.

A respeito da família Queensberry, tenho a certeza de que vão permitir que eu seja levado à falência por seu pai pelas custas do julgamento e por uma quantia absolutamente desprezível — menos da metade, como eu lhe disse, do que gastei com Bosie em três devastadores meses de verão em Goring. Menos da metade! A idéia dos Queensberry, que seria uma forma de mostrarem-se "superiores" ao pai, não o obrigando a pagar suas custas naquele processo nojento, mostrou-me como eles estavam completamente cegos quanto aos meus sentimentos. Ninguém mais no mundo, a não ser Queensberry, teria um prazer tão intenso utilizando-se de um método tão baixo e pagando por um preço tão baixo quanto como ele fez. Seu

---

49) John Peter Grain é cunhado de Humphreys e foi advogado de Alfred Taylor nos julgamentos de Wilde e advogado de Wilde no processo de falência.

triunfo foi adquirido com a maior pechincha. Aliás, foi a única vez em sua vida que ele teve uma satisfação financeira. Mandar um homem como eu para a prisão por 900 libras e depois o fazer insolvente por mais 700 libras foi como tirar a sorte grande para ele. Com relação a meus débitos pessoais, os Queensberry não fizeram absolutamente nada. Eles deixaram o pai triunfar pela segunda vez sobre mim, o que me feriu mais profundamente do que ter de pagar por uma soma tão insignificante e tão abjeta quanto 700 libras. As pessoas que vivem no mundo em mutação não compreendem que há um outro mundo no qual elas não estão livres para agir. Um mundo no qual nada acontece a não ser as emoções e no qual, conseqüentemente, as emoções têm um poder, uma proporção e uma permanência que estão fora da possibilidade de descrição.

Disseram-me, em nome de Percy, que ele deixou à parte a soma de 600 libras para mim. Esta soma, equivalente às custas do processo de seu pai, seria usada, acredito eu, para comprar de volta para mim os bens avaliados pelo Síndico da Falência e possivelmente em outras peculiaridades. Transmita-lhe os meus agradecimentos. Considero Percy um amigo de bom coração, gentil e ponderado. Gostaria muito de revê-lo algum dia. Ele certamente iria pagar as custas e deixar-me então, se necessário, quitar meus outros débitos. Mas ele, disso não tenho dúvidas, agiu sob o conselho de alguém. Se ele tivesse analisado o assunto um pouco mais, teria percebido que ele simplesmente tinha dobrado o deleite e exultação de seu pai ao não interferir na prevenção de minha insolvência. Esta era a única coisa que seu pai temia. Ele não precisava ter sido... Considerando-se toda a questão da família Queensberry, deve-se lembrar que é por causa deles que eu estou preso, é por causa deles que estou falido e que dificilmente essa família poderá permitir que alguém totalmente arruinado por eles vá para um asilo de pobres.

Fiquei imensamente tocado e confortado ao saber por seu intermédio que alguns dos meus amigos vêm tentando arranjar para que eu tenha o suficiente para viver por dezoito meses. Isso me deu uma chance de respirar. Mas é claro que eu não posso abusar a vida inteira daqueles para os quais não restou nenhum outro pedido a fazer além do que pedem todos os outros pobres, sem-teto e miseráveis que povoam esse mundo de Deus. Não poderia fazê-lo. E talvez eu viva mais que dezoito meses. Um coração pode estar partido e ainda assim realizar as suas funções vitais. A alma pode sentar-se à sombra da morte e ainda assim o corpo vai caminhar na direção da vida, e respirar, e comer, e apreciar o sol e a chuva. Não tenho nenhuma doença orgânica de nenhum tipo. Tenho problemas com a insônia, mas consigo ter minhas quatro ou cinco horas de sono por noite. Indagando se eu vou sobreviver? Não ficaria surpreso se eu sobrevivesse. Eu venho de uma linhagem com longa expectativa de vida. Os Queensberry deveriam ter considerado melhor essa possibilidade — passemos a chamá-los de os Douglas, pois o outro nome é repugnante. Há tantas dívidas de desonra em uma família quanto as há na honra.

Se o patrimônio dos Douglas tiver que carregar o ônus de um futuro processo de interesses sórdidos, deixe-os serem onerados então. Uma família não pode arruinar um homem como eu e ficar apreciando toda a situação como se fosse um assunto a ser discutido com sentimentalismo ou reminiscências diante de um prato de nozes e uma taça de vinho. As pessoas, como diz alguém numa peça de Ibsen, não fazem esse tipo de coisa. É uma desgraça que se abateu sobre mim ter de me lembrar deles o tempo todo. Eles deveriam consultar o advogado da família e deixá-lo informar o resultado da questão ao meu. Só isso é necessário.

Você diz em sua carta que Bosie está ansioso por restituir-me "um pouco" do que "gastei com ele". Infelizmente, eu gastei com ele minha vida, minha genialidade, minha posição e meu nome na história. Para isso tudo não há pouca ou muita restituição possível. Mas, considerando-se as desprezíveis libras, shillings e pence meramente como um dos aspectos da minha ruína — o aspecto do asilo para pobres —, ele deve refletir muito seriamente sobre toda a questão. É seu dever fazê-lo. É seu dever para com ele mesmo, até mais do que é para comigo. Quando se interpreta uma tragédia, deve-se interpretá-la em "grande estilo". Toda a mesquinharia, trivialidade, pobreza de espírito ou de atitude fica deslocada. Se os Douglas não reconhecerem esse fato, por favor me informem. Mas eu não duvido que eles o farão. Essa é uma questão muito óbvia. Tenho muito claro comigo que minha vida será necessariamente de grande retiro, simplicidade e economia no viver e repleta de abnegação, imposta e aceita. Contudo, até mesmo para se praticar as virtudes da parcimônia e da economia requer-se uma certa estabilidade. Bosie deve considerar o assunto. Ficarei muito agradecido se vocês fizerem uma cópia de tudo o que eu escrevi desde o fim da página um[50] e enviassem a ele. Isto vai atenuar a desagradável imposição de escrever-lhe, tarefa da qual eu estaria desobrigado se houvesse o mais remoto pensamento da parte dele.

Em relação aos meus filhos, espero sinceramente que a corte possa conceder-me, não direi o direito, mas sim a permissão de poder ver Cyril de vez em quando. Será para mim de uma tristeza que vai para além das palavras se isto não vier a acontecer. Eu realmente espero que a corte possa ver em mim mais do que um homem que carrega consigo um trágico vício. Há tanto mais em mim e eu sempre fui um bom pai para meus filhos. Eu os amo afetuosamente, fui afetuosamente amado por eles e Cyril era meu amigo. Seria melhor para as crianças que não fossem forçadas a pensar em mim como um proscrito, mas sim conhecer-me como um homem que sofreu. Rogo que seja feito todo o possível em nome dos meus interesses. Um pouco de reconhecimento por parte da corte iria ajudar-me muito. É terrível que a Lei tenha a responsabilidade de dizer a um pai que ele é incapacitado

---

50) Desde o parágrafo que começa: *"A respeito da família Queensberry, tenho a certeza de que vão permitir..."* até aqui.

para ver seus próprios filhos. A consciência disso freqüentemente me deixa infeliz o dia inteiro.

Quanto ao usufruto sobre as minha obras, se Mr. Hargrove fizer alguma proposta sobre esse assunto, comuniquem-me imediatamente. Isto vai requerer sérias considerações. O pedido de antecipação do pagamento não pode partir de mim, pode? Se meu advogado vier ver-me, imploro para que seja na última semana deste mês. Estou muito angustiado com a idéia dele estar cobrando-me só 1.1 libra mais as despesas. Eu acho que ele deveria receber pelo menos 3.3 libras. Deixe que o dinheiro seja tirado de Leverson e tudo o que for devido a Mr. Stoker será pago a partir dos mesmos fundos que estão nas mãos de Leverson.

Temo que você possa notar alguns traços de amargura em minhas cartas quando se trata de negócios. Sim, é verdade. Tudo isso é muito terrível. Na prisão onde se encontra o meu corpo aparento muita gentileza, mas na prisão onde está a minha alma não posso aparentar nada. Eu espero que nenhum tipo de amargura possa encontrar espaço em seu coração, nem no coração de Bobbie, nem no coração de qualquer um que tenha sido bom para mim. Ela faz com que se sofra muito profundamente. Seu amigo afetuoso,

OSCAR WILDE

Posso perceber que, tendo em vista a situação, quando conseguir a liberação de minha falência, devo aceitá-la — sinceramente agradecido — e imediatamente começar a trabalhar para tentar quitar os meus outros débitos. Será que isso é possível até eu sair da prisão? Eu gostaria que as coisas prosseguissem em relação à avaliação da venda de meus direitos autorais etc. Até agora eu não recebi nenhuma comunicação do síndico. Então, creio, é isso.

Quanto à lista de livros, muito obrigado. Eu vou pedir uma bíblia em francês: la Sainte Bible.

A LORD ALFRED DOUGLAS

Janeiro-março de 1897   Prisão de Sua Majestade, Reading

Caro Bosie, depois de uma longa e infrutífera espera, decidi escrever-lhe — tanto por sua causa quanto pela minha própria —, pois não gostaria de pensar que passei aprisionado por dois anos sem nunca ter recebido sequer uma linha vinda de você. Sem nunca receber uma notícia ou uma mensagem qualquer, com exceção de algumas que me causaram dor.

Oscar Wilde e Lord Alfred Douglas em Oxford (1893).

Nossa desgraçada — e quase sempre lamentável — amizade findou na minha ruína e na minha infâmia pública. Embora ainda traga comigo a memória de nossa antiga afeição, é muito triste para mim saber que a aversão, a amargura e o desprezo deverão para sempre ocupar o espaço em meu coração onde outrora o amor habitava. E você próprio, eu creio, vai perceber em seu coração que me escrever enquanto eu estou jogado na solidão da vida na prisão seria muito melhor do que tentar publicar minhas cartas sem minha permissão ou dedicar-me poemas que não lhes foram solicitados. Não obstante, o mundo nunca vai conhecer qualquer palavra de mágoa ou paixão, de remorso ou indiferença que você possa vir a escolher para enviar como sua resposta ou como seu apelo.

Não tenho dúvidas de que esta carta — na qual eu tenho que escrever sobre a sua vida e a minha, sobre o passado e o futuro, sobre a doçura transformada em amargura e sobre a amargura que pode vir a se tornar alegria — há muita coisa que irá ferir a sua vaidade até a medula. Se isto for confirmado, leia e releia esta carta até que ela tenha matado toda a sua vaidade. Se você encontrar algo do qual se sinta injustiçado, lembre-se que devemos agradecer sempre que alguma falta nos é imputada injustamente. Se houver uma única passagem que provoque lágrimas em seus olhos, chore como nós choramos na prisão, onde os dias e as noites foram destinados às lágrimas. Esta é a única coisa que pode salvá-lo. Se você for queixar-se com a sua mãe — como o fez em relação ao desprezo que eu demonstrei por você em minha carta a Robbie — e por ela ser adulado e confortado até que sua satisfação pessoal ou presunção estejam de volta, você estará completamente perdido. Se você conseguir encontrar uma falsa desculpa para si mesmo, logo encontrará uma centena delas e novamente voltará a ser o que era antes. Você ainda diz — como disse a Robbie em sua resposta — que eu lhe atribuo "imerecidas motivações"? Ah! Você não teve motivações em sua vida. Você apenas teve apetites. Motivação é um objetivo intelectual. Que você era "muito jovem" quando nossa amizade começou?

O seu defeito não era saber muito pouco sobre a vida, mas sim saber demais. A aurora da juventude em seu delicado desabrochar é de uma luz clara e pura, e você já havia deixado há muito para trás toda alegria da inocência e da esperança que ela encerra. Mais que depressa, com seus pés velozes, você passou do romantismo para o realismo. A sarjeta e as coisas que nela habitam começaram a lhe fascinar. Esta foi a origem do problema que o fez buscar o meu auxílio que eu, tão insensatamente — segundo a sensatez contida nesta palavra —, lhe dei por piedade e bondade. Você deve ler esta carta até o fim mesmo que cada uma de suas palavras possa transformar-se para você no fogo ou no bisturi usado por um cirurgião ao queimar ou sangrar uma carne delicada. Lembre-se de que o tolo aos olhos dos deuses e o tolo aos olhos de um homem são muito diferentes. Ainda que alguém seja completamente ignorante às formas de revolução da arte ou aos modos de desenvolvimento do pensamento — como o esplendor de uma linha em latim ou da mais rica poesia consagrada pelos gregos, das esculturas toscanas ou das canções elizabetanas —, este alguém pode possuir a mais encantadora das sabedorias. O verdadeiro tolo, aquele que é enganado e arruinado pelos deuses, é alguém que não conhece a si mesmo. Eu fui um deles por muito tempo. Você tem sido um deles há muito tempo. Não o seja, então. Não tenha medo. O maior dos vícios é a superficialidade. E tudo aquilo que pode ser compreendido é correto. Lembre-se também que, por mais penoso que lhe possa ser a leitura desta carta, com certeza foi ainda mais penoso para mim escrevê-la. As Forças Invisíveis têm sido muito boas para você. Elas lhe permitiram observar as estranhas e trágicas formas da vida como alguém que observa sombras num cristal. Através de um espelho, foi-lhe permitido observar a cabeça da Medusa, aquela que transforma todos os homens em pedra. Você continua conduzindo-se livre por entre as flores, enquanto eu fui privado do lindo mundo das cores e dos movimentos.

Vou começar por dizer-lhe sobre como eu me sinto terrivelmente culpado. Sento-me aqui nesta cela escura em minhas vestes de condenado, um homem desgraçado e arruinado, e me culpo. Nas confusas e perturbadoras noites de angústia, nos longos e monótonos dias de sofrimento, é a mim que eu culpo. Eu me culpo por permitir que uma amizade desprovida de qualquer senso intelectual, uma amizade cujo principal objetivo não era a criação e a contemplação de coisas belas, dominasse completamente a minha vida. Desde o princípio, havia um abismo entre nós. Você foi indolente em sua vida escolar e muito mais do que indolente em sua passagem pela universidade. Você nunca percebeu que um artista, especialmente um artista como eu, cuja qualidade das obras depende da intensificação de sua personalidade — e isto é para se dizer —, necessita da companhia de idéias, de uma atmosfera intelectual, de tranqüilidade, de paz e de solidão para desenvolver a sua arte. Você admirava o meu trabalho quando ele estava terminado. Você apreciava o brilho do sucesso de minhas estréias e o brilho dos banquetes que se seguiam a elas. Você ficava orgulhoso, o que é muito natural, de ser o amigo íntimo de um artista tão notável. Mas você não podia compreender as condições necessárias para a produção de um trabalho artístico. Não estou utilizando-me de exageros de retórica, mas sim de termos absolutamente verdadeiros, posto que, como devo lembrá-lo, eu nunca escrevi uma linha sequer

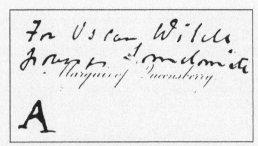

"A Oscar Wilde, posando de sondomita (sic)". O marquês de Queensberry deixa este cartão no Albermarle Club (18 de fevereiro de 1895).

em todos os momentos que estivemos juntos. Tanto em Torquay, Goring, Londres, Florença, ou outro lugar qualquer, a minha vida era totalmente estéril e improdutiva enquanto você permanecesse a meu lado. E, fora alguns poucos intervalos, eu devo lamentar que você estava sempre a meu lado.

Eu me lembro, por exemplo, de setembro de 1893 — para citar apenas um exemplo dentre tantos —, quando aluguei alguns aposentos com a única finalidade de trabalhar sem ser incomodado. Havia quebrado meu contrato com John Hare, para quem eu tinha prometido escrever uma peça e que agora estava me pressionando. Durante a primeira semana, você manteve distância. Havíamos discordado sobre o teor artístico de sua tradução de *Salomé*, fato bem natural de acontecer. Você satisfez-se em me enviar uma carta estúpida sobre o assunto. Naquela semana, eu escrevi o primeiro ato de *Um marido ideal*, assim como elaborei todos os detalhes de sua encenação. Na segunda semana, você retornou e meu trabalho praticamente teve de ser abandonado. Eu chegava ao St. James's Place toda manhã às 11h30 a fim de ter a oportunidade de pensar e escrever sem as corriqueiras interrupções de minha própria casa, por mais quieta e tranqüila que aquela casa pudesse ser. Mas essa tentativa era em vão. Ao meio-dia você chegava e ficava fumando e papeando até às 13h30, hora em que eu devia levá-lo para almoçar no Café Royal ou no Berkeley. Usualmente, findávamos o almoço tomando o licor por volta das 15h30. Por uma hora você retirava-se para o White's. Na hora do chá, aparecia novamente e permanecia até a hora dos preparativos para o jantar. Podíamos jantar tanto no Savoy ou na Tite Street e, rigorosamente, só nos separávamos depois da meia-noite, já que nosso dia fascinante deveria encerrar-se com uma ceia no Willi's. Em todos os dias dos três meses subseqüentes, esta era minha vida, com exceção dos quatro dias que você foi viajar para o exterior — quando, é claro, eu tive que ir até Calais para buscá-lo de volta. Para alguém de minha índole e temperamento, esta era, no mínimo, uma posição trágica e grotesca.

Com certeza você deve ser capaz de enxergar isso agora, não? Hoje, você já deve ter percebido a sua incapacidade de ficar sozinho. Já deve ter notado que a sua personalidade é muito exigente em seu persistente clamor pelo tempo e a atenção dos outros, que você carece de qualquer poder de concentração intelectual sustentada. A infeliz contingência — eu prefiro acreditar que tenha sido apenas isso e nada mais — de que você nunca foi capaz de se adequar ao "Temperamento de Oxford" em relação às questões intelectuais, quero dizer, de ser capaz de lidar graciosamente com as idéias. Você apenas conseguiu chegar a opiniões ultrajantes. Será que tudo isso — combinado, ainda, com o fato de que seus interesses encontravam-se voltados para a Vida e não para a Arte — foi tão destrutivo para o seu progresso cultural quanto o foi para o meu trabalho como artista? Quando comparo minha amizade com você à minha amizade com John Gray[51] e Pierre Louÿs, homens ainda mais jovens, sinto-me envergonhado. Minha vida real, minha vida mais elevada era vivida ao lado deles e ao lado de outros iguais a eles.

Não falarei, por enquanto, sobre as pavorosas conseqüências de minha amizade com você. Foram intelectualmente degradantes para mim. Você possui alguns traços rudimentares de um caráter artístico em formação. Porém, eu não sei dizer-lhe se nos encontramos tarde demais ou, quem sabe, cedo demais. Quando você afastava-se eu ficava bem. Numa ocasião, neste mesmo ano que mencionei, fui bem sucedido em convencer sua mãe a mandá-lo para fora da Inglaterra. Consegui, então, recolher e desembaraçar a teia de minha imaginação e tomei novamente a vida em minhas mãos. Assim, não foi por acaso que, além de terminar os três atos restantes de *Um marido ideal*, eu concebi e quase completei mais duas peças de estilos completamente diferentes, *A tragédia florentina* e *La Sainte Courtisane*. De repente, de forma espontânea, acontece o indesejável. Sob circunstâncias fatais para a minha felicidade, você retornou. Nunca mais fui capaz de retomar meus dois trabalhos que foram deixados de lado ainda imperfeitos. Nunca pude recuperar o estado de espírito com o qual eu os criei. Você, agora que publicou seu livro de versos, pode reconhecer a verdade em tudo aquilo que eu disse até aqui. Reconhecendo ou não, esta verdade permanecerá vergonhosamente no âmago de nossa amizade. Ter você a meu lado significava a ruína absoluta de minha Arte e, ao permitir que você mantivesse-se persistentemente entre mim e a minha Arte, presenteei-me com a vergonha e a culpa no seu mais alto grau. Você não conseguia saber, não conseguia compreender, não conseguia apreciar. E eu, de fato, não tinha o direito de esperar que você o fizesse. Seus interesses focavam-se apenas em suas refeições e em seu estado de espírito. Seus desejos estavam voltados somente para a diversão, para toda sorte de prazeres vulgares. Isso era do que necessitava o seu caráter ou, pelo menos, o que

---

51) John Gray (1866-1934). Seu livro de poemas *Silverpoints* (Mathews & Lane, 1893) foi inteiramente financiado por Wilde e ilustrado por Ricketts. No mesmo ano, escreveu em colaboração com seu grande amigo André Raffalovich a peça *Os chantageadores*. Não há evidência para a sugestão persistente de que ele era o Dorian Gray original. Tornou-se padre da Igreja Católica aos 35 anos. Passou seus últimos dias de vida em Edinburgh, onde Raffalovich construiu um Igreja de São Pedro para ele.

necessitava na ocasião. Devia ter-lhe proibido de freqüentar a minha casa ou os meus aposentos caso não fosse devidamente convidado. Culpo-me sem nenhuma reserva por essa minha fraqueza. Apenas uma fraqueza. Meia hora com a Arte significava mais para mim do que um longo período a seu lado. Em qualquer momento da minha vida, nunca nada teve a menor importância se comparado à Arte. E, no caso de um artista, a fraqueza não difere em nada de um crime se tal fraqueza vier a paralisar a sua imaginação.

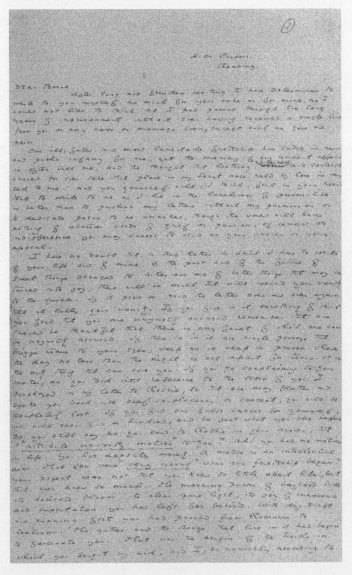

Página de abertura do De profundis.

Culpo-me também por ter permitido que você me conduzisse à miséria e à ruína financeira. Lembro-me de uma manhã no início de outubro de 1892, na qual eu e sua mãe estávamos sentados nos bosques já amarelados de Bracknell. Naquela época, eu conhecia muito pouco da sua verdadeira índole — tinha passado apenas um fim de semana com você em Oxford e em outra ocasião você foi visitar-me em Cromer[52], onde passou dez dias jogando golfe. O tema de nossa conversa foi voltado para você e sua mãe começou a me falar sobre o seu caráter. Ela me contou quais eram as suas falhas principais: sua vaidade e o modo pelo qual, como disse ela, você "sempre lidava de maneira equivocada com dinheiro". Recordo bem claramente de como eu ri. Não fazia a menor idéia de que a primeira falha iria levar-me para a prisão e a segunda à falência. Eu pensava que a vaidade era um tipo de flor muito graciosa para ornar um jovem rapaz. Quanto aos seus esbanjamentos — pois eu pensava que sua mãe estava referindo-se apenas a esbanjamentos —, as virtudes da prudência e da economia nunca fizeram parte de meu próprio caráter ou de minha estirpe. Mas depois, tendo-se passado mais um mês no seu convívio, pude começar a perceber o que sua mãe queria dizer. Sua insistência em passar a vida indiferente à prodigalidade, suas incessantes solicitações por dinheiro e sua pretensão de que todos os seus desejos deveriam ser pagos por mim — estivesse eu a seu lado ou não — colocaram-me depois de algum tempo em sérias dificuldades financeiras. Na medida que seu domínio sobre a minha vida ia crescendo continuamente a cada dia, o seu esbanjamento ia-se tornando imensamente monótono e desinteressante para mim. Praticamente, todo o dinheiro era gasto com comida, bebidas e afins. Certamente que sempre será uma alegria sentar-se a uma mesa com o vermelho do vinho e das rosas, mas você extrapolou todos os limites do bom gosto e da parcimônia. Exigia sem nenhuma educação e recebia sem nenhum agradecimento. Foi-se convencendo de que tinha adquirido algum direito de viver às minhas custas num luxo abundante ao qual nunca esteve acostumado. No fim, cada dia mais ávido por prazeres, se você perdesse dinheiro apostando em algum cassino de Algiers, era só me telegrafar na manhã seguinte em Londres para, sem a menor cerimônia, informar-me a quantia referente às suas perdas a ser depositada em sua conta bancária.

Talvez, se eu lhe disser que do outono de 1892 até a minha prisão eu gastei com você e em você mais de 5.000 libras em dinheiro de hoje, isto sem mencionar as dívidas que contraí, você possa fazer alguma idéia do tipo de vida que você insistia em levar. Você acha que eu estou exagerando? Minhas despesas corriqueiras com você num dia corriqueiro em Londres — entre almoços, jantares, ceias, diversões, coches e tudo mais — giravam em torno de 12 a 20 libras. Proporcionalmente, as despesas semanais giravam em torno de 80 a 130 libras. Em nossos três meses em

---

52) Wilde alugou a Fazenda Grove, Felbrigg, Cormer de agosto a setembro de 1892. Lá escreveu a maior parte de *Uma mulher sem importância*.

Goring, minhas despesas (com o aluguel incluído) foram de 1.340 libras. Tive que analisar passo a passo cada item da minha vida com o síndico da massa falida. Foi horrível. "Viver com baixas pretensões e pensamentos elevados"[53] era, é claro, um ideal inatingível para você naquela época, porém, a grandiosidade do seu desperdício foi uma desgraça para nós dois. Um dos jantares mais prazerosos que já tive foi ao lado de Robbie num pequeno café no Soho e custou-me o mesmo número de shillings que eu gastaria em libras num jantar com você. Desse meu jantar com Robbie originou-se o primeiro e melhor dos meus diálogos[54]: a idéia, o título, o tratamento, o modo, enfim, tudo foi construído com um cardápio de 3 francos e cinqüenta centavos. Dos descuidados jantares a seu lado, nada restou a não ser a lembrança de que se comeu demais e de que se bebeu demais. Minha rendição às suas exigências foi péssima para você e, hoje, você sabe disso. Essa minha atitude fez com que você passasse a exigir cada vez mais — algumas vezes de maneira inescrupulosa e todas as vezes com deselegância. Não faltaram ocasiões em que senti-me muito pouco feliz ou lisonjeado em ser seu anfitrião. Você esqueceu-se, não diria da cortesia formal de um agradecimento, posto que cortesias formais prejudicam uma íntima amizade, mas simplesmente da delicadeza de uma companhia adorável, do charme de uma conversa agradável que era tão cara aos gregos e de todas as gentilezas inerentes à natureza humana que tornam a vida tão apaixonante e que são um acompanhamento à existência — como a música, mantêm a harmonia e preenchem com melodia os lugares silenciosos ou dissonantes. E, embora possa causar-lhe um estranhamento que alguém numa situação terrível como a minha consiga distinguir as diferenças entre uma desgraça e outra, devo admitir com toda sinceridade que o desatino que me fez desperdiçar todo esse dinheiro com você e deixá-lo dilapidar a minha fortuna, fato que foi pernicioso para nós dois, faz com que a minha falência adquira os contornos de uma mera extravagância. Isto faz com que eu me sinta duplamente envergonhado. Eu fui criado para outras coisas.

Porém, acima de tudo, eu me culpo pela completa degradação moral que permiti que chegasse por seu intermédio. A base do caráter é a força de vontade e a minha força de vontade ficou completamente subordinada à sua. Isto parece uma coisa grotesca de se dizer, mas nem por isso deixa de ser verdade. Aquelas suas cenas contumazes, que se tornaram quase uma necessidade física para você, foram distorcendo a sua mente e seu corpo de tal forma, que você foi transformado numa coisa terrível de se ouvir e de se olhar. Aquela mania horrorosa que você herdou de seu pai — mania de escrever cartas revoltantes e desprezíveis —, a sua completa falta de controle sobre suas emoções — caracterizada por longos períodos de atitudes rancorosas imersas em um silêncio sombrio ou por acessos repentinos de uma

---

53) No original "Plain living and high thinking", frase tirada de um soneto de Wordsworth.
54) Possivelmente Wilde está referindo-se ao ensaio "A decadência da mentira".

fúria que beiravam um ataque epilético —, enfim, todas essas coisas já foram mencionadas em uma de minhas cartas a você, uma carta que você largou no Savoy ou em outro hotel qualquer e que mais tarde foi apresentada no tribunal pelo advogado de seu pai. Essa carta continha uma súplica um tanto patética.[55] Você naquela ocasião foi capaz de reconhecer o que havia de patético em minhas palavras e na forma de expressá-las — essas, eu diria, foram a origem e as causas da minha rendição fatal às suas crescentes exigências diárias. Você esgota qualquer um. Foi o triunfo do menor caráter sobre o maior. A tirania do fraco sobre o forte, algo que eu descrevo em uma das minhas peças como sendo "a única tirania que permanece".[56]

E era inevitável. Em todos os relacionamentos da vida temos de encontrar um *moyen de vivre*. No seu caso, ou a gente se dá ao máximo a você, ou não dá a mínima para você. Não há outra alternativa. Graças à minha profunda, porém equivocada, afeição por você; graças aos seus lastimosos defeitos de têmpera e de temperamento; graças à minha notória boa índole e à minha preguiça celta; graças à minha aversão estética a grosserias e a palavras de baixo calão; graças à minha incapacidade de guardar qualquer tipo de ressentimento que sempre me caracterizou; graças ao desgosto que me causa observar uma vida feita de amarguras ou, então, estragada por elas — como meus olhos se fixavam em outras coisas, para mim as amarguras não passavam de ninharias demasiadamente triviais para terem uma duração maior do que um pensamento rápido ou um ligeiro interesse —; graças a estas razões, tão simples quanto possam parecer, eu sempre me dava ao máximo para você. Como conseqüência natural de suas exigências e de todos os seus esforços de dominação, a sua extorsão foi crescendo cada vez mais e de uma maneira cada vez menos razoável. A maior de suas motivações, o mais baixo de seus apetites e até a sua paixão mais corriqueira tornavam-se leis pelas quais as vidas das outras pessoas deveriam sempre se guiar e pelas quais, se necessário, todos deveriam sacrificar-se sem o menor escrúpulo. Sabendo que ao fazer seus escândalos você sempre conseguia o que queria, era mais do que natural — não tenho a menor dúvida que era de uma forma quase inconsciente — que você descambasse para um excesso de violência barata. No fim das contas, você já não sabia mais quais metas perseguia ou quais objetivos tinha em mente. De posse do meu caráter, da minha força de vontade e da minha fortuna, você passou a exigir — em meio a uma cegueira e a uma ganância incansável — toda a minha existência. E você a tirou. Tragicamente, no momento mais crítico de minha vida, um pouco antes de dar aquele passo lamentável em direção àquela ação absurda, eu tinha de um lado os ataques de seu pai com terríveis cartões deixados em meu clube e, de outro, os seus ataques com cartas não menos repugnantes. Na manhã do dia em que eu permiti que você me conduzisse até a

---

55) Carta de março de 1893.
56) *Uma mulher sem importância*, terceiro ato.

Corte de Polícia para fazer aquela ridícula solicitação de prisão de seu pai, recebi a pior de todas as cartas que você me escreveu — e seu motivo era dos mais vergonhosos. Assim, pressionado por vocês, eu perdi minha cabeça. Meu discernimento me abandonou e o pavor tomou o seu lugar. Não vi nenhuma possibilidade de escapar — devo dizer-lhe com toda sinceridade — de nenhum de vocês dois. Cegamente, eu caminhei como um boi para o matadouro e cometi um gigantesco erro psicológico. Sempre pensei que não significava nada me render a você no âmbito das pequenas coisas, pois, quando o grande momento chegasse, eu poderia restabelecer minha vontade graças à minha superioridade natural. Não foi assim que aconteceu. No grande momento, falhou-me a minha vontade. De fato, na vida não existem pequenas ou grande coisas, todas as coisas possuem o mesmo valor e o mesmo tamanho. Meu hábito de ceder a você em tudo — creditado principalmente à minha indiferença — foi incorporado a mim de uma forma imperceptível. Sem meu conhecimento, meu comportamento ficou estereotipado e de um modo permanente e fatal. É por isso que Pater, no seu refinado epílogo da primeira edição de seus ensaios, diz que "fracassar é contrair hábitos". Muitos tolos em Oxford pensaram que essa frase era apenas uma inversão intencional do exaustivo texto *Ética*, de Aristóteles. Na verdade, essa afirmação contém em si uma maravilhosa, porém terrível, verdade oculta. Eu permiti que você minasse a força de meu caráter e, no meu caso, o hábito não provou ser meramente um fracasso, provou ser a ruína. Você conseguiu ser mais destrutivo para mim no aspecto ético do que havia sido no aspecto artístico.

Uma vez garantida a ordem de prisão, sua vontade, é claro, foi imperiosa em tudo o que se seguiu. Numa ocasião, quando eu deveria estar em Londres em busca de sábios conselhos, considerando a ignóbil armadilha na qual eu mesmo me prendi — um "pega-trouxa" como o seu pai costuma chamá-la —, você insistiu em que eu lhe levasse, dentre todos os lugares revoltantes existentes nesse mundo de Deus, a Monte Carlo, onde você passou o dia todo — e a noite toda também — apostando enquanto o cassino estivesse aberto. Como bacará não tem nenhum charme para mim, fui deixado de lado, sozinho comigo mesmo. Você recusou-se a discutir, mesmo que por cinco minutos, a posição na qual você e seu pai haviam-me colocado. Deveria ocupar-me apenas com o pagamento das suas despesas no hotel e das suas dívidas de jogo. A mais remota alusão à provação que me esperava era considerada entediante. Uma nova marca qualquer de champanhe que nos era oferecida causava-lhe maior interesse.

Ao retornarmos a Londres, alguns dos meus amigos, aqueles que realmente desejavam o meu bem-estar, imploraram-me que fosse para o exterior a fim de não encarar um julgamento impossível. Você lhes imputou os motivos mais escusos para darem-me tal conselho e a mim covardia por tê-los escutado. Você me forçou a ficar e enfrentar descaradamente a situação e, se possível, protegido por falácias e estúpidos perjúrios. No fim de tudo, obviamente que eu fui preso e o seu pai transformou-se no herói do momento — mais do que isso, estranhamente a sua família ocupa um lugar junto aos imortais. Em decorrência dos aspecto grotescos dos elementos góticos presentes na história — que fazem de Clio a musa com menor seriedade —, o seu pai vai constar para sempre no rol dos pais zelosos e castos da literatura da escola dominical, enquanto a você caberá um lugar ao lado do infante Samuel. A mim caberá o mais baixo dos lodos de Melebolge[57], sentado entre Gilles de Retz[58] e o Marquês de Sade.

Sei que deveria ter-me afastado de você. Sei que deveria tê-lo espanado para fora da minha vida como um homem espana as suas vestes para remover algo que o picou. Ésquilo, em uma de suas melhores peças[59], conta a história de um nobre que trouxe um leãozinho; amava-o porque atendia a seu chamado com olhos brilhantes e fazia-lhe festa por comida. O animal cresceu e mostrou seu instinto, destruindo o nobre, sua casa e tudo o que ele possuía. Sinto-me como esse nobre, porém, não errei por não me ter separado de você, mas sim por ter-me separado de você com muita freqüência. Tanto quanto posso lembrar-me, eu encerrava a nossa amizade regularmente a cada três meses, e, em todas as vezes que o fiz, você servia-se de súplicas, telegramas, cartas, intervenção de seus amigos, intervenção dos meus e coisas afins para induzir-me a aceitá-lo de volta. Ao término do mês de março de 1893, você saiu de minha casa em Torquay com a minha determinação de nunca mais falar com você novamente, tão repugnante foi a cena que você fez na noite anterior à sua partida. Você escreveu-me e telegrafou-me de Bristol implorando meu perdão e pedindo um encontro. Seu tutor, que havia ficado em minha casa, disse-me que chegava a acreditar que por vezes você não era completamente responsável pelo que fazia ou dizia e que a maioria dos homens de Magdalen — senão todos — tinha a mesma opinião. Consenti em encontrá-lo e, obviamente, o perdoei. No caminho da cidade, você implorou que eu o levasse ao Savoy. Com certeza, aquela foi uma visita fatal para mim.

Três meses depois, em junho, estávamos em Goring. Alguns de seus amigos de Oxford vieram para passar o fim de semana. Na manhã do dia em que eles foram embora, você fez um escândalo tão horroroso e tão repulsivo, que eu lhe disse que devíamos separar-nos. Recordo-me perfeitamente de que estávamos rodeados pelo lindo gramado do campo de croquet onde eu lhe apontava como estávamos estragando mutuamente as nossas vidas — você estava arruinando a minha e era evidente que eu não lhe estava fazendo feliz — e que a única coisa filosoficamente sensata a se fazer seria um rompimento irrevogável, uma separação completa. Você partiu

---

57) O oitavo inferno de Dante.
58) Companheiro de armas de Joana D'Arc e marechal de França que se transformou em um devasso, cultuador do demônio e assassino de crianças, crime pelo qual foi executado.
59) *Agamenon.*

mal humorado logo depois do almoço, deixando com o mordomo uma de suas cartas mais ofensivas recomendando que esta só me fosse entregue após a sua partida. Antes que se completassem três dias, você telegrafou de Londres implorando para ser perdoado e recebido de volta. Eu havia alugado as acomodações para agradá-lo, contratei seus próprios empregados a seu pedido. Sempre lastimei imensamente vê-lo como vítima de sua terrível têmpera, mas estava por demais afeiçoado a você e deixei-o voltar e perdoei-o. Novamente, três meses passaram-se e, em setembro, outras cenas aconteceram. O motivo de sua irritação foi eu ter lhe apontado os erros primários em sua tentativa de traduzir *Salomé*. Naquela altura, você já deveria ter um

"Os olhos de Herodes", de Aubrey Beardsley. Ilustração para Salomé, *publicado por Elkin Mathews e John Lane (1894).*

domínio acadêmico suficiente do francês para saber que aquela tradução era indigna de você, um oxfordiano, e também da obra que procurava traduzir. É claro que você não sabia, então. Em uma de suas cartas violentas, você me escreveu que "não tinha nenhum tipo de obrigação intelectual" para comigo. Tenho a lembrança de que, ao ler essa declaração, tive a impressão de que esta foi a única coisa sincera que você me escreveu durante toda a nossa amizade. Notei que um caráter pouco lapidado realmente lhe caía muito melhor. E não digo isso por mágoa, mas puramente por companheirismo. No fim das contas, o vínculo que une um relacionamento, seja ele casamento ou amizade, é o diálogo, e o diálogo deve ter uma base comum. Assim, entre duas pessoas com uma grande diferença cultural entre si, a única base possível é aquela do mais baixo nível. A trivialidade no pensamento e nas ações é encantadora. Fiz dessa máxima a pedra fundamental de uma filosofia brilhante expressa em peças e em paradoxos. Contudo, as frivolidades e os desatinos de nossa vida tornaram-se extremamente tediosos para mim. Só na lama é que tínhamos um ponto de tangência. E, embora fosse fascinante o único tópico no qual você invariavelmente centrava a sua conversa, no fim, até ele acabou tornando-se monótono para mim. Freqüentemente, eu ficava morrendo de tédio com isso, mas aceitava.

Como aceitava a sua paixão por musicais ou a sua mania por gastos absurdos com comida e bebida ou ainda por qualquer outra de suas características menos atraentes. Aceitava como uma coisa — e isso eu devo dizer — que se suporta como parte de um alto preço a se pagar por tê-lo conhecido. Depois de deixar Goring, fui passar duas semanas em Dinard. Você estava furioso por não o ter levado comigo e, por esse motivo, antes de minha partida, fez algumas cenas desagradáveis no Hotel Albemarle e enviou-me telegramas igualmente desagradáveis para uma casa de campo onde me encontrava por alguns dias. Disse-lhe, recordo-me, que achava que era sua obrigação ficar um pouco com sua família, já que você havia passado toda a temporada longe dela. Porém, na realidade, para ser completamente franco com você, eu não podia permitir-lhe que ficasse a meu lado sob qualquer circunstância. Ficamos juntos por quase doze semanas. Eu precisava descansar e libertar-me da terrível tensão que me causava sua companhia. Era imperioso que eu ficasse um pouco comigo mesmo. Era intelectualmente necessário. E devo confessar que vi, em sua já citada carta, uma ótima oportunidade para terminar, sem nenhum traço de amargura, a fatídica amizade que havia brotado entre nós. De fato, eu havia tentado fazê-lo numa iluminada manhã de junho em Goring, três meses antes. Entretanto, foi-me dito — candidamente, sou compelido a dizer, por um de meus próprios amigos[60], a quem você recorreu em meio às suas dificuldades — que você ficaria muito magoado, talvez até humilhado, se sua tradução lhe fosse devolvida como se não passasse de um trabalho de estudante; que eu nutria expectativas intelectualmente muito altas a seu respeito; e que, não importa o que você tenha escrito ou feito, você me era inteiramente devotado. Eu não queria ser o primeiro a criticar-lhe ou a desencorajar-lhe em seus passos iniciais pela literatura. Sabia muito bem que nenhuma tradução, a menos que fosse feita por um poeta, seria capaz de reconstruir de modo satisfatório as cores e o ritmo de minha obra. A devoção sempre foi para mim, e ainda o é, uma coisa maravilhosa que não pode ser desprezada com facilidade. Assim, eu aceitei sua tradução de volta. Exatamente três meses depois, na manhã subseqüente de uma série de cenas que culminaram com um escândalo mais revoltante que o habitual — uma segunda-feira à tarde em que você apareceu em meus aposentos acompanhado por dois de seus amigos —, eu estava pronto para escapar de você viajando para o exterior, inventando alguma explicação absurda para minha família[61] sobre minha partida repentina e deixando um endereço falso com meu empregado com medo de que você fosse seguir-me no próximo trem. Lembro-me de que, naquela tarde, acomodado no vagão que rumava rapidamente a Paris, eu me perguntava como a minha vida tinha sido encaminhada para aquela situação inconcebível, terrível e completamente equivocada. Como um

---

60) Wilde originalmente escreveu "Robbie".
61) Wilde originalmente escreveu "esposa".

homem como eu, de reputação mundial, viu-se forçado a sair correndo da Inglaterra para fugir de uma amizade que lhe era inteiramente destrutiva, tanto do ponto de vista intelectual quanto do ponto de vista ético. A pessoa de quem eu fugia não era nenhuma criatura que tinha saído do esgoto ou do pântano e que se tinha projetado para a vida moderna que eu estava habituado. Essa pessoa era você, um jovem de minha própria classe social, do meu mesmo nível, que passou pela mesma faculdade em Oxford e que era um convidado constante em minha casa. Os telegramas usuais com súplicas e remorsos seguiram-se. Eu os desconsiderei. Finalmente, você me ameaçou: a menos que eu consentisse em lhe encontrar, você não viajaria sob nenhuma circunstância para o Egito. Com seu conhecimento e anuência, pessoalmente tinha ido implorar à sua mãe que lhe enviasse para longe da Inglaterra, pois a sua vida em Londres estava-lhe destruindo. Sabia que seria uma terrível decepção para ela se você não fosse ao Egito e foi por causa dela que eu aceitei encontrá-lo. Sob a influência de uma grande emoção, a qual você não deve ter-se esquecido, eu perdoei o passado sem dizer, contudo, nenhuma palavra sobre o futuro.

Ao retornar a Londres no dia seguinte, recordo-me de estar sentado em meu quarto fazendo sérias e tristes considerações a seu respeito e sobre o que eu pensava de você: alguém cheio de defeitos, uma ruína completa para si mesmo e para os outros, uma pessoa perniciosa para quem o conhece e para quem convive com você. Por uma semana inteira, eu refleti sobre tudo isso e questionava-me se eu não havia sido injusto ou se havia-me equivocado ao avaliar-lhe. Findada a semana, recebi uma carta de sua mãe. Ela expressava na íntegra todas as minhas impressões a seu respeito: falou da sua vaidade cega e exagerada que fez com que você desprezasse a sua casa e tratasse o seu irmão mais velho — aquela *candidissima anima* — como um "filisteu"; do seu temperamento que a deixava com medo de conversar com você sobre a sua vida, a vida que ela pressentia, ou melhor, que ela sabia que você estava levando; sobre a sua conduta em questões financeiras, de muitas maneiras tão desgastante para ela; da mudança e da degeneração que se passavam em você. Ela viu, é claro, que a hereditariedade lhe deu como fardo um terrível legado e admitiu tal fato com sinceridade e cheia de horror escrevendo: ele foi "o único de meus filhos que herdou o trágico temperamento dos Douglas". No final, ela sentiu-se obrigada a dizer que a sua amizade comigo — na opinião dela — intensificou de tal forma a sua vaidade, que esta se tornou a fonte de todos os seus erros e, prudentemente, suplicou-me para não me encontrar com você no exterior. Respondi a ela imediatamente lhe dizendo que concordava integralmente com cada uma de suas palavras. E acrescentei mais. Fui tão longe quanto podia. Disse-lhe que a origem de nossa amizade deu-se em seus dias de estudante de Oxford, numa ocasião em que você veio implorar que eu o ajudasse com um grave problema de foro íntimo. Disse a ela que, desde então, a sua vida mantinha-se atribulada do mesmo jeito. Você jogou a culpa de sua ida à Bélgica sobre o seu companheiro de viagem e sua mãe me repreendeu por tê-lo apresentado a você. Eu reconduzi a culpa para os ombros certos: os seus. Assegurei a ela, no final, que não tinha a menor das intenções de ir encontrar-me com você no exterior e implorei que ela tentasse mantê-lo por lá, se possível, como adido honorário ou, senão, com o intuito de aprender línguas modernas. Não importando as justificativas que ela viesse a adotar, você deveria permanecer por lá pelo menos por dois ou três anos, para o seu bem-estar e pelo meu.

Enquanto isso, você me escrevia todos os dias do Egito. Não dei a menor importância para a sua correspondência. Eu a lia e a rasgava. Estava seguro de que não tinha mais nada a fazer a seu respeito. Encontrava-me decidido e muito contente de devotar-me inteiramente à arte cujo progresso eu havia permitido que você interrompesse. Ao fim de três meses, sua mãe, com aquela miserável fraqueza de vontade que a caracteriza — fraqueza que teve a mesma importância funesta para a tragédia da minha vida quanto os ultrajes de seu pai —, escreveu-me — não tenho dúvidas de que o fez sob a sua orientação — dizendo que você estava extremamente ansioso por notícias minhas. Visando a acabar com qualquer desculpa que eu pudesse ter para não lhe escrever, enviou-me o seu endereço em Atenas — é claro que eu já o tinha e o conhecia perfeitamente bem. Confesso que fiquei absolutamente perplexo com a carta dela. Não sabia o que lhe responder e nem conseguia entender como sua mãe podia querer reatar ou renovar por todos os meios uma amizade tão desgraçada quanto a nossa — ainda mais depois do que ela me havia escrito em dezembro. Eu agradeci-lhe por sua carta, é claro, e novamente a estimulei a tentar colocá-lo em contato com alguma embaixada no exterior[62] a fim de evitar o seu retorno à Inglaterra. Não obstante, não escrevi para você, nem mudei minha conduta frente a seus telegramas depois de receber a carta de sua mãe. Finalmente, você chegou ao ponto de telegrafar para minha mulher suplicando-lhe que usasse a sua influência sobre mim para fazer-me escrever para você. Nossa amizade sempre foi fonte de aborrecimentos para ela, pois, além de nunca ter gostado de sua personalidade, ela percebia como meu comportamento alterava-se — e não para melhor — ao manter uma convivência contínua a seu lado. Ainda assim, ela, que sempre foi extremamente graciosa e hospitaleira com você, não podia admitir a idéia de eu estar sendo de alguma forma indelicado — como lhe parecia estar ocorrendo — com qualquer um de meus amigos. Ela pensou, ou melhor, ela sabia que essa atitude não fazia parte do meu caráter e a pedido dela entrei em contato com você. Consigo lembrar-me muito bem do teor de meu telegrama. Disse-lhe que o tempo cura todas as feridas, mas que eu, por um longo período, não pretendia

---

62) Quando Douglas deixou o Egito, em março de 1894, havia sido indicado adido honorário de Lord Currie, o embaixador de Constantinopla, mas não aceitou a indicação.

escrever-lhe ou encontrá-lo. Sem demora, você dirigiu-se a Paris e, no caminho, enviou-me uma série de telegramas apaixonados nos quais implorava para me ver pelo menos uma vez, a qualquer preço. Não aceitei. Sábado, você chegou a Paris tarde da noite e, esperando por você, encontrou em seu hotel um bilhete meu comunicando-lhe que eu não iria vê-lo. Na manhã seguinte, em Tite Street, recebi um extenso telegrama seu de umas dez ou onze páginas. Nele constava que, não importando o que você havia-me feito, você não podia acreditar que eu tinha, peremptoriamente, descartado a possibilidade de vê-lo. Lembrou-me de que, na esperança de encontrar-me por uma hora, você tinha viajado sem parar por seis dias e seis noites através da Europa. Fez-me um apelo mais que patético e concluiu com uma suposta ameaça velada de suicídio. Você havia-me dito por várias vezes quantos membros da sua estirpe já haviam sujado as mãos com o próprio sangue — um tio seu, certamente; seu avô, possivelmente; e muitos outros nessa sua perversa linhagem cheia de loucos. Por piedade; pela minha afeição por você; por consideração a sua mãe, para quem a sua morte nessas terríveis circunstâncias teria sido um baque quase impossível de se suportar; pelo horror de imaginar que uma vida tão jovem — a qual, mesmo estando em meio a defeitos tão feios, ainda guardava em si uma promessa de beleza — poderia acabar de uma forma tão revoltante; simplesmente por humanidade; por tudo isso, se é que desculpas são necessárias, deve servir como desculpa de conceder-lhe um último encontro. Na ocasião de minha chegada a Paris, você chorava copiosamente e continuou chorando por toda a tarde. As lágrimas escorriam por suas faces como as gotas de chuva que caíram durante o nosso jantar no Voisin e, mais tarde, em nossa ceia no Paillard. Você demonstrou uma alegria genuína ao me ver e, como uma criança gentil e arrependida, ficava segurando a minha mão sempre que podia. Tão simples e sincera, naquele momento a sua contrição levou-me a renovar a nossa amizade. Dois dias depois de nosso regresso a Londres, seu pai nos viu almoçando no Café Royal e juntou-se à mesa, bebeu do meu vinho e naquela tarde, por meio de uma carta endereçada a você, começou o seu primeiro ataque a mim.[63]

Uma lembrança do Café Royal, *caricatura de Max Beerbohm. Oscar Wilde está à direita.*

---

63) Abril de 1894.

Pode parecer estranho, mas tive mais uma vez, não direi a chance, mas sim o dever que me forçava a me separar de você. Se faz absolutamente necessário fazer-lhe recordar de sua conduta para comigo em Brighton, no período de 10 a 13 de outubro de 1894. Três anos atrás, sei que é um longo período de tempo para você retroceder. Mas, para nós que vivemos na prisão, aqueles cujas vidas só presenciam a ocorrência do sofrimento, o tempo é medido por espasmos de dor e pelas recordações dos momentos de amargura. Não nos restou nada além disso para se pensar. O sofrimento — fico curioso por saber como isto soa para você — é o meio pelo qual existimos, pois este é o único meio pelo qual somos conscientes da existência. Rememorar o sofrimento do passado nos é necessário como uma garantia, uma evidência da continuidade de nossa identidade. Entre mim e a lembrança de felicidade, repousa um abismo tão profundo quanto aquele que se encontra entre mim e a verdadeira felicidade. Se a nossa vida juntos tivesse sido como o mundo imaginava que era, cheia de prazeres, libertinagem e risos, eu não seria capaz de recordar nenhuma de suas passagens. Somente porque nossos dias foram repletos de momentos trágicos e amargos, sinistros no que prenunciavam, estúpidos ou horrendos pela monotonia de suas cenas ou pelas suas injúrias incomparáveis, é que eu posso ver ou ouvir todos os detalhes de cada um de nossos incidentes em particular, enquanto que, de fato, já não posso ver ou ouvir quase nada. Há tanta coisa nesse lugar para fazer um homem viver em meio à dor, que a nossa amizade, da maneira pela qual sou forçado a relembrá-la, parece-me sempre um prelúdio que harmoniza-se com todas as variações de tonalidade advindas da angústia da qual tenho que me aperceber todos os dias — e não somente me aperceber, mas chego até mesmo a sentir a necessidade dela. E, embora eu tivesse tudo na vida, como parecia a mim mesmo e aos outros, hoje estou entregue a uma verdadeira Sinfonia de Sofrimento, passando pela unidade rítmica de todos os seus movimentos até a sua indubitável resolução, com a inevitabilidade que caracteriza a abordagem artística dos grandes temas.

Eu já mencionei a sua conduta por três dias consecutivos, há três anos, não mencionei? Estava tentando terminar minha última peça sozinho em Worthing. Você já me havia feito duas visitas. Repentinamente, apareceu uma terceira vez acompanhado de um amigo que, segundo a sua proposta, deveria ficar hospedado em minha casa. Recusei prontamente (e com certeza você hoje deve aceitar o fato). É claro que foram bem tratados — eu não tinha muita opção nesse caso —, mas os queria em qualquer outro lugar, não na minha própria casa. No dia seguinte, uma segunda-feira, seu amigo retornou aos deveres de sua profissão, e você ficou comigo. Entediado com Worthing e, tenho certeza, com os meus esforços infrutíferos de concentrar a atenção em minha peça — aliás, a única coisa que me interessava no momento —, você insistiu em ser levado ao Grand Hotel em Brighton. Na noite de nossa chegada, você caiu doente acometido por aquela febre terrível, tolamente chamada de influenza. Era o seu segundo ou terceiro ataque. Não preciso relembrá-lo de como velei por você, de como tomei conta de você, e não apenas lhe oferecendo frutas, flores, presentes, livros e todas a luxúria que o dinheiro pode comprar, mas também lhe dedicando o carinho, a ternura e o amor que, ao contrário do que você possa pensar, não podem ser obtidos com dinheiro. Exceto por uma hora de caminhada pela manhã e outra, de coche, à tarde, eu nunca me ausentava do hotel. Mandei trazer uvas especiais de Londres, porque não lhe agradavam aquelas oferecidas pelo hotel. Inventei coisas para agradá-lo. Permaneci junto de você ou, então, no quarto contíguo ao seu. Sentava-me a seu lado todas as tardes para acalmá-lo ou diverti-lo.

Passados quatro ou cinco dias, você recuperou-se e eu aluguei uns aposentos para tentar terminar minha peça. Você, obviamente, me acompanhou. Na manhã seguinte à nossa mudança, caí extremamente doente. Você deveria ir a Londres a negócios mas prometeu voltar na parte da tarde. Em Londres, encontrou um amigo e só retornou a Brighton no dia seguinte muito tarde. Naquela altura, eu estava com uma febre terrível e o médico tinha-me dito que havia pego a gripe de você. Nada poderia ser mais desconfortável para alguém doente do que aquelas acomodações. A sala de estar ficava no primeiro andar e o quarto no terceiro. Não havia nenhum empregado para servir-me, nem sequer alguém que pudesse enviar recados ou ir buscar as prescrições do médico. Mas você estava lá. Não tinha com que me preocupar. Nos dois dias que se seguiram, você me deixou completamente sozinho e sem nenhum cuidado, sem qualquer atendimento, sem nada. Não me refiro a uvas, flores e presentes encantadores. Falo de necessidades básicas. Não podia nem beber o leite que me havia sido recomendado pelo médico e uma simples limonada tinha tornado-se uma total impossibilidade para mim. Quando lhe roguei que fosse até a livraria para trazer-me um livro — e que você escolhesse um outro volume qualquer caso eles não tivessem o desejado —, você não demonstrou a menor preocupação em fazê-lo. Depois de deixar-me o dia todo sem nada para ler, você chegou calmamente e disse que já havia comprado o livro e que lhe haviam prometido entregá-lo. Casualmente, vim a descobrir que tudo isso não passou de uma completa mentira.

Por todo esse tempo, é claro, você vivia às minhas custas: coches e jantares no Grand Hotel. Na realidade, você só aparecia em meu quarto para pegar mais dinheiro. Na noite de sábado, depois de ter ficado desde a manhã sem nenhum cuidado e completamente abandonado, pedi-lhe que voltasse logo depois do jantar para ficar um pouco a meu lado. Com irritação na voz e maneiras pouco educadas, você disse que o faria. Esperei até às onze horas, mas você não apareceu. Deixei-lhe um bilhete em seu quarto apenas para lembrá-lo da promessa que me fizera e de como a havia cumprido. Às três da manhã, sem conseguir dormir e torturado pela sede, desci até a sala de estar, no frio e na escuridão, com a esperança de encontrar água. Encontrei *você*. Fui atacado com toda a sorte de palavras desprezíveis que podem ser inspiradas por um temperamento desequilibrado, por um caráter indisciplinado e desgovernado. Graças a uma terrível alquimia do egoísmo, você transformou seu remorso em ira. Acusou-me de ser egoísta por esperar que você ficasse comigo em minha doença, por me colocar entre você e os seus divertimentos e por tentar privá-lo do que lhe aprazia. Disse-me — e eu sei que é a pura verdade — que tinha chegado por volta da meia-noite apenas para trocar de roupa e sair de novo na busca dos novos prazeres que já o aguardavam. Mas, ao deixar-lhe aquele bilhete para lembrar-lhe de como você havia-me negligenciado o dia inteiro, roubei-lhe todo o desejo por diversão e diminui a sua disposição para novos deleites.

Subi as escadas enojado e permaneci acordado até o dia raiar. Só muito depois do amanhecer é que consegui algo para aplacar a sede causada pela febre que me acometia. Às onze horas da manhã você veio a meu quarto. Na cena do dia anterior, em nada iria ajudar fazer a observação de que, de qualquer forma, eu havia-lhe impedido de cometer naquela noite mais excessos que o habitual. Na manhã seguinte, você tinha voltado ao seu normal. Naturalmente, esperei ouvir o pedido de desculpas que deveria ser feito. Fiquei imaginando como você pediria que eu lhe perdoasse. Afinal, você sabia no fundo do seu coração que, não importava o que fizesse, esse perdão invariavelmente estaria lhe esperando. Sua absoluta confiança de que eu sempre lhe perdoaria era a coisa que mais gostava em você, talvez a melhor coisa em você para se gostar. Ao contrário, por força do hábito, você começou a repetir a mesma cena com ênfase renovada e asserções ainda mais violentas. A essa altura, pedi que você saísse do quarto. Fingiu sair, mas, ao levantar minha cabeça do travesseiro onde estava enterrada, vi que você ainda estava lá. De repente, com uma gargalhada bestial e uma ira histérica, você atirou-se em minha direção. Uma sensação de pavor tomou conta de mim e não sabia exatamente o porquê. Pulei da cama imediatamente. Descalço e do jeito que estava, desci em disparada os dois lances de escada até a sala de estar e de lá não saí até que o proprietário do imóvel — a quem eu havia chamado — tivesse-se assegurado de que você havia deixado o meu quarto e me prometido atender a um chamado caso necessário. Uma hora depois, sorrateiramente, você voltou a procura de dinheiro. O médico já tinha vindo e, é claro, havia-me encontrado num estado de absoluta prostração mental, com uma febre ainda pior do que eu estava anteriormente. Depois de pegar tudo o que pôde encontrar sobre a penteadeira e o aparador da lareira, você saiu da casa com toda a sua bagagem. Preciso dizer-lhe o que eu pensava sobre você naqueles dois miseráveis dias de enfermidade e solidão que se seguiram? É necessário dizer-lhe que, então, pude perceber claramente como seria desonroso para mim continuarmos mantendo qualquer tipo de relacionamento, até mesmo um simples convívio social, depois daquilo que você se revelou? Que percebi a chegada do momento definitivo e que isso me trazia uma enorme sensação de alívio? Que eu sabia que o futuro em relação à minha arte e à minha vida, de todas as maneiras possíveis, seria melhor, mais livre e mais bonito?

"Bosie", Lord Alfred Douglas (1870-1945), aos 24 anos.

Mesmo doente como estava, senti-me aliviado. O fato da separação ser irrevogável dava-me paz. Na terça-feira, a febre me deixou e pela primeira vez jantei no primeiro andar. Quarta-feira era meu aniversário. Em meio aos telegramas e às mensagens sobre a minha mesa, havia uma carta com sua caligrafia. Abri-a sentido uma tristeza imensa abater-se sobre mim. Sabia que havia passado o tempo de que uma frase engraçadinha, uma expressão de afeto ou uma palavra de arrependimento me fariam aceitá-lo de volta. Mas estava completamente enganado. Subestimei-o. A carta que você me enviou em meu aniversário era uma repetição elaborada de suas duas últimas cenas, cuidadosa e astuciosamente impressas em preto e branco! Você zombava de mim com pilhérias vulgares. Sua maior satisfação em todo o episódio foi, como disse, ter-se retirado do Grand Hotel e colocado o seu almoço em minha conta antes de partir para a cidade. Parabenizou-me por minha prudência em ter deixado meu leito de enfermo em uma fuga precipitada escada abaixo. "*Foi um momento horroroso para você*", disse, "*mais horroroso do que imagina*". Ah! Mas pude pressentir muito bem. Não sabia quais eram as suas intenções: se você portava a pistola que comprara para tentar amedrontar seu pai — aquela que você achava que estava descarregada quando fez um disparo num restaurante em minha companhia —, se sua mão estava prestes a se mover em direção a uma faca que por acaso se encontrava na mesa entre nós ou se você, em meio a seu ódio, havia-se esquecido de sua pouca estatura e de sua força inferior e pensava em lançar-me algum tipo especial de insulto pessoal, ou ainda, se pretendia atacar-me enquanto me encontrava deitado e doente. Não poderia dize-lo e até hoje não posso fazê-lo. Tudo o que posso fazer é expressar o terror abominável que tomou conta de mim e a minha sensação de que, se não tivesse saído prontamente do quarto e fugido, você teria feito — ou tentado fazer — algo que teria sido até mesmo para você uma atitude vergonhosa para o resto da vida. Uma única vez em minha vida experimentara tamanha sensação de horror diante de um ser humano. Foi numa ocasião em minha biblioteca em Tite Street quando seu pai, com um valentão — ou quem sabe um de seus amigos — postado entre nós, ficava chacoalhando suas mãozinhas no ar com uma fúria epiléptica, proferindo todas as palavras sórdidas que poderiam ser pensadas por sua mente sórdida e gritando todas as ameaças repugnantes que mais tarde ele astuciosamente veio a cumprir. Nesse caso, foi ele, é claro, que teve que deixar o recinto. Eu o coloquei para fora. No seu caso, eu tive que sair. E esta não foi a primeira vez que fui obrigado a salvá-lo de você mesmo.

Você concluiu sua carta dizendo: "*Quando você não está em seu pedestal, você não é nada interessante. A próxima vez que você ficar doente, partirei imediatamente.*". Ah! Que caráter grosseiro é revelado! Que completa falta de imaginação! Quão empedernido, quão vulgar seu temperamento tornou-se. "*Quando você não está em seu pedestal, você não é nada interessante. A próxima vez que você ficar doente, partirei imediatamente.*" Quantas vezes essas palavras ecoaram na miserável cela da solitária de todas as prisões para as quais fui enviado. Repeti-as para mim mesmo várias e várias vezes, e nelas tenho visto — espero que injustamente — parte do segredo de seu estranho silêncio. Escrever-me tal coisa, quando eu estava doente e com febre por ter cuidado de você, foi obviamente revoltante em sua grosseria e em sua crueldade. Não obstante, para qualquer ser humano, em qualquer parte do mundo, já seria um pecado sem perdão escrever tal coisa para alguém — caso houvesse algum pecado imperdoável.

Confesso que, ao terminar de ler sua carta, senti-me como se estivesse poluído, como se a associação com alguém dessa natureza tivesse maculado e desgraçado a minha vida irremediavelmente. É verdade que o fiz, porém, a totalidade dessa desgraça só seria conhecida seis meses depois. Tomei a decisão de voltar para Londres na sexta-feira[64] e encontrar-me pessoalmente com Sir George Lewis para solicitar-lhe que escrevesse a seu pai declarando que eu estava determinado a nunca mais, sob nenhuma circunstância, permitir que você entrasse novamente em minha casa, sentasse à minha mesa, falasse comigo, caminhasse a meu lado ou fizesse-me companhia em qualquer outro lugar ou em qualquer outro momento. Isto feito, teria eu lhe escrito apenas para informá-lo sobre os rumos da atitude que tomei, já que as razões, inevitavelmente, você deveria ter percebido por si próprio. Tinha tudo preparado na quinta-feira à noite. Contudo, na sexta-feira cedo, ao abrir o jornal enquanto esperava pelo café da manhã, li a notícia de que seu irmão mais velho — o verdadeiro cabeça de sua família, o herdeiro do título, o pilar da casa — tinha sido encontrado morto, caído em uma vala e com sua arma descarregada a seu lado.[65] O horror das circunstâncias da tragédia — que hoje se sabe ter sido um acidente — na época encontrava-se manchado pela mais obscura das suposições; o pesar suscitado pela morte repentina de alguém tão amado por todos que o conheciam, ainda mais às vésperas de seu casamento; minha idéia de como você estaria — ou deveria estar — sofrendo; a certeza de que sua mãe deveria estar sendo tomada de assalto pelo desespero advindo da perda daquele a quem ela sempre se dirigia em busca de conforto e alegria, daquele que — como ela própria havia-me dito uma vez — nunca lhe havia causado nenhuma lágrima sequer desde o dia de seu nascimento; saber de seu próprio isolamento — seus dois outros irmãos encontravam-se fora da Europa e, consequentemente, você era o único a quem sua mãe e sua irmã podiam recorrer, e não apenas para fazer-lhes companhia na tristeza, mas também para assumir a lúgubre responsabilidade de cuidar de todos os pavorosos detalhes sempre trazidos pela morte; a mera noção de *lacrimae rerum*[66] — as lágrimas de que o mundo é feito, o sofrimento inerente a todas as coisas humanas —; enfim, graças à confluência de todas essas considerações e emoções em meu pensamento, adveio uma enorme compaixão por você e sua família. Minhas próprias mágoas e a minha amargura em relação a você foram esquecidas. Diante de tão grande perda, não poderia agir da mesma forma que você agiu durante a minha doença. Imediatamente, telegrafei enviando-lhe minha mais profunda solidariedade. Na carta que se seguiu, convidei-lhe para vir à minha casa assim que pudesse. Imaginei que o abandonar nesse momento específico, ainda mais por meio de um advogado, seria por demais terrível.

---

64) 19 de outubro de 1894.

65) Lord Drumlanring foi morto pelo disparo de sua arma no dia 18 de outubro de 1894.

66) As lágrimas das coisas.

Atendendo à convocação desta tragédia, ao retornar à cidade, você prontamente veio a meu encontro, em seus trajes de luto e com os olhos turvos pelas lágrimas. Como uma criança, você ansiava por conforto e ajuda. Abri-lhe as portas de minha casa, do meu lar e do meu coração. Fiz minha a sua tristeza para que você pudesse suportá-la. Nunca proferi uma única palavra sequer aludindo à sua conduta para comigo, ou às suas cenas revoltantes, ou às suas cartas odiosas. Seu pesar era real e parecia trazer-lhe para perto de mim de uma maneira que você nunca esteve antes. As flores que você pegou de minhas mãos para depositar na sepultura de seu irmão não eram apenas o símbolo da beleza presente na vida dele — eram também o símbolo da beleza adormecida que em tudo repousa e que um dia poderá ser trazida à luz.

Os deuses são estranhos. Não fazem só de nossos vícios instrumentos para flagelar-nos.[67] Conduzem-nos à ruína pelo que há em nós de bom, gentil, humano e admirável. Se não tivesse demonstrado compaixão e afeto por você e pelos seus, não estaria agora me lamentando nesse lugar horrível.

É claro que, em todas as nossas relações, faço a distinção entre o Destino e a Fatalidade. Fatalidade que caminha a passos largos a procura de sangue derramado. Por parte de pai, você pertence a uma raça que se caracteriza por casamentos horríveis, amizades fatais e pela violência de suas mãos que costuma lançar-se sobre as suas próprias vidas ou sobre a vida dos outros. Em cada uma das pequenas circunstâncias em que os caminhos de nossas vidas se cruzaram, em cada momento de grandiosidade ou de aparente trivialidade nos quais você veio a mim a procura de socorro ou diversão, em todas as pequenas oportunidades, em cada um dos acontecimentos desprezíveis em relação à vida — que não passam de poeira a bailar em um feixe de luz ou de folhas balançando nas árvores —, a ruína seguiu-se como o eco de um choro amargo, como a sombra que caça junto com a besta que vitima. Nossa amizade realmente começou quando você, através da mais patética e encantadora das cartas, implorou-me para ajudar-lhe a sair de uma posição que deixaria qualquer um intimidado — e duas vezes mais um jovem de Oxford. Ajudei-o e, no fim do contas, graças a você ter-se utilizado do meu nome junto a Sir George Lewis, comecei a perder a estima e amizade dele, maculando uma amizade que já durava quinze anos. Ao ser privado de seus conselhos, auxílio e consideração, fui privado de um dos maiores guardiões da minha vida.

Você enviou-me um poema muito bonito, embora com versos pouco refinados, para minha apreciação. Escrevi-lhe uma carta[68] com fantásticos conceitos literários. Comparei-o a Hilas[69] ou Jacinto[70], a Jonquil ou Narciso, enfim, a alguém favorecido

---

67) *Rei Lear*, ato V, cena III.
68) Carta enviada em janeiro de 1893.
69) Filho do rei Teódamas, jovem de grande beleza que se juntou a Héracles na viagem dos Argonautas (mitologia grega).
70) Jovem dono de grande beleza, filho da musa Clio e de Píero. Foi por amor a ele que Tâmires, filho da ninfa Argíope, teria inventado a pederastia. Consta que o deus Apolo era também apaixonado por ele.

e honrado pelo amor do grande deus da Poesia. A carta assemelhava-se a uma passagem de algum soneto de Shakespeare, transposto para um tom abaixo na escala musical. Só podia ser compreendida por aqueles que leram *O banquete* de Platão ou capturaram o espírito de um determinado aspecto solene para nós embelezado nos mármores gregos. Era o tipo de carta, deixe-me honestamente dizer, que eu teria escrito para qualquer jovem cortês cursando uma universidade que me tivesse enviado um poema de sua autoria, certo de que ele teria suficiente perspicácia ou cultura para interpretar minhas frases fabulosas. Fique atento para a história dessa carta! De sua posse, passa para as mãos de um de seus repugnantes companheiros; dele, para uma gangue de chantagistas. Em Londres, são enviadas cópias para os meus amigos e para o gerente do teatro onde minha peça está sendo encenada. Dão-lhe todo o tipo de interpretação, menos a correta. A sociedade vibra com os absurdos rumores de que eu havia tido de pagar uma enorme soma em dinheiro por ter-lhe escrito aquela carta infame. Esta é a base do pior ataque de seu pai. Apresento eu mesmo, na Corte, o original da carta para mostrar qual era o seu significado de fato. Ela é denunciada pelo advogado de seu pai como a mais revoltante e insidiosa tentativa de corromper a Inocência. No fim, torna-se parte de uma acusação criminal. A Coroa aceita. O juiz acrescenta-lhe pouca erudição e muita moralidade. Por último, por causa dela, vou para a prisão. Este é o resultado de ter-lhe escrito uma carta encantadora.

Edward Carson, advogado do marquês de Queensberry.

Durante nossa estadia em Salisburg, você fica terrivelmente preocupado com uma ameaça escrita por um antigo amigo seu. Você implora que eu o ajude e vá ver o autor. É o que faço. O resultado é a minha Ruína. Sou forçado a colocar tudo o que você havia feito sobre os meus próprios ombros e responder por esses atos. Quando se vê obrigado a abandonar Oxford, ao fracassar na obtenção de seu grau acadêmico, você me telegrafa em Londres pedindo que eu vá a seu encontro. Faço-o imediatamente. Suplica-me, então, para levá-lo a Goring, pois você não voltaria para sua casa sob tais circunstâncias. Em Goring, você encontra uma casa que acha encantadora. Alugo-a para você. O resultado, sob todos os pontos de vista, é a minha Ruína. Um dia você vem até mim e pede-me o favor pessoal de escrever algo para algum novo periódico estudantil de Oxford a ser editado por um de seus amigos, uma pessoa de quem nunca havia ouvido falar e de quem não sabia nada a respeito. Para agradá-lo — o que eu não fiz para agradá-lo? —, enviei-lhe uma página de paradoxos originalmente destinados ao *Saturday Review*.[71] Alguns meses depois, vejo-me sentado no banco dos réus de Old Bailey respondendo pelo caráter de tal revista e esta passa a integrar a acusação da Coroa contra mim. Sou intimado a defender a prosa de seu amigo e os seus próprios versos. No primeiro caso, não pude usar de paliativos; quanto ao segundo, leal até o amargo fim — pelo seu viço de literatura assim como pelo viço de sua vida —, defendi-o com toda veemência para não o ver taxado de autor de obscenidades. Mas eu vou para a prisão, tanto pela revista estudantil de seu amigo quanto pelo *"Amor que não ousa dizer seu nome"*.[72]

No Natal, dou-lhe um *"presente muito bonito"*, como você o descreve em sua carta de agradecimento. Sabia que você desejava do fundo de seu coração este presente que custava em torno de 40 ou 50 libras. Quando minha vida desmorona e eu fico arruinado, o juiz confisca minha biblioteca e determina a sua venda para pagar o seu *"presente muito bonito"*. Foi por causa disso que minha casa foi penhorada. No terrível e derradeiro momento, quando sou insultado e instigado por seu sarcasmo a mover uma ação contra seu pai com o intuito de prendê-lo, em meu desespero, esforço-me miseravelmente para agarrar-me ao último argumento que poderia fazer-me escapar: as enormes despesas que eu teria com o processo. Na sua presença, disse ao advogado que não possuía fundos, que, possivelmente, não poderia arcar com as custas do processo e que não teria como dispor desse dinheiro. O que eu disse, como você sabe, era a mais completa verdade. Naquela fatídica sexta-feira[73], em vez de estar no escritório de Humphreys debilmente consentindo em iniciar a minha própria ruína, eu deveria estar livre e feliz na França, longe de você e de seu

---

71) Trinta e cinco aforismos de Wilde foram publicados com o título de "Frases e filosofias para o uso dos jovens" no primeiro (e único) número de *Camaleon*, uma revista estudantil de Oxford, em dezembro de 1894. No julgamento de Wilde, esses aforismos e mais outros dois textos publicados na mesma revista causaram muita polêmica — um poema de Douglas chamado "Dois amores" e um conto anônimo chamado "O padre e o coroinha", cuja autoria foi atribuída a Wilde, mas que, de fato, foi escrito pelo editor da revista, John Francis Bloxam, um graduando do Exeter College.

72) As últimas frases de "Dois amores": "I am true Love, I fill / Then hearts of boy and girl with mutual flame" / Then sighing said the other, 'Have thy will, / I am The Love that dare not speak its name'."

73) 1º de março de 1895.

pai, alheio aos bilhetes asquerosos que ele escrevia e indiferente às suas cartas, isto é, se me fosse permitido deixar o Avondale Hotel. Contudo, as pessoas do hotel recusavam-se terminantemente a deixar-me sair. Você tinha-se hospedado lá comigo por dez dias. De fato, para minha grande e completa indignação — você deve admitir —, nos últimos dias, você havia trazido um de seus companheiros para ficar também às minhas custas. Minha conta em dez dias chegou a quase 140 libras. O proprietário disse que não iria permitir que minha bagagem fosse removida do hotel até que eu pagasse minha dívida integralmente. Isto me manteve em Londres. Se não fosse pela conta do hotel, teria partido para Paris na quinta-feira de manhã.

Quando eu disse ao advogado que não tinha dinheiro frente às gigantescas despesas, você interferiu dizendo que sua própria família ficaria encantada em pagar todas as custas necessárias. Falou que seu pai tinha sido um pesadelo para todos vocês e que todos, com freqüência, sempre discutiam a possibilidade de colocá-lo num asilo de lunáticos ou alguma forma de mantê-lo fora do caminho. Disse ainda que ele era uma fonte diária de aborrecimentos e desgostos para sua mãe e para todos os outros e que, se fosse adiante e fizesse seu pai calar-se, eu seria recompensado por sua família, considerado um herói e um benfeitor de todos. E todos os parentes abastados de sua mãe iriam ter um enorme prazer em pagar todas as custas e despesas decorridas de tamanha iniciativa. O advogado aceitou de imediato e sou levado rapidamente para a delegacia de polícia. Não tinha mais desculpas para não o fazer. Fui forçado a ir. É claro que sua família não pagou as custas e seu pai fez o pedido de minha falência para o pagamento do processo — o resultado do mirrado balanço: um montante de 700 libras. Na ocasião, minha mulher, indispondo-se contra mim numa questão relevante — se eu disporia de 3 ou 3,10 libras semanais para viver —, estava preparando um processo de divórcio, ao qual, é evidente, se seguiria necessariamente a apresentação de novas evidências e de um novo julgamento com procedimentos talvez ainda mais sérios. Naturalmente, eu desconhecia todos os detalhes. Só sabia o nome da testemunha arrolada pelo advogado de minha mulher: seu próprio empregado em Oxford, a quem eu havia contratado a seu pedido para servir-nos em nosso verão em Goring.

De fato, não preciso estender-me em mais detalhes sobre a Fatalidade que você trouxe para se instalar em minha vida — tanto nas pequenas quanto nas grandes coisas. Às vezes, tenho a impressão de que você não passou de um fantoche animado por mãos secretas e invisíveis, um instrumento capaz de transformar terríveis acontecimentos em resultados funestos. Mas fantoches têm suas próprias paixões e trazem um novo colorido para a encenação. Alteram a ordem das conseqüências das vicissitudes e inserem algum de seus próprios caprichos ou apetites. Ser inteiramente livre e ao mesmo tempo ser inteiramente dominado pela lei, este é o eterno paradoxo da vida humana que nós podemos observar a todo momento. E esta é, como penso freqüentemente, a única explicação possível para o seu caráter

— se é que realmente existe alguma explicação para os profundos e sinistros mistérios da alma humana a não ser aquela que a fará ainda mais fantástica e misteriosa.

Obviamente, você teve as suas ilusões. E, na verdade, as viveu intensamente. Via tudo deturpado através de neblinas inconstantes e de cortinas coloridas. Você pensava que — lembro-me muito bem — me tinha devoção ao excluir-se inteiramente de seu convívio familiar, que isto era uma prova extraordinária da sua admiração por mim. Não há dúvidas de que assim era como lhe parecia. Mas recorde-se de que ao meu lado você tinha luxúria, alto padrão de vida, prazeres ilimitados e dinheiro sem restrição. Sua vida familiar lhe entediava. O "vinho frio e barato de Salisbury", para usar uma frase cunhada por você, era-lhe tremendamente desagradável. Do meu lado, junto com meus atrativos intelectuais, estava uma abundância faraônica. Quando você não podia estar comigo, as companhias com as quais me substituía não lhe eram satisfatórias.

Sir Edward Clarke, advogado de Oscar Wilde.

Pensou também que, ao enviar a seu pai uma carta por meio de um advogado comunicando-lhe que, em prol de nossa eterna amizade, estaria disposto a abrir mão da quantia de 250 libras por ano que ele lhe dava — nas quais, acredito eu, estavam incluídas as suas despesas em Oxford —, você estava efetuando um grande ato de cavalheirismo e experimentando a mais nobre forma de abnegação. Mas a sua abdicação dessa pequena quantia não significava que você estava pronto para abrir mão de nada, nem mesmo da menor de suas frívolas luxúrias ou da mais desnecessária de suas extravagâncias. Pelo contrário. Sua avidez por luxo nunca esteve tão aguçada. Durante os oito dias que passamos em Paris — eu, você e seu empregado italiano —, minhas despesas chegaram quase a 150 libras. Só o Paillard absorveu-me 85 libras. Com o padrão de vida que você queria levar, sua renda anual não duraria mais que três semanas — isto é, se você comesse sozinho e fosse especialmente conscencioso em sua escolha por prazeres mais econômicos. Essa sua atitude de abdicar da ajuda financeira de seu pai, apesar de não passar de uma simulada bravata, deu-lhe um motivo plausível — ou, pelo menos, que você achava ser plausível — para clamar pelo direito de viver às minhas custas. Em várias ocasiões, você aproveitou-se ao máximo desse seu argumento, expressando-o com todas as letras. A contínua drenagem, principalmente, é claro, de minhas posses — mas também, em certa medida, eu sei, das posses de sua mãe — nunca foi tão desoladora. No meu caso, porque essa espoliação nunca esteve tão desacompanhada de uma simples manifestação de agradecimento ou de qualquer senso de limite.

Você acreditava também que, atacando o seu pai com cartas asquerosas, telegramas abusivos e cartões postais cheios de insultos, estaria travando uma batalha por sua mãe e que seria um modo de aliar-se a ela para ser o vingador de todos os indubitáveis desenganos e sofrimentos de sua vida de casada. Foi uma mera ilusão de sua parte, de fato, uma de suas piores fantasias. O modo de vingar todos os desenganos de sua mãe em relação a seu pai — caso você considerasse que isto é uma parte dos deveres de um filho — era tornar-se um filho melhor do que você havia sido até então; era deixar de fazer com que ela sentisse medo de conversar com você sobre coisas importantes; era não assumir dívidas que seriam remetidas a ela; era ser gentil com sua mãe, em vez de trazer-lhe desgostos todos os dias. Seu irmão Francis, com toda a doçura e bondade presente em tão curta vida, atenuou enormemente o sofrimento dela. Você estava errado até mesmo quanto a sua suposição de que seria um deleite e uma completa alegria para sua mãe se você *tivesse* conseguido, por meu intermédio, colocar o seu pai na prisão. Tenho certeza de que você estava errado. E, caso você queira saber realmente o que sente uma mulher ao ver seu marido, o pai de seus filhos, vestido de presidiário e largado dentro de uma cela, escreva a minha mulher e pergunte-lhe. Ela irá dizer-lhe.

Eu *também* tive minhas ilusões. Pensei que a vida iria ser uma comédia brilhante e que você deveria ser um dos vários e graciosos figurantes que a encenavam. O que encontrei foi uma tragédia revoltante e repulsiva na qual você era ocorrência sinistra de uma grande catástrofe — sinistra pela concentração de seus objetivos e pela intensidade da limitação da força de vontade. Despiu-se a máscara da alegria e do prazer com a qual você, tanto quanto eu, foi enganado e desviado de sua conduta.

Você hoje pode compreender — não pode? — um pouco do que estou sofrendo. Algum jornal, o *Pall Mall Gazette* eu acho, ao escrever sobre o ensaio geral de uma de minhas peças, disse que você me seguia como uma sombra. A lembrança de nossa amizade é a sombra que aqui me acompanha, parecendo nunca me abandonar. Ela me acorda no meio da noite e, inúmeras vezes, conta-me a mesma estória até que, graças a essa exaustiva repetição, eu seja abandonado pelo sono até o amanhecer. Na alvorada tudo recomeça. Ela me segue dentro do pátio da prisão e me faz falar sozinho enquanto ando em círculos. Sou forçado a relembrar de cada detalhe que acompanha cada momento pavoroso. Não há nada contido naqueles mal fadados anos que eu não possa recriar naquele compartimento do cérebro reservado à tristeza ou ao desespero. Cada som emitido por sua voz, cada contração ou cada movimento de suas mãos agitadas, cada palavra cáustica, cada frase venenosa, tudo vem de volta para mim. Lembro-me da rua ou do rio pelo qual passamos, dos muros ou das árvores que nos rodeavam, de como estavam os ponteiros do relógio, da direção do vento, do formato e da cor da lua.

Sei que só há uma resposta para tudo o que eu lhe disse, e essa resposta é que você me amou. Durante aqueles dois anos e meio, enquanto o Destino combinava os padrões escarlates dos tecidos que separadamente compunham as nossas vidas, você me amou. Sim, eu sei que amou. Não importa qual tenha sido a sua conduta para comigo, eu sempre soube no fundo do meu coração que você me amou de verdade. Embora pudesse ver claramente que a minha posição no mundo da Arte, o interesse que minha personalidade sempre provocou, o meu dinheiro, o luxo no qual eu vivia, as mil e uma coisas que faziam da minha vida algo tão interessante quanto improvável, cada um desses elementos em particular e todos eles em conjunto lhe fascinaram e fizeram com que você se apegasse a mim. Além de tudo isso, havia mais uma outra coisa que exercia uma estranha atração: você me amou muito mais do que havia amado qualquer outra pessoa. Mas, assim como eu, sua vida experimentou uma terrível tragédia, muito embora esta fosse de uma natureza completamente diferente da minha. Você quer saber qual foi? Eu lhe digo. Seu ódio sempre foi mais forte que seu amor. Seu desprezo por seu pai era de tal grandeza, que ultrapassou, arruinou e eclipsou o seu amor por mim. Seu desprezo cresceu de uma forma tão monstruosa e adquiriu proporções tão gigantescas, que, para você, não havia um conflito entre o amor e o ódio ou, se havia, era pequeno. Nunca foi capaz de perceber que não há lugar para ambos numa mesma alma. Os dois não podem coabitar nessa residência tão caprichosamente erguida. O amor é alimentado pela imaginação que nos torna mais sábios do que sabemos, melhores do que sentimos, mais nobres do que somos. O amor faz com que possamos perceber a vida como um todo. Pelo amor, e tão somente pelo amor, podemos compreender os outros tanto no âmbito real como no ideal de suas relações. Apenas o que é bom, concebido de uma forma boa, pode sentir o que é o amor. Do contrário, tudo serve de alimento ao ódio. Não houve um só copo de champanhe no qual você tenha bebido nem uma louça refinada com a qual você tenha comido por todos esses anos que tenha deixado de alimentar o seu ódio, engordando-o. E então, como gratificação, você jogou com a minha vida do mesmo modo que jogou com o meu dinheiro: sem nenhum cuidado ou preocupação, completamente indiferente às conseqüências. Se perdesse, como você fantasiava, as perdas não seriam suas. Se ganhasse, você sabia que lhe pertenceriam a exultação e as vantagens da vitória.

O ódio cega as pessoas e você não era imune a isso. O amor pode ler o que está escrito na mais remota das estrelas, mas o ódio, que tanto o cegou, não lhe permitiu enxergar para além do estreito, murado e murcho jardim de seus desejos mais vulgares. Sua terrível falta de imaginação — verdadeiramente, o defeito mais fatal de seu caráter — era conseqüência direta do ódio que em você habitava. Súbita, secreta e silenciosamente, o ódio corroeu a sua natureza como o líquen que ataca as raízes de um salgueiro, até o ponto de você não conseguir ver mais nada além de seus miseráveis interesses ou de seus objetivos mesquinhos. Seu talento, em vez de nutrir-se com o Amor, foi envenenado e paralisado pelo ódio. O primeiro ataque de seu pai contra mim deu-se por meio de uma carta particular que lhe foi reservadamente enviada, tal como uma correspondência de um amigo pessoal. Logo que li as ameaças obscenas e as injúrias grosseiras que estavam nela contidas, percebi de imediato o terrível perigo que iria surgir no horizonte de atribulados dias no futuro. Disse-lhe que não pretendia ficar acuado entre vocês dois, no meio do ódio ancestral que nutriam um pelo outro; que eu, em Londres, representava para ele um passatempo mais interessante que um simples secretário de assuntos estrangeiros em Homburg[74]; que seria injusto para comigo colocar-me nessa posição até mesmo por um minuto; e que eu tinha mais o que fazer do que ficar envolvido nos escândalos de um homem bêbado, *déclassé* e estúpido como ele. O ódio cegou você. Insistia que, de forma alguma, essa disputa me dizia respeito; que você não permitiria a intromissão de seu pai em suas amizades pessoais; que seria muito injusto de minha parte interferir. Antes de conversarmos sobre o assunto, você já havia respondido a seu pai com um telegrama tolo e vulgar. Isto, é claro, compeliu-o a seguir o caminho onde só havia atitudes tolas e vulgares. Os erros fatais cometidos nessa vida não são atributos de um ser irracional — na verdade, um rompante de irracionalidade pode ser o momento de glória de alguns —, mas sim atributos do homem, um ser lógico. Há uma enorme diferença. Aquele telegrama restringiu totalmente as suas relações com seu pai e, por conseqüência, também restringiu a minha vida como um todo. E a coisa mais grotesca de sua atitude foi que aquele telegrama teria deixado envergonhado até o mais vulgar dos garotos de rua. Dos telegramas ousados para as pedantes cartas de advogados, foi a evolução natural das coisas. E, obviamente, o resultado dessa sua correspondência foi um impulso que levou seu pai ainda mais longe. Você o deixou sem nenhuma alternativa. Para que suas pretensões surtissem mais efeito, impeliu-o até que a situação toda se transformasse num ponto de honra, ou melhor, de desonra. Sendo assim, quando

---

74) Em 1893, o filho mais velho de Queensberry, secretário particular de Lord Rosebery (secretário de assuntos exteriores no último mandato de Gladstone), recebeu o título de barão Kelhead na União (todos os títulos dos Queensberry eram escoceses). Queensberry aprovou o fato e escreveu a Gladstone em agradecimento. Contudo, um mês depois, o Marquês começou a escrever cartas abusivas à Rainha, a Gladstone, Rosebery e a seu próprio filho. Chegou a seguir seu filho até Homburg, ameaçando chicoteá-lo, sendo dissuadido dessa idéia apenas com a intervenção do Príncipe de Gales.

ele lança seus ataques seguintes contra mim, não mais o faz reservadamente por meio de uma carta privada, nem tampouco se comporta como um amigo pessoal. Desta vez, ele age publicamente e na qualidade de homem público. Tenho de expulsá-lo de minha casa. Ele sai a minha procura de restaurante em restaurante com o intuito de insultar-me diante do mundo inteiro de tal modo, que, se eu fizesse qualquer tipo de retaliação, estaria arruinado e, por outro lado, também seria a minha ruína se deixasse de fazê-lo. Não seria *este* o momento correto para *você* sair em minha defesa dizendo que não me exporia a ataques tão asquerosos nem a tão infame perseguição e que você, de imediato e por livre iniciativa, estaria disposto a renunciar a qualquer pretensão que pudesse ter em relação a minha amizade? Imagino que hoje você seja capaz de perceber, mas, naquela ocasião, isso nem passou pela sua cabeça. O ódio o cegou. Tudo em que você conseguiu pensar (além, é claro, de enviar para seu pai cartas e telegramas cheios de insultos) foi em comprar aquela pistola ridícula que você disparou dentro do Berkeley sob circunstâncias que acarretaram o pior escândalo que já chegou até os *seus* ouvidos. Na verdade, ser objeto de uma terrível disputa entre o seu pai e um homem em minha posição parecia deliciá-lo. Suponho que isso, naturalmente, foi ótimo para a sua vaidade e inflou sua autoestima. Que seu pai ficasse com o seu corpo — algo que não me interessava — e deixasse comigo a sua alma — algo que para ele não tinha o menor interesse. Mas, para você, seria extremamente desolador solucionar a questão dessa maneira. Você sentiu no ar o cheiro de um escândalo público e lançou-se em sua direção. A expectativa de uma batalha na qual você permaneceria são e salvo lhe causava imenso prazer. Recordo-me de nunca o ter visto com tamanho bom humor como o que você ostentou pelo resto daquela temporada. Seu único desapontamento parecia ser o fato de que nada realmente acontecia, que não mais se promoveu nenhum outro encontro e que não houve lugar para outro entrevero entre nós. Consolava-se, então, enviando a seu pai telegramas de natureza tão odiosa, que o pobre homem escreveu-lhe dizendo que havia dado ordens a seus empregados para não lhe entregarem, sob qualquer pretexto, nenhum telegrama que fosse. Isto não o desanimou. Você percebeu as inúmeras possibilidades oferecidas pelos cartões postais e utilizou-se delas amplamente. Perseguiu-o ainda mais com sua caçada. Não imagino que ele tivesse realmente se entregado. Os instintos familiares tinham uma forte presença nele. O ódio que ele sentia por você era tão persistente quanto o seu ódio por ele e

A prisão de Oscar Wilde, desenho extraído do The Illustrated Police News.

eu era o cavalo de batalha de ambos — um modo de atacarem e uma maneira de se protegerem. A obsessão de seu pai por notoriedade não era apenas individual, era racial. E, ainda que ele tivesse enfraquecido o interesse por mim, as cartas e postais que você lhe enviava logo teriam reavivado a chama ancestral. E o fizeram. Como era de se esperar, seu pai foi ainda mais longe. Tendo já investido contra mim pessoalmente como cidadão e em minha privacidade e também como um homem público e em sociedade, ele ficou determinado a empreender seu último e grande ataque atingindo-me como artista e no local onde minha Arte estava sendo representada. Usando de fraude, assegurou-se de um assento na noite de estréia de uma de minhas peças e tramou um ardil para interromper a apresentação: falaria para a platéia sobre mim, insultaria meus atores e lançaria projéteis indecentes ou ofensivos sobre mim quando fosse chamado diante da cortina fechada, arruinando completamente a minha carreira. Por mero acaso, num rompante acidental de sinceridade acompanhado pelo estado usual de embriaguez, ele jactava-se de suas intenções na frente de outras pessoas. A informação foi transmitida à policia e ele mantido fora do teatro. Você teve a sua chance então. Aquela foi a sua oportunidade. Você não percebe agora o que deveria ter percebido naquela época? Que na ocasião você deveria ter-se apressado em dizer que não permitiria, a qualquer custo, que minha Arte fosse arruinada por sua causa? Você sabia o que a minha Arte significava para mim. Era o grande traço primordial pelo qual eu me revelara a mim mesmo e que, depois, me revelou ao mundo; a verdadeira paixão da minha vida; o amor que fazia com que todos os outros amores transformassem-se em água barrenta diante do vinho ou um vaga-lume que vive no pântano diante do mágico reflexo da lua. Você não consegue agora compreender por que a sua falta de imaginação era verdadeiramente o defeito mais fatídico de sua personalidade? O que você deveria ter feito era muito simples e estava bem diante de você. Contudo, o ódio o cegara e você não conseguia ver nada. Não poderia desculpar-me com seu pai por ele ter-me insultado e perseguido, das mais repugnantes maneiras, por volta de nove meses. Não conseguia banir você da minha vida, por mais que tenha tentado por vezes e vezes sem fim. Cheguei ao ponto de sair da Inglaterra e ir para o exterior com a esperança de escapar de você. Foi tudo inútil. Você era a única pessoa que podia ter feito alguma coisa. A chave da questão encontrava-se depositada em suas mãos. Era a sua grande chance de dar-me um pequeno retorno de todo amor e afeição, todo cuidado, gentileza e generosidade que eu lhe dediquei. Se você apreciasse apenas dez por cento do meu valor como artista, teria tomado uma atitude. Mas o ódio o cegara. A capacidade "pela qual, e pela qual somente, podemos compreender os outros tanto no âmbito real como no ideal de suas relações"[75] estava morta em você. A única coisa em que se concentrava era em mandar seu pai para a prisão,

---

75) Wilde coloca entre aspas uma frase da página 26 do *De Profundis*.

"para vê-lo no estaleiro" — como você costumava dizer. Esta era a sua única idéia. A frase tornou-se um dos muitos bordões dos quais você utilizava-se em suas conversas diárias e que podiam ser ouvidos em todas as refeições. Bem, seus anseios foram realizados. O ódio, que lhe concedeu cada mínima coisa que desejou, para você, foi um amo indulgente. Na verdade, ele sempre é indulgente com aqueles que o servem. Por dois dias, sentado no acento mais alto ao lado dos juizes, você regozijou seus olhos com o espetáculo de ver seu pai sentado no banco dos réus da Corte Criminal Central. No terceiro dia, eu tomei o lugar dele. O que aconteceu? Juntos, você e ele, naquele medonho jogo de ódio que disputavam, lançaram seus dados pela minha alma, e você foi o perdedor. Isto é tudo.

Tive que lhe descrever a sua vida para que você pudesse agora tentar compreendê-la. Conhecemo-nos por mais de quatro anos. Metade desse tempo passamos juntos, a outra metade fui obrigado a passar na prisão como conseqüência de nossa amizade. Não sei onde você estará ao receber essa carta — se é que de fato vai recebê-la. Roma, Nápoles, Paris, Veneza ou outra linda cidade à beira mar ou às margens de um rio. Tenho certeza de que estará cercado, não com todo aquele luxo desproposital que tinha a meu lado, mas de qualquer forma terá à sua volta tudo aquilo que agrada aos olhos, aos ouvidos e ao paladar. A vida têm sido fascinante para você. E ainda, se for esperto e desejar encontrar uma vida ainda mais fascinante e bem diferente da que tem agora, você permitirá que a leitura desta carta terrível — sei quão terrível ela é — venha a ser o momento crítico e decisivo de sua vida, do mesmo modo que a escrever foi importante para mim. Sua pele alva ruborizava-se com facilidade com o vinho ou com o prazer. Será muito melhor para você se, ao ler algumas das passagens do que está escrito aqui, a vergonha venha a lhe queimar com o calor de uma fornalha. A superficialidade é o supremo dos vícios. A retidão faz parte de tudo aquilo que é compreendido.

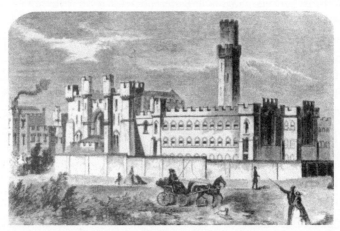

A prisão de Holloway, em Londres.

Chegamos agora na parte da Casa de Detenção, não é? Depois de passar uma noite numa cela de delegacia, fui enviado para lá em um camburão. Você estava extremamente atencioso e gentil. Quase todas as tardes — se é que não foram todas — antes de partir para o exterior, você se dava ao trabalho de ir até Holloway para me ver. Também costumava escrever-me cartas muito singelas e bonitas. Contudo, nunca lhe passou pela cabeça que não foi o seu pai o causador de minha prisão. Do princípio ao fim, o responsável sempre foi você. Foi por seu intermédio, por você e graças a você que eu estava ali. Nem mesmo o espetáculo de eu estar atrás das grades de uma cela de madeira conseguiu despertar aquela sua inerte imaginação. Você tinha a simpatia e o sentimentalismo próprios de um espectador que assiste a uma peça comovente. Nunca lhe ocorreu que você era o autor daquela tragédia horrorosa. Percebi, então, que você não tinha a menor consciência do que havia feito. Não gostaria de ser aquele a dizer o que sua consciência devia ter-lhe dito, o que, de fato, teria acontecido caso você não tivesse endurecido seu coração com a insensatez do seu ódio. Tudo deve aflorar de nossa própria essência. Não faz sentido falar para alguém algo que ele não sente ou não pode compreender. Só escrevo-lhe agora pela necessidade imposta pelo seu silêncio e pela sua própria conduta durante meu longo aprisionamento. Além disso, quando as coisas vieram à tona, tudo se abateu exclusivamente sobre mim. Isto me foi motivo de contentamento. Satisfiz-me em sofrer por várias razões, muito embora, sob o meu ponto de vista, a sua completa e obstinada cegueira sempre me pareceu desprezível. Lembro-me de você todo orgulhoso escrevendo uma carta sobre mim para ser publicada num jornaleco barato. Realmente era uma carta muito prudente e moderada, não obstante um verdadeiro lugar comum. Você apelava para "a noção inglesa de jogo limpo" ou qualquer coisa enfadonha desse tipo em defesa de "um homem que estava por baixo". Era o tipo de carta que você poderia ter escrito motivado por uma dolorosa acusação lançada contra alguma pessoa respeitável com a qual você tivesse-se relacionado rapidamente. Mas você acreditava que aquela era uma carta maravilhosa. Você a admirava como se esta fosse a prova de um tipo de cavalheirismo quixotesco. Tomei conhecimento de que você escreveu outras cartas para outros jornais que não foram publicadas. Tais cartas foram escritas apenas para expressar o seu ódio por seu pai, coisa que não tem o dom de despertar o menor interesse. Um dia você vai aprender que o ódio, intelectualmente, é considerado uma Negação Eterna e, sob o ponto de vista emocional, é uma forma de atrofia capaz de exterminar tudo por si só. A atitude de alguém que escreve para os jornais dizendo que odeia uma outra pessoa é eqüivalente ao ato de alguém que pretende confessar publicamente ser possuidor de enfermidade secreta e vergonhosa. O fato da pessoa odiada ser o seu próprio pai e de que esse é um sentimento absolutamente recíproco não transforma, de jeito nenhum, o seu ódio em algo nobre ou interessante. Simplesmente, a única coisa que isso vem demonstrar é a existência de uma doença hereditária.

Devo lembrar-me novamente de quando minha casa foi executada, meus livros e minha mobília foram avaliados e postos a venda e a falência era iminente. Naturalmente, escrevi-lhe sobre isso, só não mencionei que o juiz havia entrado naquela casa, lugar no qual você tantas vezes jantou, com o intuito de quitar alguns dos presentes que dei a você. Pensei, correta ou erroneamente, que tal notícia iria fazê-lo sofrer um pouco. Ative-me tão somente aos fatos acreditando que você deveria saber dos detalhes. Você, então, respondeu-me de Bolonha enviando-me algumas linhas de uma exultação quase lírica. Disse-me que seu pai estava "urgentemente precisando de dinheiro", que ele havia sido obrigado a levantar a quantia de 1.500 libras para as despesas do julgamento e que o advento de minha falência era um "golpe fantástico" contra ele, já que ele não iria poder tirar nenhum dinheiro de mim! Você consegue perceber agora como até que ponto o ódio pode cegar alguém? Consegue reconhecer agora que, ao descrever essa atrofia que destrói a tudo por si mesma, eu estava fazendo uma descrição científica de um fato psicológico real? Todas os meus encantadores pertences estavam para ser vendidos: meus desenhos de Burne-Jones; minhas gravuras de Whistler; meu Monticelli; meu Simeon Solomons; minha porcelana; minha biblioteca com a coleção das primeiras obras editadas por quase todos os poetas de meu tempo — de Hugo a Whitman, de Swinburne a Mallarmé, de Morris a Verlaine —, com as suas edições maravilhosamente encadernadas das obras de meu pai e de minha mãe, com a sua fabulosa série de premiações do colégio e da universidade, com as suas *éditions de luxe* e tudo mais. Eu não significava absolutamente nada para você. A única coisa que você foi capaz de me dizer é que tudo isso era muito enfadonho, nada mais. Você realmente só conseguia vislumbrar a possibilidade de seu pai vir a perder algumas poucas centenas de libras. Tal mesquinha suposição enchia-lhe de uma alegria extasiante. Talvez você tenha interesse em saber o que foi que seu pai costumava dizer abertamente no Orleans Club sobre as custas do julgamento. Disse que, mesmo que tivesse gasto a quantia de 20.000 libras, ele consideraria esse um dinheiro bem empregado graças ao deleite e o triunfo que ele obteve com toda a situação: não apenas me havia mandado para a prisão por dois anos, mas ainda havia conseguido tirar-me de lá por uma tarde para provocar a minha falência publicamente. Este foi um requinte a mais de prazer pelo qual ele não esperava. Foi a coroação de minha humilhação e a mais completa vitória dele. Sei perfeitamente que, caso seu pai não tivesse feito nenhum pedido de ressarcimento de suas custas no processo, você teria sido — tanto o quanto lhe permitiriam as palavras — totalmente solidário a mim com referência à perda de minha biblioteca, uma perda irreparável para um homem de letras e, de todas as minhas perdas materiais, aquela que mais me afligia. Talvez, ao lembrar das somas de dinheiro que eu generosamente esbanjei com você e de como você viveu vários anos às minhas custas, você tivesse-se dado ao incômodo de comprar alguns dos meus livros de volta para mim. Os melhores deles foram vendidos por menos de 150 libras — quase o que eu teria gasto com você, corriqueiramente, em uma semana. Mas o pequeno e medíocre prazer de pensar que o seu pai iria ser privado de uns poucos *pence* fazia com que você esquecesse-se de tentar recompensar-me um pouco. Quão insignificante, quão fácil, quão pouco dispendiosa, quão óbvia e quão enormemente bem-vinda teria sido para mim essa sua atitude. Estarei eu certo ao dizer que o ódio cega as pessoas? Você pode perceber isso agora? Se não pode, tente percebê-lo.

Não preciso dizer-lhe que, como hoje, naquela ocasião eu já sabia disso muito claramente. Porém, eu disse a mim mesmo: *"A todo custo devo manter o amor em meu coração. Se eu for para a prisão sem amor, o que será de minha alma?"*. As cartas que lhe escrevi quando estava em Holloway faziam parte de meus esforços para manter o amor como porção predominante de minha natureza. Se quisesse, poderia tê-lo magoado muito, lançando-lhe várias recriminações amargas. Podia tê-lo dilacerado com maledicências. Poderia tê-lo colocado frente a um espelho para que pudesse ver-se. A imagem seria de tal tipo, que você só reconheceria a si próprio ao perceber que seu reflexo imitava os seus gestos de horror. Só assim você saberia a quem pertenciam aquelas formas e sentiria ódio por si mesmo do mesmo modo que desprezava a visão daquela imagem. E ainda há mais uma coisa a ser dita: foram-me creditados os pecados de outra pessoa. Se eu quisesse, em ambos os julgamentos, poderia ter-me salvado — não da vergonha, é claro, mas do aprisionamento. Podia ter demonstrado que as testemunhas da Coroa — as três mais importantes — foram minuciosamente treinadas por seu pai e seus advogados, tanto nas reticências como nas asserções, com o intuito de transferir para mim em sua totalidade — de uma forma deliberada, tramada e ensaiada — os atos e ações de uma outra pessoa. Teria conseguido, então, desqualificar cada uma delas e de modo ainda mais sumário do que aconteceu com Atkins[76], aquele perjuro miserável. Poderia ter deixado a Corte tagarelando e com as mãos nos bolsos, na condição de um homem livre. Sofri a mais forte das pressões para fazê-lo. Prudentemente, algumas pessoas pensando única e exclusivamente no meu bem-estar e no bem-estar do meu lar aconselharam-me, imploraram-me e suplicaram-me para fazê-lo. Mas eu recusei. Não escolhi tomar essa atitude. Nunca me arrependi de minha decisão nem por um minuto, nem mesmo nos momentos mais dolorosos de meu aprisionamento. É claro que as conseqüências dessa ação teriam-me favorecido. Mas os pecados da carne não são nada, não passam de moléstias a serem curadas por um médico — se é que devem ser curadas. Já os pecados da alma são

---

76) Frederick Atkins foi testemunha da Coroa no primeiro julgamento de Wilde. Ele cometeu um perjúrio tão flagrante, que o juíz o descreveu como "a mais inconseqüente, desacreditada, inescrupulosa e mentirosa das testemunhas". Wilde, que admitiu ter levado Atkins em uma viagem a Paris, foi absolvido das acusações referentes a essa testemunha.

vergonhosos. Assegurar a minha absolvição por esses meios teria transformado a vida numa imensa tortura para mim.

Você realmente acredita que era merecedor do amor que eu lhe dedicava naquela ocasião ou que por um segundo que fosse eu cheguei a pensar que você o era? Ao considerar um período qualquer de nossa amizade, você realmente acha que merecia o amor que eu lhe dediquei? Eu sabia que você não o merecia, porém, o amor não trafega por mercados nem se utiliza de formas de barganha. O amor é uma alegria e, assim como a alegria do intelecto, foi feito para ser sentido em sua existência. O objetivo do amor é amar, nem mais, nem menos. E você foi meu inimigo, um tipo de inimigo que nenhum outro homem já teve. Dei-lhe a minha vida e você a jogou fora para saciar o seu ódio, a sua vaidade e a sua cobiça — três das piores, mais degradantes e desprezíveis das paixões humanas. Em menos de três anos, você conseguiu arruinar-me completamente, sob todos os pontos de vista. Para o meu próprio bem, não havia nada que eu pudesse fazer a não ser amá-lo. Sabia que, se me permitisse odiá-lo por essa jornada árida da existência que tive de percorrer — e pela qual ainda percorro —, cada pedra perderia sua sombra, cada palmeira estaria seca, cada nascente ou cada veio de água estariam envenenados em sua fonte. Você agora está conseguindo compreender um pouco as coisas? A sua imaginação estaria despertando da longa letargia na qual se encontrava até então? Você já tem conhecimento do que é o ódio. Estaria começando a florescer em você a noção da verdadeira natureza do amor? Não é tarde para você aprender, muito embora eu tenha que ter ido parar numa cela de condenado para ensinar-lhe.

Depois da minha terrível sentença, ao vestir o uniforme de presidiário e ao ver que os portões da prisão encontravam-se fechados, vi-me cercado pela ruína daquilo que fora a minha vida maravilhosa, esmagado pela angústia, desnorteado pelo terror e envolvido pela dor. Mas eu não iria odiá-lo. Todos os dias eu dizia a mim mesmo: *"Hoje devo manter o amor em meu coração, senão como poderei atravessar esse dia de provação?"*. Lembrava a mim mesmo que você nunca quis ser mau, muito menos para comigo. Forçava-me a pensar que você foi um arqueiro escolhido pelo acaso para lançar a flecha que perfurou o Rei penetrando pelas juntas de sua armadura. Fazê-lo confrontar-se com o menor de meus sofrimentos ou com a mais insignificante de minhas perdas teria sido — eu acreditava — injusto. Determinei que eu levaria em consideração que você deveria estar sofrendo também. Obriguei-me a acreditar que haviam finalmente caído os véus que deixaram os seus olhos por tanto tempo obliterados. Com grande pesar, costumava imaginar o horror que você devia estar sentindo ao contemplar o seu terrível trabalho. Havia ocasiões, mesmo nos dias mais obscuros de minha vida, em que eu ansiava por consolá-lo, tão certo que eu estava de que você tinha finalmente se conscientizado de todos os seus atos.

Não me havia ocorrido até então que você poderia ser portador do maior dos vícios: a futilidade. Verdadeiramente, na primeira oportunidade de receber correspondência, foi-me por demais pesaroso ter de informar-lhe que eu me via obrigado a reservar uma carta para tratar de assuntos familiares — meu cunhado havia-me escrito dizendo que, se eu escrevesse pelo menos uma vez para minha mulher, para meu próprio bem e para o bem de nossas crianças, ela não daria andamento à ação de divórcio. Senti que era meu dever fazê-lo. Deixando de lado quaisquer outros motivos, eu não poderia suportar a idéia de ver-me separado de Cyril, aquela minha linda, carinhosa e adorável criança, o maior de meus amigos, a melhor de minhas companhias. Um único fio de cabelo daquela cabecinha dourada deveria me ser mais querido e mais valioso do que, não direi somente você, dos pés a cabeça, mas toda a crisólita do mundo inteiro. De fato, para mim, sempre foi assim, muito embora eu tenha falhado e compreendido isto tarde demais.

Cyril Wilde (1885-1916), em foto de 1893.

Duas semanas depois de seu requerimento, recebi notícias suas por meio da visita de Robert Sherard, o mais galante e fidalgo dos seres. Entre outras coisas, ele me disse que você estava prestes a publicar um artigo sobre mim, anexando alguns trechos de minhas cartas, naquele ridículo *Mercure de France*, publicação cuja absurda pretensão era ser o verdadeiro centro da corrupção literária. Perguntou-me, então, se eu realmente concordava com isso. Extremamente surpreso e por demais irritado, dei ordens expressas para que essa coisa parasse imediatamente. Você tinha largado minhas cartas para que seus amiguinhos chantagistas as furtassem, para que serventes de hotéis as surrupiassem e para que empregadas as vendessem. Sabia que este era o cuidado que você dispensava para aquilo que lhe escrevia, mas era quase inacreditável saber que você considerou seriamente a possibilidade de publicar uma seleção de minha correspondência pessoal a você. E quais cartas seriam? Não pude obter nenhuma informação e isto muito me desagradou.

Uma segunda leva de notícias veio logo a seguir. Os advogados de seu pai apareceram na prisão e comunicaram-me pessoalmente a decretação de minha falência pelo débito de 700 libras, quantia referente a seus honorários. Foi adjudicada minha insolvência pública e ordenado que eu me apresentasse à Corte. Tinha a firme convicção e ainda a tenho — voltarei depois a tocar nesse assunto — de que a sua família deveria ter pago essas custas. Você, pessoalmente, assumiu a responsabilidade de que sua família o faria. Só por causa dessa declaração que o advogado aceitou o caso. Você era absolutamente responsável. Mesmo desconsiderando o seu envolvimento com os interesses de seus familiares, você deveria ter-se dado conta de que havia arruinado completamente a minha vida. O mínimo que você deveria ter feito era poupar-me da ignomínia da falência, ainda mais por uma quantia tão modesta de dinheiro — menos da metade do que eu havia gasto com você naqueles três meses de verão em Goring. Não falarei mais disso por enquanto. Devo honestamente dizer que eu recebi, por intermédio de um funcionário do advogado, uma mensagem sua sobre esse assunto, ou melhor, ligada com essa ocasião. Um dia, vindo para receber meus depoimentos e declarações, tal funcionário debruçou-se sobre a mesa — diante do guarda da prisão —, consultou um pedaço de papel que retirou de seu bolso e disse bem baixinho: "O príncipe Flor-de-Lis envia-lhe lembranças". Fiquei perplexo olhando para ele que me repetiu novamente a mensagem. Não entendia o que ele queria dizer. "O cavalheiro está no exterior no momento", acrescentou misteriosamente. Tive, então, um lampejo e lembro-me de que ri, pela primeira e última vez em minha vida no cárcere. Naquele riso estava contido todo o escárnio do mundo inteiro. Príncipe Flor-de-Lis! Percebi — e os eventos subsequentes mostraram-me que eu estava certo — que nada do que aconteceu fez você mudar. Aos seus olhos, você continuava sendo o príncipe de uma comédia trivial, nem de longe a sombra de uma figura de tragédia. Para você, todo o ocorrido era apenas uma coroa de louros que enfeitava uma cabeça obtusa, uma flor que ornava o gibão que esconde um coração aquecido pelo ódio — pelo ódio somente — e onde o amor — tão somente o amor — encontra-se arrefecido. Príncipe Flor-de-Lis! Você, certamente, estava corretíssimo em se comunicar comigo por meio de um pseudônimo. Eu mesmo, na ocasião, não tinha de fato um nome. Na grande prisão que me encontrava encarcerado, eu era apenas a letra e os algarismos de uma pequena cela num longo corredor, um dentre milhares de números inanimados, um dentre milhares de vidas inertes. Não obstante, não haveria muitos outros nomes retirados de nossa história que melhor teriam combinado com você, os quais eu não teria a menor dificuldade em reconhecê-lo prontamente? Não procurava por você atrás do brilho de uma máscara adornada por lantejoulas, peça que só poderia ser usada num divertido baile a fantasias. Ah! Se sua alma tivesse sido tomada pela tristeza — o que deveria ter acontecido para o seu próprio aperfeiçoamento pessoal —, curvada pelo remorso e humilhada pelo desgosto, este não seria o disfarce a ser escolhido para se adentrar nas sombras da Casa da Dor! As coisas grandiosas da vida são o que parecem ser e, por esse motivo, tão estranho quanto lhe possa ser, são freqüentemente difíceis de se interpretar. Mas as pequenas coisas da vida são simbólicas e é por meio delas que recebemos mais facilmente as nossas lições mais amargas. Aparentemente, sua escolha casual de um nome falso foi, e sempre será, simbólica. Ela revela a sua essência.

Seis semanas depois, chega um terceiro lote de notícias. Sou retirado do Hospital Ward, onde me encontrava terrivelmente doente, para receber, por meio do diretor da prisão, uma mensagem especial vinda de você. Ele me leu uma carta que fora endereçada a ele, na qual você explicitava a sua intenção de publicar um artigo "sobre o caso de Mr. Oscar Wilde" no *Mercure de France* ("uma revista", você acrescentou por algum motivo especial, "correspondente a nossa publicação inglesa *Fortnightly Review*") e que estava ansioso por obter minha permissão para publicar os extratos selecionados de algumas cartas. Mas que cartas? As cartas que lhe havia escrito da Prisão de Holloway! As cartas que deveriam ser para você, acima de tudo, as coisas mais sagradas e secretas do mundo! Essas eram as cartas que você se propunha a publicar para que os embotados *décadents* as admirassem, para que os gananciosos *feuilletonistes* as narrassem, para que os leõezinhos do Quartier Latin ficassem boquiabertos as declamando. Caso não houvesse nada em seu coração que o levasse a protestar contra um sacrilégio tão vulgar, você deveria pelo menos ter-se lembrado do soneto que escrevi, acometido por uma enorme tristeza e por grande desprezo, ao ver as cartas de John Keats serem vendidas em um leilão público em Londres. Deveria ter compreendido ao menos o significado de minhas palavras

> *Acredito que não amam a Arte*
> *Aqueles que quebram o coração de cristal de um poeta*
> *Para que pequenos olhos doentios possam deslumbrar ou tripudiar*[77]

O que você pretendia mostrar com seu artigo? Que eu tinha gostado profundamente de você? O *gamin* parisiense estava perfeitamente ciente desse fato. Todos leram os jornais e a maioria, inclusive, escrevia para eles.

Que eu era um homem talentoso? Os franceses sabiam disso e conheciam a peculiaridade de meu talento muito mais do que você um dia ousou ou pretendeu fazê-lo.

Que ao lado da genialidade freqüentemente caminha uma curiosa perversão das paixões e dos desejos? Admirável, mas esse tema pertence mais a Lombroso que a você. Além disso, o fenômeno patológico em questão também pode ser encontrado entre aqueles que não possuem nenhuma genialidade.

---

77) "I think they love not Art / Who break the crystal of a poet's heart / That small and sickly eyes may glare or gloat." As linhas finais do oitavo soneto de Wilde "On the Sale by Auction of Keats's Love Letters".

Que, em meio ao seu ódio por seu pai, eu fui arma e escudo para vocês dois? E mais ainda, que, durante a pavorosa caçada que se deu pela minha vida — iniciada quando a guerra entre vocês havia acabado —, seu pai nunca teria conseguido atingir-me caso eu não estivesse já enredado pelas suas armadilhas? Muito bem, mas fui informado que Henri Bauër já o fez e extremamente bem. Ademais, para corroborar com o ponto de vista de Bauër — se é que esta era a sua intenção —, você não deveria querer publicar as minhas cartas, muito menos aquelas que lhe foram escritas da Prisão Holloway.

Você poderia dizer em resposta às minhas perguntas que, em uma de minhas carta escritas em Holloway, eu mesmo pedi que você tentasse, o mais que lhe fosse possível, reabilitar-me com uma pequena parcela do mundo? Certamente o pedi. Lembre-se das circunstâncias e dos motivos pelos quais eu estou aqui nesse momento. Você pensa por acaso que eu estou aqui pagando pelo meu envolvimento com as testemunhas do meu julgamento? Meus relacionamentos, reais ou imaginários, com aquele tipo de pessoas não interessavam nem ao governo, nem à sociedade. Ninguém sabia nada sobre eles, nem tampouco com eles se preocupavam. Estou aqui por ter tentado colocar o seu pai na prisão. Foi uma tentativa fracassada, é claro. Meu próprio advogado renunciou àqueles depoimentos. Seu pai inverteu completamente o jogo e conseguiu ver-me na prisão onde estou desde então. Este é o motivo pelo qual sou desprezado. É por isso que as pessoas me menosprezam. É por isso que eu tenho de cumprir todos os dias, todas as horas, todos os minutos do meu pavoroso encarceramento. Esse é o motivo pelo qual minhas petições são recusadas.

Você era a única pessoa que não correria riscos de se submeter ao escárnio, ao perigo ou à vergonha, caso tivesse trazido novas cores aos fatos, caso tivesse trazido à luz uma outra faceta de todo o episódio, caso tivesse mostrado a dimensão que as coisas tomaram. Com certeza, não poderia esperar — e de fato, não desejaria — que você expusesse as circunstâncias e os motivos pelos quais você foi implorar por minha ajuda quando se encontrava metido numa enrascada em Oxford, nem como e com quais propósitos — se é que você tinha algum — você sempre se manteve ao meu lado pelos três anos subseqüentes. Minhas incessantes tentativas de terminar com uma amizade que era tão nefasta para mim como artista, como homem de minha posição e, até mesmo, como membro da sociedade não precisavam ser relatadas com a acuidade com que aqui foram descritas. Tão pouco gostaria que você tivesse descrito os escândalos que você costumava fazer quando havia uma certa monotonia recorrente, nem publicado a fantástica série de telegramas — uma estranha mistura de romance com finanças

— que você havia-me enviado. Muito menos gostaria de ver citadas algumas das passagens mais desumanas ou revoltantes de suas cartas, como fui obrigado a fazê-lo. Ainda assim, eu pensei que teria sido bom, tanto para mim quanto para você, se você tivesse protestado contra a versão de nossa amizade que foi dada por seu pai

— algo tão grotesco quanto peçonhento, tão absurdo nas referências feitas a você quanto desonroso quando se referia a mim. Esta foi a versão que de fato entrou para a História, é o que é citado, acreditado e relatado. O pregador a insere em seu texto, o moralista a utiliza como mais um de seus temas infecundos. E eu, aquele que encantei todas as idades, tive de aceitar o meu veredicto de alguém que não passa de um símio bufão. Já lhe falei nessa carta — e devo admitir-lhe que o fiz com uma certa amargura — sobre a ironia das coisas: seu pai ficaria vivo para ser o herói das escolas dominicais, você estaria lado a lado com o infante Samuel e eu tomaria meu lugar junto a Gilles de Retz e o Marquês de Sade. Eu ousaria dizer que é melhor que seja assim. Não tenho nenhuma intenção de reclamar. Uma das lições que aprendemos na prisão é que as coisas são o que são e que elas serão o que têm de ser. Além disso, não tenho a menor dúvida de que o libertino medieval e o autor de *Justine* demonstraram ser melhor companhia do que Sandford e Merton.[78]

A prisão de Reading, onde Oscar Wilde ficou entre 20 de novembro de 1895 e 19 de maio de 1897.

Pensando em nós dois, escrevi-lhe naquela ocasião acreditando que o melhor a se fazer, a coisa mais apropriada e correta, seria *não* aceitar a responsabilidade assumida por seu pai de edificar o mundo filisteu por meio de seu advogado. Foi por essa razão que eu lhe pedi para escrever algo que se aproximasse mais da verdade. Ao menos, teria sido melhor para você do que ficar escrevendo para os jornais franceses a respeito da vida doméstica de seus pais. Por que iriam os franceses importar-se se o seu pai e a sua mãe tinham ou não uma vida feliz em comum? Não dá para imaginar um assunto mais enfadonho para eles. O que os interessava era saber como um artista de minha distinção, alguém que era a encarnação de uma escola e de um movimento, alguém que exerceu uma notável influência sobre o

---

78) *A história de Sandford e Merton*, um livro para crianças imensamente popular, foi escrito por Thomas Day (1748-89).

pensamento francês, depois de ter levado uma vida como a que eu levei, podia ter sido conduzido a tais acontecimentos. Se você tivesse proposto a publicação em seus artigos das cartas — temo que estas sejam infinitas em seu número — nas quais eu lhe falava sobre a ruína que você estava trazendo para a minha vida, sobre os atos da furiosa loucura que você permitia dominar-lhe — fato que magoava a você e a mim —, ou sobre o meu desejo, mais que isso, sobre a minha determinação em findar uma amizade que de todas as maneiras me era fatal, eu teria entendido — muito embora, não teria permitido que tais cartas fossem publicadas. Quando o advogado de seu pai, ansioso por pegar-me em uma contradição, repentinamente começou a ler uma de minhas cartas — escrita em março de 1893, na qual eu declarava que, melhor que agüentar a repetição daquelas terríveis cenas que pareciam sempre lhe dar um tenebroso prazer, eu preferia prontamente consentir em ser chantageado por "todos os michês de Londres" —, fiquei profundamente angustiado com o fato de que, circunstancialmente, este lado de nossa amizade seria revelado para a apreciação de todos. Contudo, você era tão lerdo para perceber, tão desprovido de sensibilidade e tão parvo para a apreensão daquilo que é raro, delicado e belo, que se propôs a publicar as cartas nas quais e pelas quais eu tentava manter vívidos o espírito e a alma do amor, sentimento que deveria habitar-me durante os longos anos de humilhação de meu corpo. Isto foi e continua sendo para mim uma fonte da mais terrível das dores, da mais pungente das desilusões. Temo saber muito bem quais eram as suas motivações. Se o ódio cegou os seus olhos, a vaidade cerziu suas pálpebras com fios de ferro. A capacidade pela qual "tão somente podemos compreender os outros tanto no âmbito real como no ideal de suas relações" foi obliterada pelo seu egoísmo obtuso, e o seu total desuso a deixou atrofiada. A sua imaginação ficou aprisionada mais tempo do que eu: a Vaidade ergueu as barras das janelas e o carcereiro atendia pelo nome de Ódio.

Tudo isso se deu no começo de novembro do ano retrasado. Um grande rio de vida o separa dessa data tão longínqua. Dificilmente — se é que existe alguma possibilidade —, você é capaz de vislumbrar uma imensidão tão grande. Para mim, porém, tudo parece ter acontecido, não direi ontem, mas sim hoje. O sofrimento é o momento mais longo de alguém. Não podemos dividi-lo em estações, podemos apenas guardar a sua melancolia, o seu relato e o seu retorno. Para quem sofre o tempo não passa, anda em círculos parecendo rodear um ponto central de dor. A imobilidade paralisante de uma vida em que todas as circunstâncias são reguladas por um modelo imutável: comemos, bebemos, andamos, deitamos e rezamos — ou pelo menos nos ajoelhamos para rezar — de acordo com as leis flexíveis de uma fórmula de ferro. Esse caráter estático, ao parecer comunicar-se com aquelas forças externas cuja essência de sua própria existência é a mudança incessante, é que deixa, em seus mínimos detalhes, todos esses dias miseráveis iguais. Do tempo de semear ou de colher, dos ceifeiros no milharal, dos apanhadores de uva caminhando dentre as videiras, da grama do pomar embranquecida pela florada ou salpicada pelas frutas que caem, nada sabemos e nada podemos saber. Para nós só há uma única estação, a estação do pesar. Até o sol e a lua parecem ter sido tirados de nós. Lá fora, o dia pode estar azul e dourado, porém, a luz trêmula que se insinua pelo vidro grosso e embaçado da pequena janela gradeada de ferro sob a qual nos sentamos é cinza e parca. Na cela, estamos sempre na penumbra, como se houvesse sempre o breu da noite em nossos corações. E, na esfera do pensamento, assim como na esfera do tempo, não existe movimento. Algo, há muito esquecido por você, ou uma coisa muito fácil de se esquecer, está acontecendo para mim nesse momento e irá acontecer novamente amanhã. Lembre-se disso e você será capaz de entender um pouco dos meus motivos para escrever-lhe dessa maneira.

Retrato de Lady Wilde e seu obituário.

Uma semana depois, fui transferido para cá. Três meses passaram-se e minha mãe morreu. Você sabia mais que ninguém o quanto eu a amava e a respeitava. A sua morte foi tão terrível para mim, que eu, outrora o senhor do idioma, fiquei sem palavras para expressar minha angústia e minha vergonha. Nunca, nem mesmo nos dias mais perfeitos de meu desenvolvimento artístico, eu conseguiria encontrar as palavras que me fizessem suportar um fardo tão imponente ou ter suficiente desenvoltura poética frente ao cortejo púrpura de meu pesar indescritível. Ela e meu pai legaram-me um nome que tornaram nobre e honrado não apenas na literatura, na arte, na arqueologia e na ciência, mas na história de meu país e no seu desenvolvimento como nação. Eu desgracei eternamente esse nome. Tornei-o objeto da mais reles chacota entre a escória e coloquei-o na lama. Entreguei-o a brutos que o tornaram brutal e a tolos que o transformaram em sinônimo de tolice. O que eu sofri naquela ocasião e ainda venho sofrendo não pode ser colocado no papel. Minha mulher, muito atenciosa e gentil para comigo então, achou que eu não deveria ouvir essa notícia por meio de lábios estranhos ou indiferentes. Assim, doente como estava, viajou de Gênova até a Inglaterra para trazer-me pessoalmente o comunicado de tão irreparável e irremediável perda. Mensagens de condolência chegaram-me de todos aqueles que sentiam afeição por mim. Até mesmo algumas pessoas que não me conheciam pessoalmente, sabendo que essa nova desgraça havia-se abatido sobre a minha vida, escreveram-me para transmitir-me seus votos de pesar. Só você permaneceu alheio, sem escrever-me nada, nem uma mensagem ou uma carta qualquer. Diante de tais atitudes, o melhor a se dizer é o que Virgílio disse para Dante sobre aqueles que são destituídos de impulsos nobres e de profundidade de intenções: "*Non ragioniam di lor, ma guarda, e passa.*"[79]

Sir William e Lady Wilde, caricatura de Harry Furniss (1864).

---

79) "Não devemos falar deles, apenas os olhar e passar." (*Inferno*, iii, 51.)

Mais três meses passaram-se. O calendário de minha conduta e de minhas tarefas diárias que está pendurado na porta de minha cela, com meu nome e sentença inscritos, diz-me que estamos em maio. Meus amigos voltam a me ver. Pergunto, como sempre faço, por você. Sou informado que você está em sua vila em Nápoles preparando um livro de poemas. No encerramento da visita, é mencionado casualmente que você os estaria dedicando a mim. Essa notícia deixou-me completamente nauseado. Não disse nada e voltei silenciosamente para minha cela com meu coração tomado pelo desprezo e pelo desdém. Como você pode sonhar em dedicar-me um livro de poemas sem antes pedir a minha permissão? Sonhar, eu disse? Como você ousou fazer tal coisa? Você me responderia que em meus dias de grandiosidade e fama eu consenti que um de seus primeiros trabalhos me fosse dedicado? Certamente que o fiz, assim como também aceitei a homenagem de alguns outros jovens que se iniciavam na bela e difícil arte da literatura. Toda homenagem é um deleite para um artista, duplamente agradável se vier junto com a juventude. As folhas de louro murcham ao serem apanhadas por mãos idosas. Apenas a juventude detém o direito de coroar um artista e este é o seu verdadeiro privilégio, coisa que os jovens desconhecem. Mas os dias de degradação e infâmia são diferentes daqueles de grandiosidade e fama. Você ainda vai descobrir que a prosperidade, o prazer e o sucesso podem, em seu cerne, ser rudes e vulgares, mas o sofrimento é a mais sensível de todas as coisas criadas. Nada do que é estimulante ao universo do pensamento ou do movimento deixa de vibrar diante da estranha e terrível pulsação do sofrimento. Comparada a ela, a fina e trêmula folha de ouro que indica a direção das forças invisíveis aos olhos pode parecer-nos grosseira. É uma ferida que sangra quando tocada por qualquer mão que não seja a do amor e que voltará a sangrar, mesmo quando não sentir mais dor.

Você pôde escrever para o diretor da prisão de Wandsworth para pedir minha permissão para publicar minhas cartas no *Mercure de France*, "correspondente a nossa publicação inglesa *Fortnightly Review*". Por que não se remeter ao diretor da prisão de Reading para pedir a minha permissão para dedicar-me os seus poemas, qualquer que tenha sido a forma fantástica que você tenha escolhido para descrevê-los? Seria por que, no primeiro caso em questão, havia um fator proibitivo para a publicação daquelas cartas — o direito autoral legalmente me pertencia e você era plenamente ciente disso — e, no segundo caso, você pensou que podia aproveitar-se e fazer as coisas do seu jeito, porque eu não iria ficar sabendo de nada até que fosse tarde demais para uma interferência qualquer? Se você realmente desejava que o meu nome aparecesse na folha de rosto de sua obra, o simples fato de que eu era um homem desgraçado, arruinado e aprisionado deveria tê-lo feito implorar por esse favor, essa honra, esse privilégio. Esse é o caminho que deveria ser escolhido por alguém que se quisesse aproximar de uma pessoa que se encontra imerso na angústia e na vergonha.

Onde há sofrimento, há um solo sagrado. Algum dia, você vai perceber o significado dessas palavras e não saberá nada sobre a vida enquanto não o fizer. Robbie e pessoas de sua índole são capazes de compreender isto. Na Corte de Falência, ao ser levado para a prisão entre dois policiais, Robbie esperou-me naquele longo e horripilante corredor e, diante de toda a multidão, num ato extremamente comovente que emudeceu a todos, ergueu solenemente o seu chapéu para mim enquanto eu, algemado e cabisbaixo, passava por ele. Alguns homens foram para o Paraíso por coisas menores do que essa. Com esse espírito e com essa forma de amor é que os santos ajoelharam-se para lavar os pés dos pobres ou para beijar as faces de um leproso. Nunca mencionei a ele nenhuma palavra a respeito do que ele fez e, até hoje, não sei se ele sabe que eu notei o seu gesto. Esse ato, algo que não pode ser agradecido cerimoniosamente por meio de palavras formais, está guardado como um tesouro na parte mais valiosa de meu coração. Lá ficará guardado como um débito secreto, o qual fico muito feliz em jamais poder recompensar. Está embalsamado e docemente mantido pela mirra e a cássia de muitas lágrimas. Quando a Sabedoria me foi inútil e a Filosofia estéril, quando os provérbios e frases daqueles que procuram consolar-me não passaram de pó e cinzas em minha boca, a memória daquele pequeno e silencioso ato de amor fez com que se abrissem todos os poços de piedade para mim, fez florescer uma rosa no deserto. Tirou-me da amargura de um exílio solitário e colocou-me em harmonia com o grande, ferido e partido coração do mundo. Quando você for capaz de entender — não apenas a dimensão da beleza do gesto de Robbie, mas sim por que este gesto significou e sempre significará muito para mim —, aí, talvez você se dará conta de que forma e com qual estado de espírito você deveria ter-se aproximado de mim para pedir permissão para dedicar-me os seus versos.

É necessário observar que em hipótese alguma eu teria aceitado uma dedicatória sua, até mesmo em outros tempos, quando essa intenção teria me dado uma grande satisfação — possivelmente, a despeito de qualquer sentimento que pudesse ter —, eu teria recusado sua solicitação em consideração a você. O primeiro livro de poemas que um jovem, em meio ao esplendor de sua vida, mostra para o mundo deve ser como o desabrochar de uma flor na primavera, como um espinho branco no prado de Magdalen, como pequenas flores amarelas nos campos de Cumnor. Não deveria ser onerado com o peso de uma terrível e revoltante tragédia, um pavoroso e lastimável escândalo. Se eu permitisse que o meu nome fosse heráldica do livro, teria cometido um erro artístico gravíssimo. Teria permitido que a atmosfera errada envolvesse todo o trabalho, e na arte hoje em dia a atmosfera é muito importante. A vida moderna é complexa e relativa, estas são duas de suas características dissimuladas. Para realizar a primeira, necessitamos de sutileza de nuâncias, de sugestões, de diferentes perspectivas. Para a segunda, necessitamos de pano de fundo. É por isso que a música é uma arte representativa, enquanto que a escultura deixou de sê-lo. Este é motivo pelo qual a literatura é, sempre foi e sempre permanecerá como a mais suprema das artes representativas.

Seu livrinho deveria ter vindo à tona circundado por ares sicilianos e arcadianos, não pelos ares pestilentos de uma corte criminal ou pelo suspiro de uma cela de condenado. A sua proposta de dedicatória não só é de um tremendo mau gosto artístico como também é, sobre outros pontos de vista, completamente inadequada. Pareceria apenas uma continuidade de sua conduta antes e depois de minha prisão. Teria dado às pessoas a impressão de que se tratava de mais uma tentativa de se fazer outra tola bravata. Um exemplo daquele tipo de coragem que é comprada e vendia a preços muito módicos pelas ruas da vergonha. Até onde diz respeito à nossa amizade, Nemesis[80] nos esmagou como moscas. Dedicar-me aqueles versos enquanto eu me encontrava preso teria parecido um esforço muito tolo de se fazer uma réplica inteligente. Era, simplesmente, a realização daquilo que lhe dava, abertamente, o maior orgulho de si mesmo, aquilo que você adorava ostentar naqueles velhos dias: as suas cartas horríveis. Espero sinceramente, para o seu próprio bem, que esses dias nunca mais retornem. Seus escritos não produziram efeitos — creio eu — com a seriedade e a beleza que você desejava. Tivesse você me consultado e eu teria lhe aconselhado a adiar um pouco a publicação de seus versos. Caso isso fosse extremamente desagradável para você, teria lhe dito para publicá-los, inicialmente, como um texto anônimo para depois, ao ter conquistado alguns amantes de sua poesia — a única espécie de amantes que vale a pena conquistar-se —, poder dizer ao mundo: "Estas flores que vocês admiram foram por mim plantadas. E agora eu as ofereço para alguém que vocês consideraram um pária, um marginal. É um tributo àquilo que eu amo, reverencio e admiro nele". Mas você escolheu o método errado e o momento errado. Há que se ter tato tanto no amor como na literatura. E você não teve sensibilidade em ambos os casos.

Estendi-me bastante por esse assunto para que você tivesse uma noção completa da situação, para que pudesse compreender os motivos que me levaram a escrever imediatamente a Robbie expressando todo desprezo e desdém que sentia por você. Então, saberia por que proibi terminantemente a publicação de sua dedicatória e por que pedi a Robbie que tudo o que eu havia escrito a seu respeito fosse cuidadosamente copiado e enviado a você. Achei que finalmente tinha chegado a hora de fazê-lo ver, reconhecer e perceber um pouco do que você havia feito. A cegueira pode ir muito longe, ela transforma o caráter em algo grotesco, totalmente desprovido de imaginação e, se nada for feito para estimulá-lo, deixa-o petrificado por uma insensibilidade absoluta. Assim, enquanto o corpo come, bebe e tem os

---

80) Amada por Zeus, ela personifica a vingança divina que por vezes castiga o crime. Com maior freqüência, representa a força encarregada de abater todas as coisas desmedidas, como o excesso de felicidade de uma pessoa ou o orgulho dos reis. (N.T.)

Lord Alfred Douglas aos vinte e três anos.

seus prazeres, a alma onde habita a cegueira — analogamente à alma de Branca d'Oria em Dante — está completamente morta. Minha carta parece ter chegado na hora exata. Caiu sobre você, como posso avaliar, como um raio. Em sua resposta para Robbie, você descreveu a si mesmo como estando "desprovido de qualquer força de pensamento ou expressão". De fato, aparentemente, você não conseguiu ter condições de pensar em nada melhor do que ir escrever para sua mãe para se queixar. Claro que ela, com aquela cegueira que sempre a impediu de ver o que era realmente bom para você — uma sina doentia para vocês dois —, confortou-lhe de todas as maneiras possíveis. Acredito, então, que, ao acalmá-lo, ela lançou-lhe novamente a sua desprezível e infeliz condição anterior. Até onde me diz respeito, ela fez chegar a meus amigos que ela encontrava-se "muito aborrecida" com a gravidade de minhas referências a você. Na verdade, não foi só a meus amigos que ela confessou seu aborrecimento, mas também a um grande número de pessoas — devo lembrar-lhe enfaticamente — que não são minhas amigas. Agora sou informado por intermédio de canais particularmente favoráveis a você e aos seus que, em conseqüência disso, grande parte da simpatia que estava gradualmente crescendo por mim, devido a meu reconhecido talento e a meu terrível sofrimento, acabou-se por completo. As pessoas estão dizendo "Ah! Primeiro ele tentou mandar o pai para a prisão e falhou. Agora ele volta-se contra o filho inocente, culpando-o por seu fracasso. Quão desprezível ele é! Quão certos estávamos em menosprezá-lo!". Parece-me que, se sua mãe, ao ouvir meu nome ser mencionado em sua presença, só consegue proferir palavras de tristeza ou pesar para arruinar a minha casa, seria melhor ela permanecer calada. Quanto a você — não acha que, em vez de escrever para *ela* queixando-se, teria sido muito melhor para si mesmo, de qualquer forma, ter-*me* escrito diretamente? Ter tido a coragem de me dizer o que você imaginava ou tinha para me dizer? Escrevi-lhe aquela carta há quase um ano. Você não deve estar, por todo esse tempo, "desprovido de qualquer força de pensamento ou expressão". Por que você não me escreveu? Você viu pela minha carta o quanto eu estava magoado, como estava enfurecido por sua conduta. Mais do que isso, você finalmente viu toda a sua amizade comigo exposta diante de seus olhos, com todas as cores e de uma maneira não equivocada. Nos velhos tempos, freqüentemente, eu costumava dizer-lhe que você estava arruinando a minha vida. Você sempre ria. Logo no começo de nossa amizade, Edwin Levy, a quem foi solicitado alguns conselhos e ajuda, observou o modo pelo qual você me fez assumir praticamente todo o aborrecimento e todas as despesas causadas por seu desventurado infortúnio em Oxford — se é que podemos chamá-lo assim. Pelo espaço de uma hora, ele me alertou sobre os perigos de tê-lo conhecido. Você riu quando eu, em Bracknell, lhe descrevi a longa e impressionante entrevista que tive com ele. Até mesmo quando lhe contei o modo pelo qual aquele desafortunado jovem, o último a sentar-se a meu lado no banco dos réus, tinha-me avisado mais de uma vez que você iria mostrar-se o portador da minha mais completa destruição, mais letal do que qualquer outro rapaz com o qual eu tivesse sido tolo o bastante para me relacionar, você riu — muito embora sem nenhuma animação. Quando os mais prudentes ou os menos condescendentes de meus amigos também me alertaram ou me abandonaram graças a minha amizade com você, você riu com desprezo. Na ocasião em que seu pai escreveu a sua primeira carta abusiva contra mim, você riu sem a menor moderação quando lhe falei que eu não passava de um instrumento utilizado para aflorar o mau que cultivavam na horrenda disputa entre vocês. Entretanto, todas as coisas aconteceram do jeito que eu havia previsto e com as piores conseqüências possíveis. Você não tinha nenhuma justificativa para não se aperceber de tudo o que estava acontecendo. Por que não me escreveu? Foi covardia? Foi insensibilidade? Por que foi, então? O fato de eu estar enfurecido com você, expressando-lhe toda a minha ira, era o melhor dos motivos para ter-me escrito. Ao achar minha carta justa, deveria ter escrito. Ao achar nela o menor traço de injustiça, também deveria ter escrito. Eu esperei por uma carta. Tinha certeza que, finalmente, você havia de se dar conta de toda aquela velha afeição, do amor tão alardeado, dos milhares de atos de extrema gentileza que eu dediquei a você, dos seus milhares e impagáveis débitos de gratidão para comigo. E ainda assim, se nada disso significasse alguma coisa para você, o simples senso de dever, o mais estéril de todos os elos entre os homens, deveria tê-lo feito escrever-me. Seriamente, você não poderia usar o argumento de que pensava que eu não poderia receber nada além da correspondência de membros de minha família falando sobre negócios. Você sabia perfeitamente bem que a cada doze semanas Robbie escrevia-me um pequeno resumo das novidades literárias. Nada poderia ser mais encantador em sua graciosidade e em sua suavidade do que a crítica inteligente que estava concentrada naquelas cartas que ele me enviava. Aquelas eram cartas de verdade, pareciam-se com uma conversa entre duas pessoas. Tinham a qualidade de uma *causerie intime* francesa e um jeito delicado de fazer-me deferência, ora atraíam o meu julgamento, ora o meu senso de humor, outras vezes apelavam para o meu instinto para o belo ou para a minha cultura, fazendo-me relembrar das centenas de vezes que eu, de modo perspicaz, fui árbitro em questões de estilo no âmbito artístico — de fato, para alguns, fui a arbitragem suprema. Robbie demonstra que tem tato tanto para o amor quanto para a literatura. Suas cartas eram como pequenos mensageiros que me uniam ao maravilhoso e irreal mundo da arte, um mundo do qual fui rei e que, na verdade, rei teria permanecido, caso não me tivesse deixado atrair por um mundo imperfeito e grosseiro de paixões não consumadas, por um apetite sem distinções, por um desejo sem limite, por uma cobiça desforme. Mas, quando tudo foi dito, certamente você deveria ter sido capaz de compreender, ou melhor, de conceber, de qualquer jeito e por sua própria conta, que, mesmo no âmbito da simples curiosidade psicológica, teria sido mais interessante para mim ouvir de você que Alfred Austin estava tentando publicar um livro de poemas ou que Street estava fazendo críticas sobre dramaturgia no *Daily Chronicle*, ou que, para alguém que não consegue proferir um panegírico sem gaguejar, a senhora Meynell foi proclamada a nova sibila da moda.

Ah! Se *você* tivesse estado na prisão — não diria nem que por uma falha minha, pois isso seria um fato muito terrível para eu suportar, mas por sua própria culpa, por um erro seu, por ter depositado sua fé em algum amigo indigno, por ter deslizado pelo lodo da sensualidade, por ter empregado mal a sua confiança, por ter tido um amor doentio, por nada ou por tudo isso —, você acha que eu teria permitido que você consumisse-se na escuridão e na solidão sem tentar de alguma maneira, mesmo que fosse muito pouco, ajudá-lo a suportar o amargo fardo de sua desgraça? Você não acha que, se você estivesse sofrendo, eu faria com que você soubesse que eu também sofria, que suas lágrimas seriam as minhas lágrimas? Não imagina que, se você tivesse adentrado na casa da escravidão, desprezado por todos, apesar de minha dor, eu teria construído uma casa na qual moraria até a sua chegada — um verdadeiro tesouro para curar-lhe as feridas, onde eu lhe daria, centuplicado, tudo o que os homens haviam-lhe negado? Se uma amarga necessidade ou a prudência — algo ainda mais amargo para mim — tivessem-me impedido de estar com você, tivessem-me privado da alegria de sua presença colocando entre nós as barras de ferro de uma prisão — objetos que dão forma à vergonha —, eu teria lhe escrito com a maior das freqüências, na esperança de que uma frase qualquer, uma única palavra ou algum eco fragmentado do amor pudessem alcançá-lo. Se você se recusasse a receber minhas cartas, escreveria-lhe do mesmo jeito, simplesmente para dar-lhe a certeza de que sempre haveria cartas esperando por você. Muitos fizeram isso por mim. A cada três meses, pessoas me escrevem ou se propõem a fazê-lo. Todas as cartas e mensagens são guardadas e me serão entregues no dia que eu for libertado. Sei que elas estão lá e sei o nome das pessoas que as escreveram. Sei que estão repletas de solidariedade, de afeição e de gentileza. E isto me é suficiente. Não preciso de mais nada. O seu silêncio tem sido horrível. Mais do que o simples silêncio de algumas semanas ou meses, este tem sido um silêncio de anos. Os mesmos anos que são contados até mesmo por pessoas como você, gente que vê o tempo passar rapidamente envolto pela felicidade, gente que quase não percebe o desenrolar de dourados dias e que é livre para poder sair em busca do prazer. É um silêncio sem desculpas, um silêncio sem paliativos. Eu sabia que você tinha pés de barro. Quem melhor poderia sabê-lo? Quando escrevi em um de meus aforismos que era graças aos pés de barro que o ouro de uma imagem tornava-se precioso[81], era em você que eu estava pensando. Mas você não fez de si mesmo uma imagem de ouro edificada sobre pés de barro. Com o pó da estrada que o caminhar de animais chifrudos transformou em lodo, você modelou algo à sua semelhança para me mostrar, de tal forma que, qualquer que fosse o meu desejo secreto, agora me seria impossível ter por você qualquer outro sentimento além do desprezo e do desdém, desprezo e desdém que reservo também a mim mesmo. Deixando de lado quaisquer outros motivos, sua indiferença, sua sabedoria mundana, sua grosseria e sua cautela — ou qualquer outro nome que você queira dar-lhe — têm sido duplamente dolorosas para mim graças às circunstâncias peculiares que acompanharam e que depois se seguiram a minha queda.

Outros homens miseráveis, ao serem lançados na prisão e privados da beleza, em alguma medida, estão protegidos dos ataques da mais mortal das armas do mundo, da mais terrível de suas setas. Podem esconder-se na escuridão de suas celas e transformam num santuário a sua própria desgraça. O mundo, tendo realizado a sua vontade, dá-lhes as costas e deixa-os sofrer sem perturbá-los. Comigo isso não é assim. Sofrimento atrás de sofrimento vem bater às portas da prisão no meu encalço. Os guardas sempre escancaram os portões, deixando-os entrar. Dificilmente, para não dizer quase nunca, permitem-me a visita de meus amigos, mas sempre dão livre acesso aos meus inimigos. Por duas vezes, em minhas audiências na Corte de Falência, e em outras duas ocasiões, quando fui transferido de uma prisão para outra, fiquei exposto, sob circunstâncias de indescritível humilhação, à observação pública e ao escárnio das pessoas. O mensageiro da Morte trouxe-me as novidades e foi-se. E eu, em completa solidão e isolado de todos aqueles que podiam confortar-me ou amparar-me, tive de agüentar o sofrimento e o remorso, fardos insuportáveis que eu carregava — e que ainda carrego — pela memória de minha mãe. Mal tinha essa ferida parado de latejar — cabe notar que não estava curada —, chegam-me, por intermédio de um advogado, cartas violentas, amargas e severas por parte de minha mulher. Sou novamente insultado e ameaçado pela indigência. Isso eu posso agüentar. Posso educar-me para coisas piores que isso. Contudo, minhas crianças foram tiradas de mim por meio de um procedimento legal[82]. Esse episódio foi, e continua sendo para mim, uma fonte de inesgotável angústia, de uma imensa dor e de um desgosto do qual se desconhece o fim ou o

---

81) *O retrato de Dorian Gray*, cap. XV, capítulo que foi inserido na edição de 1891.

82) Em 12 de fevereiro de 1897, Constance Wilde conseguiu a custódia das crianças. Ela e Adrian Hope foram nomeados os tutores legais.

limite. Saber que estava nas mãos da justiça decidir — como, de fato, decidiu — se eu era um pai inadequado para os meus filhos era algo por demais horrível para mim. A desgraça do encarceramento não era nada se comparada a isso. Invejo os outros homens que caminham a meu lado no pátio da prisão. Tenho certeza de que suas crianças estarão esperando por eles, docemente os aguardando em sua chegada.

Constance Wilde (1882) e as alianças de casamento.

Os pobres são mais sábios, mais caridosos, mais gentis e mais sensíveis que nós. Aos olhos deles, a prisão é uma tragédia na vida de um homem, um infortúnio, uma casualidade, alguma coisa que clama pela solidariedade alheia. Eles referem-se a alguém que se encontra preso como alguém que *"está com problemas"*, simplesmente. Essa frase que eles sempre usam é a perfeita expressão do amor que ela contém. As pessoas de nosso nível social são diferentes. Para nós, a prisão faz de um homem um pária. Eu e outros iguais a mim mal desfrutamos o direito de sair ao ar puro ou de ver o sol. Nossa presença é uma mácula que estraga o deleite dos outros. Não somos bem-vindos quando reaparecemos. Revisitar os vislumbres da lua não é para nós. Tirar-nos as nossas crianças significa quebrar todos os adoráveis laços que nos unem à humanidade. Somos sentenciados à solidão, mesmo enquanto nossos filhos ainda vivem. É-nos negada a única coisa capaz de curar-nos e de salvar-nos, um bálsamo para um coração machucado, a paz para uma alma atormentada.

A tudo isso, foi acrescentado o pequeno e doloroso fato de que, por suas ações e por seu silêncio, por aquilo que fez e por aquilo que deixou de fazer, você tornou todos os dias de meu aprisionamento ainda mais difíceis de suportar. Cada pedaço de pão e cada gole de água na cadeia foram adulterados por sua conduta e você me alimentou de algo ainda mais amargo e salgado. A tristeza que deveria ter dividido, você multiplicou. A dor que deveria ter aliviado, você rapidamente transformou em angústia. Não tenho dúvidas de que essa não era a sua intenção. Sei que você não pretendia isso. Tudo foi apenas uma conseqüência direta "do defeito mais fatal de seu caráter — a sua terrível falta de imaginação".

E depois de tudo isso, eu tenho de lhe perdoar. É algo que eu tenho de fazer. Não lhe escrevo esta carta para colocar amargura em seu coração, mas para expurgá-la do meu. Para o meu próprio bem, eu devo perdoá-lo. Ninguém pode manter uma víbora alimentando-se em seu próprio peito, nem pode levantar-se todas as noites para semear espinhos nos jardins da própria alma. Com um pouco de sua ajuda, não será muito difícil para mim perdoá-lo. Sempre, não importava o que tinha-me feito, no passado eu prontamente lhe perdoava. Isso não foi nada bom para você. Somente aquele cuja vida foi totalmente imaculada pode perdoar os pecados. Porém, hoje, estando eu sentado sobre a humilhação e a desgraça, tudo é diferente. Meu perdão deve significar muito para você agora. Algum dia você compreenderá, cedo ou tarde, brevemente ou não. Meu caminho está claramente traçado diante de mim. Não posso permitir que você continue pela vida carregando em seu coração o fardo de ter arruinado um homem como eu. Tal pensamento pode deixar-lhe grosseiro, indiferente ou imbuído de uma mórbida tristeza. Devo tirar esse fardo de você e colocá-lo sobre os meus ombros.

Devo dizer a mim mesmo, inúmeras vezes, que nem você nem o seu pai poderiam ter arruinado um homem como eu. Eu arruinei a mim mesmo. Ninguém, tenha ele grande ou pequena importância, pode ser arruinado, a não ser por suas próprias mãos. Estou pronto para dizê-lo. Estou tentando fazê-lo, muito embora você não consiga percebê-lo. Se eu faço essas acusações impiedosas a você, imagine só como eu tenho-me culpado sem a menor piedade. O que você me fez foi terrível, porém, as coisas que eu fiz a mim mesmo, de longe, são muito piores.

Eu era um homem que mantinha uma relação simbólica com a arte e a cultura de meu tempo. Tive a plena consciência disso muito cedo, na aurora de minha idade adulta. Não satisfeito, forcei todos os meus contemporâneos a terem a mesma convicção. Poucos homens estiveram alguma vez na vida nessa posição ou foram tão reconhecidos. A distinção, nos casos em que ela existe, é feita muito tempo depois por críticos ou historiadores, quando o homem e o seu tempo já tiverem morrido. Comigo foi diferente. Percebi por mim mesmo e fiz com que os outros também o percebesse. Byron foi uma figura simbólica, mas as suas relações com a sua época deram-se no âmbito das paixões e no desgaste trazido por essas paixões. As minhas abrangiam algo mais nobre, mais permanente, de uma abordagem mais essencial, com um escopo maior.

Os deuses me deram quase tudo. Eu tinha talento, um nome distinto, uma alta posição social, brilhantismo e uma ousadia intelectual. Fiz da arte uma filosofia e da filosofia uma arte. Alterei as mentes dos homens e as cores das coisas. Não havia nada do que eu havia dito ou feito que não levasse as pessoas a se surpreenderem. Aproprie-me da arte dramática, a mais objetiva das formas de arte, e transformei-a em um tipo pessoal de expressão como um poema, como um soneto. Ao mesmo tempo, alarguei o seu alcance e enriqueci sua caracterização. Drama, romance, poemas em rima, poemas em prosa, diálogos sutis ou fantásticos, tudo o que eu tocava ficava bonito e revestido por um novo tipo de beleza. À Verdade propriamente dita, eu demonstrei que o falso e o verdadeiro são apenas formas de existência intelectual. Tratei a Arte como a realidade mais suprema e a Vida como uma ficção banal. Despertei a imaginação de meu século e, assim, criei um mito e uma lenda ao meu redor. Resumi todos os sistemas em uma frase e toda a existência em um epigrama.

Somadas a essas coisas, tive coisas diferentes. Deixei-me atrair por um longo feitiço de uma cômoda e insensata sensualidade. Diverti-me sendo um *flâneur*, um dândi, um homem da moda. Rodeei-me do tipo mais baixo de caráter e de mentes perversas. Tornei-me um esbanjador de meu próprio talento e, ao desperdiçar uma eterna fonte de juventude, sentia uma curiosa alegria. Cansado de estar nas alturas, deliberadamente, atirei-me às profundezas em busca de novas sensações. Que paradoxo isto foi para mim na esfera do pensamento e que perversidade transformou-se na esfera da paixão. O desejo, no final das contas, era uma enfermidade ou uma loucura, ou ambos. Fui ficando cada vez menos preocupado com a vida dos outros. Tinha meus deleites onde quer que me aprouvesse e seguia adiante. Esqueci-me de que toda mínima ação efetuada no mais corriqueiro dos dias é aquela que vai edificar ou destruir um caráter. Assim sendo, algo que se faz numa câmara secreta algum dia terá de ser alardeado em alta voz sobres os telhados. Deixei de ser o meu próprio senhor. Não mais fui o comandante de minha alma e nem sabia disso. Permiti que você me dominasse e que seu pai me amedrontasse. Meu fim foi uma horrível desgraça. Agora, só me restou uma coisa: a mais absoluta Humildade. Do mesmo modo, só uma coisa foi reservada a você: a mais absoluta Humildade também. O melhor que você faz é descer ao pó e aprender a ser humilde a meu lado.

Fui lançado nessa prisão por quase dois anos e o desespero tomou conta de mim. O abandono do qual eu me lastimava era comovente até mesmo para o olhar. Tinha uma ira terrível e impotente, amargura e desprezo, uma angústia gritante, um sofrimento que não encontrava sua voz, uma tristeza emudecida. Passei por todos os tipos de sofrimento. Mais do que o próprio Wordsworth, sei o que Wordsworth quis dizer nessa passagem:

> *O sofrer é permanente, obscuro e sombrio*
> *E tem a natureza da infinidade.*[83]

Porém, enquanto havia momentos nos quais eu me regozijava com a idéia de que meu sofrimento seria infinito, não suportava a idéia de não ver nenhum sentido em toda essa desgraça. Hoje, eu encontro escondido em minha essência algo que me diz que nada nesse mundo é desprovido de significado, isso se faz ainda mais claro no caso do sofrimento. Essa coisa que está escondida em minha essência como um tesouro num campo chama-se Humildade.

Foi a última coisa que me restou, e a melhor delas. A última de minhas descobertas, o ponto de partida para o frescor de um novo desenvolvimento. A Humildade chegou até mim por meu próprio intermédio, por isso sei que chegou na hora certa. Não poderia ter vindo antes, nem depois. Se alguém me tivesse falado sobre ela, eu a teria rejeitado. Se a tivessem apresentado a mim, eu a teria recusado. Como a encontrei, quero mantê-la. É algo que devo fazer. É algo que traz em si os elementos da vida, de uma nova vida, uma *Vita Nuova* para mim. É a mais estranha das coisas: não se pode doá-la a ninguém, nem se pode recebê-la de outra pessoa. Não se pode adquiri-la, exceto se abrirmos mão de tudo que temos. Somente quando se perde todas as coisas é que alguém é capaz de saber que a possui.

Agora posso vê-la em mim e sei claramente o que eu tenho de fazer, ou melhor dizendo, o que eu devo fazer. E ao usar uma frase como esta, não preciso mencionar que não estou fazendo uma alusão a nenhum comando ou sanção externa, pois não admito nada desse tipo. Estou mais individualista do que jamais fui. Nada para mim tem o menor valor se não for oriundo da própria essência do indivíduo. Minha natureza está procurando por um novo tipo de realização pessoal. É com isso que me preocupo e é a primeira coisa que devo fazer para libertar-me de todo o rancor que posso ter em relação a você.

Estou sem nenhum tostão e totalmente desprovido de um lar. Todavia, existem coisas muito piores do que isso. Estou sendo absolutamente sincero ao dizer-lhe que, em vez de sair dessa prisão levando comigo um coração cheio de rancor contra você ou contra o mundo, prontamente, eu preferiria implorar pelo meu pão de porta em porta. Se não conseguisse nada nas casas dos ricos, conseguiria alguma coisa nas casas dos pobres. Aqueles que têm muito são geralmente avarentos. Aqueles que têm pouco sempre sabem compartilhar. Não daria a menor importância se tivesse que dormir na

---

83) No original "Suffering is permanent, obscure, and dark / And has the nature of Infinity". (N.T.)

grama fresca no verão, nem de me abrigar em montes de feno ou no alpendre de um grande celeiro quando o inverno chegasse. Isso porque o amor estaria em meu coração. As coisas externas da vida, hoje, parecem-me uma completa futilidade. Acho que você pode ter uma noção do ponto em que está chegando o meu individualismo, algo que preciso para essa longa jornada, pois "onde caminho há espinhos"[84].

As grades, *gravura sobre madeira de Frans Masereel para uma edição de* A balada do cárcere de Reading *(1924)*.

É claro que sei que não fui talhado para pedir esmolas pelas estradas e se, durante a noite, eu tivesse que dormir sobre a grama fresca, seria para compor alguns sonetos para a Lua. Quando eu sair da prisão, Robbie estará esperando por mim do outro lado do grande portão de ferro. Ele é o símbolo não só da sua própria afeição, mas sim da afeição de muitos outros além dele. Acredito que terei o suficiente para me manter por uns dezoito meses. Assim, se eu não puder escrever nenhum livro maravilhoso, terei ao menos a possibilidade de ler livros maravilhosos. Que maior alegria eu poderia ter? Depois de tudo, espero ser capaz de recompor a minha criatividade. Se as coisas fossem diferentes, se não me tivesse restado nenhum amigo no mundo, se não houvesse restado nenhuma casa que abrisse piedosamente as suas portas para mim, se eu tivesse que aceitar a carteira e o manto esfarrapado da mais completa penúria, enquanto eu me mantivesse liberto de todo o ressentimento, de toda frieza e do escárnio, eu conseguiria ser capaz de encarar a vida com muito mais tranqüilidade e confiança do que eu o faria se estivesse vestido

---

84) *Uma mulher sem importância,* ato IV.

de púrpura, com o mais fino linho e com a alma contaminada pelo ódio. Provavelmente, não terei nenhuma dificuldade em perdoá-lo, mas preferiria ter o prazer de saber que você quer o meu perdão. No momento que realmente o desejar, você irá encontrá-lo esperando-o.

Não preciso dizer que o meu trabalho não terminou por aqui. Seria bastante fácil se fosse só isso. Há muito mais diante de mim. Tenho montanhas altíssimas para escalar e vales realmente escuros para atravessar. E devo fazer tudo isso por mim mesmo. Nem a religião, nem a moral, nem a razão podem fazer alguma coisa por mim.

A moral não pode ajudar-me. Sou um antinômio de nascença. Sou aquele que foi criado para as exceções, não para as regras. E, ao mesmo tempo que não vejo nada de mau nas ações das pessoas, percebo que há algo de errado no que as pessoas transformam-se. Foi bom ter aprendido isso.

A religião não me pode ajudar. A fé que alguém dedica àquilo que não se pode ver, eu dedico àquilo que podemos tocar e admirar. Meus deuses habitam templos que foram construídos pelas mãos, e meu credo só se torna completo se estiver rodeado por experiências reais — completo até demais para todos aqueles que trouxeram o seu Paraíso para a Terra. Minha crença não se encontra apenas na beleza dos Céus, ela também está presente no horror do Inferno. Quando começo a refletir sobre Religião, penso em fundar uma ordem para aqueles que não conseguem acreditar. Uma ordem que poderia ser chamada de "A Confraria dos Órfãos do Pai". Sobre o altar não haveria nenhuma vela queimando, a paz não encontraria morada dentro do coração do pastor e a missa seria celebrada com um pão não santificado diante de um cálice de vinho vazio. Tudo que é verdadeiro deve-se tornar uma religião. O agnosticismo deveria ter tantos rituais quanto a fé, pois já semeou os seus mártires e, logo, deveria eleger os seus santos. Contudo, nunca poderia esquecer-se de agradecer a Deus todos os dias por ter escondido a Si mesmo dos homens. Mas o que quer que seja, fé ou agnosticismo, nada pode ser exterior a mim mesmo. Todos os símbolos deveriam ser de minha própria criação. Algo só é espiritual se puder produzir as suas próprias formas e, se eu não for capaz de descobrir os seus segredos por mim mesmo, nunca conseguirei encontrá-lo. Se eu já não o tivesse dentro de mim, ele jamais se revelaria.

A razão não pode ajudar-me. Ela me diz que as leis que me condenaram são tão injustas e equivocadas quanto o sistema que me submete a esse sofrimento. Não obstante, de algum maneira, tenho que transformar a ambos em algo justo e correto para mim. O processo de evolução ética do caráter dá-se exatamente como na Arte, alguém só consegue interessar-se por uma coisa em particular inserida num contexto determinado. Tenho que transformar tudo o que me aconteceu em algo bom para mim. A cama de tábuas, a comida repugnante, as cordas duras e ásperas que devemos transformar em estopa até que a ponta de nossos dedos fiquem adormecidas pela dor, as tarefas degradantes que temos de fazer ao longo de todo o dia, as ordens severas impostas pela rotina, a roupa horrorosa que transforma o sofrimento em algo grotesco de se ver, o silêncio, a solidão, a vergonha — devo transformar cada uma dessas coisas em uma experiência espiritual. Não há uma única degradação do corpo que eu não deva encarar como uma espiritualização da alma.

Quero ver chegar a ocasião de poder dizer, com toda simplicidade e sem nenhuma afetação, que houveram dois momentos cruciais em minha vida: o primeiro deu-se quando meu pai me mandou para Oxford, o segundo foi quando a sociedade me mandou para a prisão. Nunca direi que isto foi a melhor coisa que aconteceu, pois esta frase seria de uma extrema amargura contra mim mesmo. Logo estarei dizendo, ou estarei ouvindo sobre mim, que eu fui uma criatura típica de minha geração, alguém que em nome de sua perversidade transformou as coisas boas da própria vida em algo ruim e as coisas ruins em algo bom. O que quer que seja dito, por mim ou pelos outros, não tem a menor importância. O importe, aquilo cuja relevância encontra-se diante de mim, aquilo que eu devo ser ou fazer como um lembrete àqueles dias em que fui mutilado, desfigurado e incompleto, é absorver em minha essência tudo o que me foi feito, é tornar tudo uma parte de mim sem reclamar, sem medo e sem relutância. O maior dos vícios é a futilidade e tudo aquilo que se encontra no âmbito da compreensão está correto.

Logo que me colocaram na prisão, algumas pessoas me aconselharam a tentar esquecer-me de quem eu era. Tal conselho conduziria-me à perdição. Só me apercebendo de quem eu era é que pude encontrar algum tipo de consolo. Agora, prestes a ser libertado, estou sendo aconselhado a tentar esquecer-me de que um dia eu estive encarcerado. Sei que isto me seria igualmente fatal. Isto significaria que um intolerável sentimento de desgraça sempre iria perseguir-me e que aquelas coisas que me são muito caras, assim como o são para qualquer outra pessoa — a beleza do sol e da lua, o desfile das estações, a musicalidade do amanhecer e o silêncio de noites formidáveis, a chuva batendo nas folhas, o orvalho prateado caindo sobre a grama — estariam completamente maculadas, desprovidas de seus poderes cicatrizantes e de toda a alegria de seus poderes de comunicação. Rejeitar as experiências pessoais de alguém é deter-lhe o próprio desenvolvimento, negá-las é colocar uma mentira nos lábios da própria vida. É o mesmo que negar a própria alma. Pois, analogamente ao corpo que pode absorver todo o tipo de coisas — desde as sujas e banais até aquelas que foram purificadas por um sacerdote ou pela visão — para convertê-las em velocidade ou força, em movimentos de lindos músculos moldados por uma bela carne, em curvas e cores que delineiam os cabelos, os lábios e os olhos, a alma, por sua vez, também possui funções nutritivas. A alma pode transformar aquilo que é basicamente cruel e degradante em formas nobres de pensamento e em paixões elevadas. Mais do que isso, pode ainda inserir em tudo isso as mais respeitáveis asserções e, freqüentemente, revela-se de uma maneira mais perfeita nas coisas que um dia pretendeu-se profanar ou destruir.

Francamente, devo aceitar o fato de ter sido um prisioneiro comum numa cadeia pública e, por mais curioso que lhe possa parecer, tenho de ensinar a mim mesmo a não ter vergonha do que me aconteceu, simplesmente aceitando a minha punição. Se alguém fica envergonhado ao ser punido, provavelmente, o seu castigo foi em vão. É certo que não cometi muitas das coisas pelas quais fui condenado, mas há muitas outras delas que foram procedentes e ainda há outro grande número de atos que pratiquei em minha vida pelos quais eu não fui sequer acusado. E por tudo que eu disse nessa carta, podemos concluir que os deuses são estranhos, eles nos punem tanto pelo que há de bom e humano em nós quanto pelo que há de mau e perverso. Só me resta, então, aceitar o fato de que somos condenados, do mesmo jeito, pelo bem e pelo mal que praticamos e não tenho nenhuma dúvida de que é assim que tem de ser. Ajudar-nos-ia muito, ou poderia ajudar-nos, se tivéssemos condições de discernir ambas as coisas, em vez de ficarmos convencidos por ambas. Assim, só se eu não estiver envergonhado de minha punição — como espero não estar —, serei capaz de pensar, de andar e de viver em liberdade.

Muitos homens, ao serem libertados, carregam a prisão dentro de si, escondem-na em seus corações como se fosse uma desgraça secreta e consomem-se como pobres criaturas envenenadas que rastejam até algum buraco para morrer. É desolador que eles tenham de fazê-lo e está errada, completamente errada, a sociedade que os força a fazê-lo. A sociedade arroga para si o direito de infligir punições horrorosas aos indivíduos, no entanto, ela própria é detentora do maior dos vícios, a futilidade, e falha quando tem de compreender os seus atos. Ao terminar de punir um homem, ela simplesmente o abandona a sua própria sorte. Isto eqüivale a dizer que a sociedade desampara o indivíduo no exato momento em que começaria o seu maior dever para com ele. Envergonhada de suas próprias atitudes, evita aqueles a quem castigou — como se evita um credor cujo débito não podemos pagar ou alguém a quem imputamos um erro irreparável e irremediável. De minha parte, venho reivindicar que, se eu mesmo me dei conta do que eu sofri, a sociedade deveria dar-se conta do que me infligiu. Desse modo, não existiria ódio ou amargura em nenhum de nós.

Obviamente que tenho a consciência de que, sob um certo ponto de vista, as coisas vão-se tornar mais difíceis para mim do que seriam para qualquer outro. Com certeza, pela real natureza do caso, sê-lo-ão. Os ladrões miseráveis e os marginais que se encontram prisioneiros aqui comigo são, em muitos aspectos, mais afortunados do que eu. Através de cidades cinzentas ou de campos verdejantes, a porção de terra que presenciou os seus pecados é pequena. Para encontrar alguém que não saiba nada a seu respeito, eles não precisam ir além da distância percorrida por um pássaro durante o crepúsculo matutino até o amanhecer. Mas comigo "o mundo encolheu-se e cabe na palma de uma mão"[85] e, para onde quer que eu me volte, meu nome estará escrito nas pedras do caminho, pois eu não fui aquele que transitou da obscuridade para a notoriedade do crime, mas sim aquele que saiu de um tipo de eternidade que acompanha a fama para a eternidade que advém com a infâmia. Parece-me às vezes que eu demonstrei, se é que de fato precisasse ser demonstrado, o fato de que só um passo, se tanto, separa o famoso do infame.

Posso vislumbrar algo de bom no fato de que serei reconhecido aonde quer que eu vá, de que todos saberão tudo sobre a minha vida e sobre as minhas loucuras. Isso, necessariamente, vai forçar-me a me reafirmar novamente como artista, e o mais rápido possível. Se eu puder produzir só mais uma única linda obra de arte, serei capaz de roubar a malícia do veneno das pessoas, a covardia do sarcasmo e vou cortar pela raiz o escárnio das línguas. E, se a vida for, como certamente será, um problema para mim, eu serei, na mesma medida, um problema para a vida. As pessoas deverão adotar uma atitude para comigo e, se o fizerem, estarão julgando a mim tanto quanto a si próprias. Não preciso dizer que não estou falando de nenhum indivíduo em particular. As únicas pessoas com quem eu gostaria de estar nesse momento são os artistas e as pessoas que já sofreram — aqueles que sabem o que é o belo e aqueles que sabem o que é o sofrimento —, ninguém mais me interessa. Tampouco estou falando sobre qualquer exigência da vida. O que mencionei só se refere a mim com relação à minha própria atitude mental diante da vida como um todo. Em busca de minha própria perfeição e sendo eu tão imperfeito, sinto que o ato de não me envergonhar de ter sido punido é o primeiro ponto ao qual devo ater-me.

Depois, devo aprender a ser feliz. Um dia eu soube sê-lo, ou pensei sabê-lo, por instinto. Era sempre primavera em meu coração. Meu temperamento sempre teve grande afinidade com a alegria. Enchi a minha vida de prazer como alguém que enche uma taça de vinho até a borda. Agora, estou-me aproximando novamente da vida com um outro ponto de vista e, freqüentemente, até mesmo o simples ato de conceber a felicidade torna-se algo muito difícil para mim. Lembro-me que, em meu primeiro semestre em Oxford, ao ler *A Renascença*, de Pater — aquele livro que exerceu uma estranha influência sobre a minha vida —, vi como Dante coloca no lugar mais baixo do inferno aqueles que teimosamente vivem em meio ao Sofrimento. Fui buscar na biblioteca da faculdade a passagem da *Divina Comédia* onde aqueles que estavam "taciturnos no doce ar", repousando sob o melancólico pântano, repetiam para sempre a mesma frase entre suspiros:

> *Tristes fomos*
> *No suave ar que com o sol se alegra.*[86]

---

85) *Uma mulher sem importância,* ato IV.
86) No original: "Trisi fummo / Nell' aer dolce che dal sol s'allegra".

Eu sabia que a Igreja condenava a *accidia*, mas toda essa concepção parecia-me simplesmente fantástica, era o tipo de pecado, eu supunha, que deveria ter sido inventado por um padre que não conhecia nada sobre a vida real. Tampouco conseguia entender como Dante, alguém que disse que "os sofrimentos nos unem novamente a Deus", podia ter sido tão severo com aqueles que se enamoraram da melancolia, se é que essas pessoas existiam. Não fazia a menor idéia que, algum dia, tal atitude significaria para mim uma das maiores tentações de minha vida.

Durante minha permanência na prisão de Wandsworth, eu desejei morrer. Este era o meu único desejo. Quando, depois de dois meses na enfermaria, fui transferido para cá e minha saúde física começou a progredir gradualmente, fiquei tomado pela ira. Decidi cometer suicídio assim que eu saísse da cadeia. Passado algum tempo, esses maus pensamentos foram-se e eu mudei de idéia, decidi viver ostentando o meu desalento como um rei portando o seu manto púrpura. Nunca iria sorrir outra vez. Enlutaria todas as casas que eu entrasse. Faria com que meus amigos caminhassem lentamente a meu lado vergados pela tristeza, ensinaria-lhes que a melancolia é o verdadeiro segredo da vida, mutilaria-lhes com minha estranha aflição e os fustigaria com minha própria dor. Hoje me sinto bem diferente. Vejo como seria ingrato e indelicado de minha parte manter-me desanimado quando meus amigos viessem visitar-me, pois eles, para expressarem-me toda a sua solidariedade, teriam que se apresentar diante de mim com um ar ainda mais desalentado. Seria igualmente funesto entretê-los com um convite para se sentarem silenciosos diante de ervas amargas e de uma carne assada para um funeral. Eu devo aprender a ser alegre e feliz.

Nas duas últimas ocasiões em que me foi permitido rever os meus amigos, tentei ser o mais jovial possível. Mostrei-lhes toda a minha alegria numa tentativa de retribuir-lhes minimamente o trabalho que tiveram ao viajar da cidade até aqui para me visitar. De fato, é uma pequena retribuição, mas tenho a certeza de que esta é a recompensa que mais os agrada. Vi Robbie por uma hora no sábado e tentei oferecer-lhe a mais completa expressão da felicidade que aquele encontro me proporcionava. E assim, em meio a novas opiniões e a novas idéias que estou concebendo por mim mesmo, tenho a mais completa certeza de que só estou tendo essa consciência porque agora, pela primeira vez desde o meu encarceramento, eu estou tendo o verdadeiro desejo de viver.

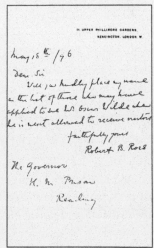

Carta de Robert Ross (15 de maio de 1896) pedindo autorização para visitar Oscar Wilde na prisão.

Diante de mim há tanto por fazer, que eu consideraria uma terrível tragédia se eu morresse antes que me fosse permitido completar ao menos uma pequena parte de minhas tarefas. Vejo novos desenvolvimentos na Arte e na Vida, cada uma delas traz novas formas de perfeição. Quero viver para poder explorar aquilo que significa um novo mundo para mim. Você quer saber que mundo é esse? Creio que você pode advinhar qual é. É o mundo no qual tenho vivido.

Sofrimento e tudo que remete a ele fazem parte do meu novo mundo. Costumava viver inteiramente dedicado ao prazer. Evitei todo o tipo de tristeza e de sofrimento, odiava ambos. Resolvi ignorá-los o máximo que pudesse, tratando-os — devo dizer — como modos de imperfeição. Eles não faziam parte do meu esquema de vida, não tinham lugar em minha filosofia. Minha mãe, que conhecia a vida plenamente, costumava com freqüência citar uma passagem de Goethe transcrita e, segundo penso, traduzida por Carlyle em um livro que ele havia dado a ela anos atrás:

> *Aquele que nunca comeu seu pão em meio ao sofrimento,*
> *Quem nunca passou horas na madrugada*
> *Lamentando-se e esperando pelo raiar do dia,*
> *Não vos conhece, oh poderes celestiais.*[87]

Em seu exílio humilhante, a nobre rainha da Prússia, a quem Napoleão tratou com tamanha grosseria e brutalidade, tinha o hábito de citar esses mesmos versos que minha mãe costumava repetir nas atribulações que a atingiram no fim de sua vida. Eu sempre me recusei terminantemente a aceitar ou admitir a enorme verdade que neles se inscreve. Não podia compreendê-los. Lembro-me muito bem de como eu costumava dizer a ela que eu não queria comer meu pão em meio ao sofrimento ou passar a noite lamentando-me e esperando por uma alvorada ainda mais angustiante. Não fazia a menor idéia de que isso era uma das coisas que o destino tinha especialmente reservado para mim e que, de fato, durante um ano inteiro de minha vida, eu não iria fazer nada além disso. Contudo, tendo eu recebido durante os últimos meses as doses de sofrimento que me cabiam, depois de lutas terríveis e de muitas dificuldades, hoje sou capaz de compreender algumas das lições que foram escondidas no cerne da dor. Os homens do cleró e as pessoas que utilizam-se das palavras sem nenhuma sabedoria algumas vezes mencionam o sofrer como uma espécie de mistério. Na verdade, ele é uma revelação. Começamos a ter discernimento sobre coisas que nunca pudemos discernir anteriormente. Abordamos a história sob um novo ponto de vista. Com relação à arte, aquilo que era vagamente

---

87) Na tradução para o inglês, Thomas Carlyle escreveu: "Who never ate his bread in sorrow / Who never spent the midnight hours / Weeping and waiting for the morrow / He knows you not, ye Heavenly Powers". (N.T.)

sentido por instinto passa a ser percebido intelectual e emocionalmente com uma visão perfeitamente clara e com absoluta intensidade de apreensão.

Hoje eu vejo que o sofrimento, a suprema emoção que o homem é capaz de sentir, é o protótipo e o ensaio de toda grandiosidade da arte. O artista está sempre a procura de um modo de existência no qual o corpo e a alma sejam um só e indivisíveis, no qual o exterior seja a expressão do interior e no qual a Forma venha a se revelar. Não são raros esses modos de existência. Em um determinado momento, a juventude e a arte que a enfoca podem servir de modelo para nós. Em outras ocasiões, podemos pensar que a sutileza e a sensibilidade das impressões são sugeridas por um espírito que habita as coisas que nos são externas. Um espírito que se traja da terra e do ar, da névoa e das cidades e que, em sua mórbida mudança de temperamento, na variação de seus tons e cores, a moderna paisagem da arte pode compreender pictoricamente o que os gregos já haviam percebido plasticamente e com grande perfeição. A música, na qual o sujeito encontra-se absorvido de um modo inseparável pela expressão, é um exemplo complexo disso. Uma criança ou uma flor são exemplos simples do que eu quero dizer. Já o sofrimento é o modelo definitivo, tanto na vida quanto na arte.

Por trás da alegria e do riso, pode existir um temperamento grosseiro, duro e calejado. Por trás do Sofrimento, contudo, só há mais sofrimento. A dor, diferentemente do prazer, não usa nenhuma máscara. A verdade na arte não faz nenhuma correspondência entre a idéia essencial e a existência acidental. Não há a semelhança que existe na relação entre o objeto e a sua sombra ou na relação entre o objeto e a sua forma refletida num cristal. Não é um eco que brota de uma caverna em uma montanha, tampouco é um poço em um vale, cheio de água prateada, que revela a lua para a lua e Narciso para Narciso. A verdade na arte é a unidade da coisa em si mesma, o externo torna-se a expressão do interno, a alma encarna-se e o corpo fica impregnado pelo espírito. Por essa razão, não há verdade comparável ao sofrimento. Há ocasiões em que o sofrimento me parece ser a única das verdades. Outras coisas podem ser ilusões para os olhos ou para os apetites, cegam alguns e saciam a outros. Foi a partir do Sofrimento, porém, que mundos foram construídos, o nascimento de uma criança ou de uma estrela só se dá na presença da dor.

Mais do que isso, há no sofrimento uma intensa e extraordinária realidade. Disse a mim mesmo que eu era aquele que havia estabelecido as relações simbólicas entre a arte e a cultura de meu tempo. E não há um único homem miserável nesse lugar infeliz que deixa de estabelecer relações simbólicas com o maior segredo da vida. Pois o segredo da vida é sofrer. Isto é o que está escondido por atrás de todas as coisas. Quando começamos a viver, as coisas doces da vida são para nós tão doces e as coisas amargas são tão amargas, que, inevitavelmente, direcionamos todos os nossos desejos para a busca do prazer, não procurando apenas "nos alimentar por um mês ou dois de favos de mel", mas sim passarmos toda a nossa vida sem provar nenhum outro alimento. Enquanto isso, ignoramos o fato de que podemos realmente estar deixando a nossa alma morrer de fome.

Lembro-me de falar sobre esse assunto com uma das personalidades mais lindas que eu já conheci: uma mulher cuja simpatia e nobre gentileza para comigo, tanto antes como depois de meu trágico aprisionamento, foram além de todos os domínios e descrições. Mesmo sem saber, ela, mais do que ninguém nesse mundo, me ajudou realmente a suportar o fardo de minhas atribulações. Ela consolou-me simplesmente pelo fato de existir, pelo fato dela ser quem é — parte um ideal e parte uma influência, tanto uma sugestão do que devemos transformar-nos, quanto uma ajuda verdadeira para sermos transformados —, uma alma que perfuma o ar mais vulgar fazendo com que todas as coisas espirituais sejam tão simples e naturais como um singelo raio de sol ou como o mar. Para ela, a beleza e o sofrimento caminham lado a lado transmitindo-nos a mesma mensagem.

Na ocasião que me recordo distintamente, eu disse a ela que só o sofrimento encontrado em qualquer travessa estreita de Londres já era suficiente para provar que Deus não ama os homens. Disse também que, onde quer que se encontrasse a tristeza — até mesmo no choro de uma criança que, em meio a um pequeno jardim verdejante, lamenta-se por um erro que pode ou não ter cometido —, toda a face da Criação estaria completamente desfigurada. Eu estava completamente equivocado. Ela me disse isso, mas eu não pude acreditar. Não me situava na esfera na qual tal crença pode ser apreendida. Hoje, parece-me que só algum tipo de amor é que pode fornecer uma possível explicação para a existência no mundo dessa extraordinária quantidade de sofrimento. Não posso conceber outra explicação e estou convencido de que não há outra possível. Se, de fato, como eu disse, mundos foram construídos a partir do sofrimento, isto se deu pelas mãos do amor, pois de nenhum outro modo a alma do homem — aquela a qual se destina a criação dos mundos — poderia alcançar a completa dimensão de sua perfeição. O prazer foi feito para corpos bonitos, mas a dor foi destinada às belas almas.

Ao dizer que estou convencido dessas coisas, encho-me de orgulho. Semelhante a uma pérola perfeita, muito de longe podemos ver a cidade de Deus. A visão é tão maravilhosa, que nos parece que uma criança poderia alcançá-la em um dia de verão. Talvez uma criança realmente o fizesse, mas para mim e para aqueles que são como eu tudo é diferente. Podemos nos aperceber de uma coisa em um momento singular, mas a perdemos nas horas subseqüentes em que estamos com os pés atados ao chumbo. É muito difícil de manter "as alturas que a alma é capaz de galgar". Nós pensamos na eternidade, mas nos movemos vagarosamente através do tempo. Não preciso mencionar novamente quão lento é o passar do tempo para nós que fomos deixados na prisão. Nem preciso falar sobre o cansaço e o desespero que estranhamente rastejam para dentro de nossas celas e de nossos corações, invadindo-nos com tamanha insistência que somos obrigados a varrer e a ornar nossa morada para receber nossos hóspedes indesejados, nossos cruéis senhores, escravos que nos escravizaram por nossa própria escolha ou por escolha do porvir. E, embora no momento você possa achar isto uma coisa difícil de acreditar, não há verdade maior do que afirmar que para vocês, seres que vivem em liberdade, ociosidade e conforto, é mais fácil aprender as lições de humildade do que para mim, que começo o dia me ajoelhando e esfregando o chão de minha cela. Pois a vida na prisão, com suas intermináveis privações e restrições, fazem de todos nós uns rebeldes. O mais terrível em tudo isso não é o fato da prisão partir nossos corações — os corações foram feitos para serem partidos —, mas sim o fato dela transformar nossos corações em pedra. Às vezes temos a sensação que só com muito descaramento, desfaçatez e lábios delineados pelo escárnio é que poderemos atravessar o dia inteiro. Tanto na vida como na arte, aquele que se encontra num estado de rebelião não pode receber nenhuma graça, usando uma frase que a Igreja tanto gosta de empregar — muito bem empregada, eu ousaria dizer. O estado de rebelião fecha todos os canais da alma e fica trancado para fora dos Céus. Contudo, devo aprender essas lições aqui, se é que vou aprendê-las em algum lugar. Devo encher-me de alegria por meus pés estarem seguindo o caminho correto, por minhas faces estarem voltadas para "o portal chamado Beleza", muito embora eu muitas vezes fique na lama, me perdendo freqüentemente em meio à névoa.

Essa nova vida, como eu gosto de chamá-la graças ao amor que tenho por Dante, não é na verdade nenhuma vida nova, é simplesmente uma continuação, uma forma de desenvolvimento, uma evolução da minha vida anterior. Recordo-me de certa vez em que eu estava em Oxford dizendo a um de meus amigos — enquanto passeávamos pelos estreitos caminhos de Magdalen, ao som do gorjeio dos pássaros, em uma manhã do mês de junho que precedeu à minha graduação — que eu gostaria de experimentar as frutas de todas as árvores de todos os jardins do mundo e que eu estava saindo dali para viver toda a intensidade dessa paixão de minha alma. E realmente o fiz: saí e assim vivi. Meu único erro foi limitar-me exclusivamente àquelas árvores do jardim que se encontravam douradas pelo sol, evitando o outro lado por suas sombras e sua obscuridade. Fracasso, desgraça, miséria, tristeza, desespero, sofrimento, tudo regado pelas lágrimas. Palavras que se quebram ao serem proferidas pelos lábios da dor, o remorso que nos faz andar sobre espinhos, a consciência que condena, a autodegradação que pune, a miséria que joga cinzas sobre sua própria cabeça, a angústia que se alimenta do seu próprio fel e escolhe as vestes de uma penitenciária como sua indumentária — eu tinha medo de tudo isso. Fui forçado a provar cada uma das coisas que eu havia-me determinado a desconhecer por completo e alimentei-me delas — na verdade, por todo esse período, não tive outro alimento qualquer. Não me arrependo de nenhum único momento que vivi para o prazer. Vivi-os todos em sua intensidade como todo mundo deveria fazer. Não houve deleite que eu não tivesse experimentado.

Atirei a pérola da minha vida em uma taça de vinho. Andei por caminhos cheios de prímulas ao som de flautas. Vivi em meio a favos de mel. Porém, continuar vivendo esta mesma vida teria sido um erro, pois tudo isso me limitaria. Tive de ir adiante. O outro lado do jardim me reservava também alguns de seus segredos.

Obviamente, tudo isso foi pressagiado e prefigurado em minha arte. Algumas dessas coisas já se encontravam em *O príncipe feliz*, outras delas em *O jovem rei* — principalmente na passagem onde o bispo diz ao garoto ajoelhado: "Não é Ele que transforma a miséria mais sábia que a sua arte?", palavras que, quando escrevi, me significaram mais do que uma simples frase. Grande parte desses agouros encontra-se escondida no modo com que a destruição, tal qual um fio púrpura, perpassa a trama de *Dorian Gray*. Em *O crítico como artista*, os presságios revelam-se sob várias cores. Em *A alma do homem sob o socialismo*, são descritos de um modo simples para uma fácil leitura. Estão presentes em um dos estribilhos recorrentes que fazem com que *Salomé* venha a se assemelhar a uma peça musical, dotada com a unidade de uma balada. O poema em prosa do homem que, utilizando o bronze da imagem do "Prazer que vive por um momento", teve de moldar a imagem do "Sofrimento que perdura para sempre" é a sua encarnação. Não poderia ter sido diferente. Em cada momento singular de nossas vidas, somos impelidos a ser sempre mais do que éramos no instante anterior. A arte é simbólica porque o homem é simbólico.

Capa de O príncipe feliz *(1888) ilustrada por Jacomb Hood.*

Esta será, se eu puder atingi-la plenamente, a realização definitiva na vida artística. Simplesmente porque viver a arte é o mesmo que ter um autodesenvolvimento. Para um artista, a humildade é a franca aceitação de todas as experiências e o amor é apenas uma noção de Beleza que revela para o mundo o seu corpo e a sua alma. Em *Mário, o epicurista*, Pater procura conciliar a vida artística com a vida religiosa, no sentido mais profundo, suave e austero da palavra. No entanto, Mário é um pouco mais que um simples espectador; na realidade, ele é um espectador ideal, alguém que tem a dádiva de "contemplar o espetáculo da vida com as emoções apropriadas" e que é definido por Wordsworth como o objetivo verdadeiro do poeta. Todavia, sendo meramente um espectador, Mário talvez tenha ficado muito entretido com a graciosidade das vasilhas do santuário para perceber que estava contemplando o Santuário do Sofrimento.

Vislumbro uma conexão íntima e imediata entre a verdadeira vida de Cristo e a verdadeira vida de artista e sinto um enorme prazer ao me recordar da reflexão que costumava fazer, muito antes do sofrimento ter tomado conta de meus dias e atado-me em sua roda de martírio, quando escrevi *A alma do homem sob o Socialismo*. Eu dizia que, para alguém levar uma vida semelhante a de Cristo, deveria comportar-se inteira e absolutamente como si mesmo. Tinha tomado como modelo não apenas o pastor nas encostas das colinas ou o prisioneiro em sua cela, mas também o pintor para quem o mundo é um desfile e o poeta para quem o mundo é um soneto. Recordo-me de ter dito a André Gide, quando sentávamos em algum café de Paris, que a metafísica despertava muito pouco o meu interesse, e a moral absolutamente nenhum, pois não havia nada que Platão ou Cristo tenham falado que não pudesse ser transposto imediatamente para a esfera da arte, onde as suas palavras se realizariam por completo. Fiz uma generalização tão profunda quanto um romance.

Não podemos ater-nos meramente ao fato de que podemos perceber em Cristo uma união profunda entre a personalidade e a perfeição — elementos que formam a real distinção entre a arte clássica e a arte romântica e que fazem de Cristo o precursor do movimento romântico na vida —, mas sim conceber que as verdadeiras bases da essência de Cristo são iguais às da essência de um artista: uma intensa e flamejante imaginação. Ele percebeu a existência de uma afinidade imaginativa em toda a esfera dos relacionamentos humanos, afinidade que na esfera artística é o único segredo da criação. Ele entendeu a lepra do leproso, a escuridão do cego, o feroz sofrimento daqueles que vivem em busca do prazer e a estranha pobreza dos ricos. Você é capaz de ver — não é? — que, ao escrever-me *"Quando você não está em seu pedestal, você não é nada interessante. A próxima vez que você ficar doente, partirei imediatamente."* num período em que eu estava em dificuldades, você não só estava muito distante do verdadeiro temperamento de um artista, como estava muito longe daquilo que Matthew Arnold chama de "o segredo de Jesus". Eu também poderia ter-lhe ensinado que tudo aquilo que acontece ao outro acontece a nós mesmos também e, se você quiser ter uma inscrição para ler pela manhã ou antes de dormir, para seu deleite ou comiseração, escreva na parede de sua casa com letras que serão douradas pelo sol e prateadas pela lua: "*Tudo o que acontece ao outro acontece a nós mesmos*" e, se alguém lhe perguntar qual o possível significado dessa frase, responda: "*o coração de Nosso Senhor Jesus e o cérebro de Shakespeare*".

Na realidade, o lugar de Cristo é entre os poetas. Tudo o que Ele concebeu sobre a Humanidade brota da imaginação e só por ela pode ser concebido. O que Deus era para os panteístas, o homem era para Cristo. Foi Ele o primeiro a conceber a unidade das várias raças. Antes de sua vinda, existiam apenas deuses e homens. Ele foi o único a ver sobre as colinas da vida que só havia Deus e o Homem e, sentindo por meio do misticismo da compaixão que ambos se haviam encarnado Nele, chamou a si próprio de Filho de Deus ou de Filho do Homem, de acordo com seu estado de espírito. Mais do que ninguém na História, Ele desperta em nós a capacidade de fantasiar, característica típica do Romantismo. Para mim, não há nada mais inacreditável do que a idéia de que um jovem camponês galileu imaginou ser capaz de carregar sobre os seus próprios ombros todo o fardo do mundo inteiro — tudo o que havia sido feito e tudo o que se havia sofrido; tudo o que ainda estava por ser feito e sofrido; os pecados de Nero, de César Bórgia, de Alexandre VI e daquele que foi o Imperador de Roma e o Sacerdote do Sol[88]; o sofrer daqueles que formam legiões e que habitam entre as tumbas, as nações oprimidas; as crianças que trabalham nas fábricas, ladrões, prisioneiros, marginais e todos aqueles que se calam sobre a opressão e cujo silêncio só é ouvido por Deus. Cristo não apenas imaginou tudo isso, como também o realizou. Sua obra é tal que, até hoje em dia, todos aqueles que tomam contato com a sua essência, mesmo sem nunca terem se curvado sobre o seu altar ou se ajoelhado diante de seu sacerdote, de algum jeito se apercebem que toda a feiúra de seus pecados foi retirada e toda a beleza de seu sofrimento lhes é revelada.

Disse que Jesus deveria estar situado entre os poetas. Isto é verdade, Shelley e Sófocles são seus companheiros. A sua própria vida já é o mais bonito dos poemas, "pela piedade e pelo flagelo" não há nada no âmbito da tragédia grega que se compare a ela. A pureza absoluta do protagonista constrói todo o esquema num elevado espírito de arte romântica no qual são excluídos, por seu horror, todos os sofrimentos de Tebas e dos Pélopes. Cristo também demonstra o quanto Aristóteles estava equivocado ao dizer, em seu tratado sobre o drama, que seria impossível de se agüentar um espetáculo vivido por um inocente em meio ao sofrimento. Nem Ésquilo ou Dante, severos mestres da ternura, nem Shakespeare, o mais humano de todos os grandes artistas, nem em todos os mitos e lendas dos celtas, nos quais o encanto do mundo é mostrado através de uma névoa de lágrimas e onde a vida de

---

88) O Imperador Heliogábalo.

um homem não vale mais do que a vida de uma flor, há algo que se compare minimamente à límpida simplicidade do patético aliada e unificada à sublimidade da tragédia presentes no último ato da Paixão de Cristo. A pequena ceia com seus companheiros, um dos quais já o havia vendido por uma certa quantia; a angústia sob a luz da lua no Jardim da Oliveiras; o falso amigo que se chegou junto dele para traí-lo com um beijo; o amigo, que ainda lhe era fiel e sobre o qual, como uma rocha, ele depositou suas esperanças de construir a Casa do Refúgio para o Homem, o nega antes do galo cantar no alvorecer; a sua absoluta solidão; sua submissão; sua aceitação de tudo; e agregado a isso ainda temos cenas como a do supremo sacerdote ortodoxo que, em fúria, rasgou-lhe as vestes, ou a do Magistrado da Justiça Civil que, clamando por água na vã esperança de lavar-se da mancha deixada pelo sangue de um inocente, tornou-se uma figura escarlate na História. Temos também a cerimônia da coroação do Sofrimento, uma das coisas mais maravilhosas já narradas em todos os tempos; a crucificação do Inocente diante dos olhos de sua mãe e de seu discípulo mais querido; os soldados apostando e jogando dados por sua roupas; sua morte horrível que deixou como legado para o mundo o seu símbolo mais eterno; seu enterro no sepulcro do rico, seu corpo envolvido por linho egípcio ungido de perfumes e caras especiarias, como se ali estivesse o filho de um rei. Ao contemplarmos tudo isso apenas sob o ponto de vista artístico, não podemos deixar de ser gratos que o ofício supremo da Igreja seja interpretar a tragédia sem o derramamento de sangue. A representação mística por meio dos diálogos, do vestuário e até mesmo dos gestos da Paixão de Nosso Senhor sempre me é uma fonte de prazer e de temor, pois esta me faz lembrar que o último vestígio de sobrevivência do coro grego, perdido em qualquer outro lugar da arte, pode ser achado na resposta dos fiéis ao padre durante a missa.

Contudo, a toda a vida de Cristo — que, de uma certa forma, unifica completamente o sofrimento e o belo em seus modos de significação e de manifestação — é realmente um idílio, apesar de seu final dar-se com o véu de seu templo sendo rasgado, com as trevas tomando conta da face da terra e com uma pedra rolando na porta de seu sepulcro. Sempre pensamos Nele como um jovem noivo entre seus discípulos — como, de fato, ele havia descrito a si mesmo —, ou como um pastor vagando por um vale onde sua ovelha está a procura de prados verdejantes ou de água refrescante, ou como um cantor tentando construir com música as paredes da cidade de Deus, ou como um enamorado, cujo amor era grande demais para um mundo tão pequeno. Seus milagres me parecem tão notáveis e naturais quanto a chegada da primavera. Não vejo dificuldades para aceitá-los, pois, graças a seu encanto, a sua mera presença era capaz de trazer a paz para as almas angustiadas. Com o simples toque em suas vestes ou em sua mãos, toda dor desvanecia-se. Quando Ele percorria os caminhos da vida, as pessoas que nunca tinham visto nada sobre os mistérios da existência passavam a vê-los com clareza. Aqueles que eram surdos a todas as vozes que dissonavam do prazer ouviram pela primeira vez a voz do Amor e acharam-na tão "harmoniosa quanto o alaúde de Apolo". As paixões malignas fugiam quando Ele aproximava-se. Os homens, cujas vidas estúpidas e desprovidas de imaginação eram apenas de um tipo de morte, saíam de suas tumbas ao seu chamado. Quando Ele ensinava no topo da montanha, a multidão esquecia-se da fome, da sede e das preocupações desse mundo. Para os amigos que o ouviam, no momento em que Ele sentava-se à mesa, a comida mais grosseira parecia delicada, a água tinha o sabor de um bom vinho e toda a casa ficava cheia do aroma e do perfume do nardo.

Em sua obra *A vida de Jesus* — o quinto evangelho, o evangelho segundo São Tomé como diriam alguns —, Renan diz em alguma passagem que a maior conquista de Cristo foi tornar-se muito mais amado depois de sua morte do que tinha sido em vida. Certamente, se seu lugar é entre os poetas, Ele deve ser o líder dos enamorados. Ele percebeu que o Amor era aquele segredo perdido para o mundo que os homens sábios estavam há muito procurando, viu que é só por meio do amor que alguém pode aproximar-se do coração de um leproso ou dos pés de Deus.

E, sobre tudo, Cristo é o supremo Individualista. A humildade, considerada como a aceitação artística de todas as experiências, é meramente um tipo de manifestação. Cristo está sempre em busca da alma do homem. Ele a chama de o "Reino de Deus" que pode ser encontrado em todos nós. Ele a compara às pequenas coisas, a uma minúscula semente, a um punhado de fermento, a uma pérola, porque só temos a percepção de nossas almas ao nos libertarmos de todas as paixões que nos são estranhas, de toda cultura adquirida e de todas as possessões externas, sejam elas boas ou más.

Constance Wilde e Cyril (1889).

Eu relutei contra tudo isso com uma certa teimosia e muita rebeldia, até que não me restara nada nesse mundo a não ser Cyril. Perdi meu nome, minha posição, minha felicidade, minha liberdade, minha riqueza. Eu era um prisioneiro e um indigente. Todavia, eu ainda tinha uma coisa linda comigo, meu filho mais velho. Repentinamente, ele me foi tirado pela justiça. Isso foi para mim um golpe tão terrível, que fiquei sem saber o que fazer. Então, lancei-me sobre os meus joelhos, curvei a minha cabeça e em prantos eu disse: "O corpo de uma criança é um corpo de Deus. Não sou merecedor de nenhum dos dois.". Naquele momento, senti que minha salvação aproximava-se. Percebi, ali, que a única coisa que me restara era a aceitação de tudo. Desde então — isto certamente soará muito curioso para você —, eu tenho sido mais feliz.

Alcancei, com certeza, a essência definitiva de minha alma. De muitas formas eu havia sido seu inimigo, mas encontrei-a esperando por mim como uma amiga. Ao entrarmos em contato com nossas almas, passamos a ter a simplicidade de uma criança, como Cristo falou que deveria ser. É trágico como só poucas pessoas conseguiram "possuir suas almas antes de morrer". "Nada é mais raro em um homem", diz Emerson, "do que uma de suas atitudes". É a mais pura verdade. Grande parte dos indivíduos age como se fosse outra pessoa. Seus pensamentos são baseados na opinião de outrem, suas vidas são pura imitação, suas paixões não passam de citações. Cristo não era apenas o supremo Individualista, Ele foi o primeiro a sê-lo em toda a história. As pessoas tentaram fazer Dele um filantropo qualquer, como um daqueles terríveis filantropos do século XIX, ou rotulá-lo como um altruísta, sem método e sentimental. Na verdade, ele não era nem uma coisa, nem outra. Obviamente Ele apiedou-se dos pobres, daqueles que foram jogados na prisão, dos humildes, dos miseráveis, mas ele teve ainda mais piedade pelos ricos, pelos Hedonistas extremados, por aqueles que desperdiçaram a sua liberdade sendo escravos das coisas, por aqueles que se vestem com roupas delicadas e vivem em palácios. A riqueza e o prazer eram certamente, aos olhos Dele, tragédias muito maiores que a pobreza e o sofrimento. E, quanto ao altruísmo, quem sabia melhor do que Ele que nosso destino é determinado pela vocação, não pela vontade, e que não se pode colher uvas nos espinhos ou figos nos cardos?

O viver para os outros, definido como um objetivo consciente, não era o seu credo, nem a base de seu credo. Quando Ele diz "Perdoai os seus inimigos", não o pede para o benefício do inimigo, mas sim para o nosso próprio benefício, porque o amor é mais bonito que o ódio. Ao falar para o jovem que conheceu a misericórdia de seu amor "Vende tudo que tens e dá-o aos pobres", Ele não está pensando na situação dos pobres, mas sim na alma do jovem rico, a adorável alma que se havia casado com a riqueza. Em seu modo de observar a vida, Ele alinha-se ao artista que sabe que, pela lei inevitável da própria perfeição, o poeta deve cantar seus versos, o escultor deve moldar o bronze e o pintor deve fazer do mundo um reflexo de seu estado de espírito. Isso é tão certo e seguro como o pilriteiro que vai florescer na primavera, o milho que vai dourar-se na época da colheita e a lua, em sua ordenação errante, que mudará suas fases de cheia para minguante e de minguante para cheia.

Mas Cristo, ao deixar de dizer aos homens *"Vivei para os outros"*, estava assinalando que não havia nenhuma diferença entre as nossas próprias vidas e a vida dos outros. Por esse motivo, Ele deu ao homem uma extensa personalidade de Titã. Desde sua vinda, a história de cada indivíduo particular é, ou pode tornar-se, a história do mundo. É claro que a cultura intensificou a personalidade humana. A Arte expandiu nossas mentes. Aqueles que possuem um temperamento artístico vão para o exílio com Dante e aprendem como o sal pode-se transformar no pão de outras pessoas e como estas podem galgar suas escadas tão íngremes; capturam por um segundo a serenidade e a calma de Goethe, sem contudo desconhecer o porquê de Baudelaire ter implorado a Deus:

> *Oh Senhor, daí-me a força e a coragem*
> *De contemplar meu corpo e meu coração sem nenhum desgosto*[89]

Esboçam, extraindo dos sonetos de Shakespeare e provavelmente se autoflajelando, os segredos de seu amor e apropriam-se deles como se fossem seus. Olham com novos olhos para a vida moderna porque ouviram um dos Noturnos de Chopin, ou tocaram em algum objeto grego, ou leram uma história de paixão que algum homem já falecido dedicava a alguma mulher já morta, cujos cabelos eram como fios de puro ouro e cuja boca assemelhava-se a uma romã. Mas é necessário haver simpatia por parte do temperamento artístico pelas coisas que já encontraram a sua expressão. Em palavras ou em cores, em melodia ou em mármore, por trás das máscaras pintadas em um peça de Ésquilo ou de uma flauta rudimentar de um pastor siciliano, o homem e sua mensagem devem ser revelados. Para a artista, a expressão é a única forma pela qual ele pode conceber a vida por completo e calar-se é o mesmo que morrer.

Mas com Cristo as coisas são diferentes. Dotado de uma imensa e maravilhosa imaginação que quase nos enche de temor, Ele apropria-se de todo o mundo inarticulado, o universo mudo do sofrimento, e faz dele o seu reino, transformando-se em seu eterno porta-voz. Aqueles que eu havia mencionado, as pessoas emudecidas com a opressão e "cujo silêncio é ouvido apenas por Deus", são escolhidos para serem seus irmãos. Ele procurou ser os olhos do cego, os ouvidos dos surdos e o grito nos lábios daqueles que tiveram suas línguas cortadas. Seu desejo era ser a miríade para quem não encontrou nenhuma elocução, um trompete para aqueles que quisessem chamar pelo Reino dos Céus. E, com a natureza artística

---

89) No original: "O Seignour, donnez-moi la force et le courage / De contempler mon corps et mon coeur sans dégout". (N.T.)

de alguém cuja tristeza e sofrimento eram simplesmente formas pelas quais se poderia alcançar a concepção de beleza, Ele percebeu que uma idéia não tem nenhum valor até que seja encarnada e personificada em uma imagem. Fez, então, de si mesmo a imagem do Homem do Sofrer e assim fascinou e dominou as artes de uma maneira que nenhum outro deus grego havia conseguido anteriormente.

Pois os deuses gregos, a despeito das formas, da agilidade e da força de seus membros, não eram o que aparentavam ser. A sobrancelha curvada de Apolo parecia o disco do sol crescendo por trás de uma montanha ao alvorecer, seus pés eram como as asas da manhã, contudo, ele próprio foi cruel com Mársias e tirou as crianças de Níobe. Nos olhos de aço de Atenas, não se viu nenhuma piedade por Aracne. A pompa e os pavões de Hera eram as únicas coisas nobres que haviam nela. E o próprio Pai dos Deuses era profundamente afeiçoado pelas filhas dos homens. As duas figuras mais sugestivas da mitologia grega foram, no âmbito religioso, Deméter, a deusa da terra, que não pertencia ao Olímpo e, no âmbito artístico, Dionísio, o filho de uma mulher mortal que faleceu no momento em que dava-lhe a luz.

Entretanto, a vida real, em suas esferas mais modestas e humildes, produziu algo de longe mais maravilhoso que a mãe de Prosérpina ou o filho de Sêmele. De uma carpintaria de Nazaré surgiu uma personalidade infinitamente maior do que aquelas encontradas em qualquer mito ou lenda. Alguém que foi estranhamente destinado para revelar ao mundo o significado místico do vinho e a real beleza dos lírios do campo como ninguém jamais havia feito, nem no Cíteron, nem no Etna.

O canto de Isaías, "*Ele é desprezado e rejeitado pelos homens, um homem em meio a sofrimentos e familiarizado com a dor. E nós, diante dele, escondemos as nossas faces.*", parecia a Ele um presságio, uma profecia que Nele se cumpriu. Não devemos temer uma frase desse tipo. Toda obra de arte é a realização de uma profecia, pois todo trabalho artístico é a conversão de uma idéia para uma imagem. Cada um dos seres humanos deveria ser a realização de uma profecia, pois cada ser humano deveria ser a realização de um ideal, tanto na mente de Deus quanto na mente do homem. Cristo encontrou um modelo e o aprimorou. E o sonho de um poeta virgiliano, tanto em Jerusalém quanto na Babilônia, encarnou-se, com o passar dos séculos, naquele pelo qual todos estavam esperando. "*Seu semblante era diferente do de qualquer outro homem, e seu corpo maior do que os dos filhos dos homens*" eram os sinais para que, segundo Isaías, pudéssemos distinguir um novo ideal. E, tão logo pôde a Arte compreender o real significado disso, abriu-se como uma flor na presença de alguém que elevou a verdade artística para além do que se situava até então. E não é a verdade na arte, como eu já havia dito, que faz com que o externo torne-se a expressão do interno, que faz a alma encarnar, que deixa o corpo impregnado pelo espírito e na qual a Forma revela-se?

Para mim, um dos fatos mais lamentáveis da História foi não terem permitido ao renascimento de Cristo — que produziu a Catedral de Chartres, o ciclo de lendas de Artur, a vida de São Francisco de Assis, a arte de Giotto e a *Divina Comédia* de Dante — desenvolver-se por si só, sendo interrompido e espoliado pelo medonho Renascimento Clássico que nos deu Petrarca, os afrescos de Rafael, a arquitetura do Paládio, a tragédia formal francesa, a Catedral de St. Paul, a poesia de Pope e tudo aquilo que é feito exteriormente, ditado por regras já mortas, sem brotar de nenhum espírito que o inspire. Todavia, enquanto houver um movimento romântico na arte, haverá de alguma forma — e sob alguma forma — a presença de Cristo ou a alma de Cristo. Ele está em *Romeu e Julieta*, no *Conto de inverno*, na poesia provençal, no *Velho marinheiro*, em *La belle dame sans merci* e na *Balada da caridade*, de Chatterton.

Devemos a Ele as mais diversas coisas e pessoas: *Os miseráveis*, de Vítor Hugo; *As flores do mal*, de Baudelaire; o tom piedoso dos romances russos; os vitrais, tapeçarias e obras quatrocentistas de Burne-Jones e Morris; Verlaine e seus poemas — tudo isso a Ele pertence como a Torre de Giotto, Lancelot e Guinevere, Tannhäuser, o mármore perturbador de Michelangelo, a arquitetura gótica e o amor pelas crianças e pelas flores. Sobre essas duas últimas, na arte clássica não havia muito espaço para flores e crianças — dificilmente as veríamos crescendo ou brincando. Entretanto, a partir do século XII, sob diversos aspectos e em várias ocasiões, ambas vêm progressivamente ocupando o seu lugar na arte, espasmódica e teimosamente como sempre o fazem as flores e as crianças — na primavera, parece-nos que as flores estiveram escondendo-se por um bom tempo e só saíram para ver o sol porque tinham medo de que as pessoas crescidas, cansadas de procurá-las, pudessem desistir de sua busca; e a vida de uma criança não dura mais que um dia de abril, no qual há sol e chuva para os narcisos.

É essa qualidade imaginativa inerente à natureza de Cristo que faz Dele o palpitante centro do romantismo. As estranhas figuras presentes no drama poético e nas baladas são construídas pela imaginação alheia, contudo, Jesus de Nazaré criou inteiramente a si mesmo a partir de sua própria imaginação. A relação entre o grito de Isaías e a sua chegada é análoga ao cantar do rouxinol diante do aparecimento da lua — nem mais, e talvez nem menos. Ele era a negação e a afirmação da profecia. Pois, para cada expectativa que realizou, havia outra que Ele destruiu. Em toda beleza, diz Bacon, há "algo de estranhas proporções" e Cristo, ao falar daqueles que nasceram do espírito, daqueles — isto deve ser dito — que como Ele são forças dinâmicas, os compara ao vento que *"sopra por onde quer e do qual ninguém pode dizer de onde veio ou para onde irá"*. Esse é o motivo pelo qual Ele fascina os artistas. Ele traz em si todas as cores elementares da vida: o mistério, a estranheza, o patético, a sugestão, o êxtase e o amor. Ele aparece para o temperamento indagador e cria o único estado de espírito pelo qual pode ser compreendido.

É uma alegria para mim fazer lembrar que, se ele é "composto totalmente de imaginação", o próprio mundo deve ser feito da mesma substância. Eu disse em *Dorian Gray* que os grandes pecados do mundo têm lugar apenas no cérebro, pois é no cérebro que tudo tem seu lugar. Sabemos agora que nós não vemos com os olhos, nem escutamos com os ouvidos. Estes são meros canais de transmissão — adequados ou não — das impressões sensoriais. É no cérebro onde a papoula é vermelha, onde a maçã é perfumada e onde canta a cotovia.

Ultimamente, com grande zelo eu estive estudando os quatro poemas em prosa sobre Cristo. No Natal, consegui obter o Novo Testamento em grego, e toda a manhã, depois de limpar minha cela e polir meus artefatos de estanho, leio um pouco dos Evangelhos, doze versículos escolhidos ao acaso. É uma excelente forma de se começar o dia. Para você, em sua vida turbulenta e indisciplinada, seria extremamente importante que também fizesse o mesmo. Faria-lhe um bem infinito e o grego é muito simples. A interminável repetição, dia após dia, deteriora para nós a *naïveté*, o frescor e o singelo encantamento romântico que estão presentes nos Evangelhos. Ouvimos suas leituras, geralmente péssimas, com uma demasiada freqüência e toda repetição é antiespiritual. Quando retornamos ao grego, é como se estivéssemos adentrando num jardim de lírios, do lado de fora de alguma casa estreita e escura.

E meu prazer é duplicado ao lê-lo, pois penso que, muito provavelmente, está em meu poder uma reprodução dos termos reais, *ipsissima verba*, utilizados por Cristo. Sempre se supôs que Cristo falava aramaico. Até mesmo Renan acreditava nisso. Entretanto, hoje nós sabemos que os camponeses da Galiléia, assim como os camponeses irlandeses, eram bilíngües, e que o grego era a língua comum para intercomunicação em toda a Palestina como também em todo o mundo oriental. Nunca gostei da idéia de conhecermos a palavra de Cristo por meio da tradução da tradução. É um deleite para mim pensar que, pelo menos no território da conversação, Cármides poderia tê-lo ouvido, Sócrates argumentado com ele e Platão o teria compreendido. Que palavras Ele realmente proferiu ao dizer "*Eu sou o Bom Pastor*" ou ao falar "*Olhai os lírios do campo, como crescem; eles não trabalham, tampouco fiam*"? E quais foram as suas últimas palavras, quando gritou "*Minha vida completou-se, alcançou sua realização e sua perfeição*"? No exemplar grego, São João conta que "*Está tudo acabado*" é o que foi dito, nada mais.

E, ao fazer a leitura dos Evangelhos — particularmente aquele escrito pelo próprio São João ou por qualquer um dos primeiros gnósticos que se disfarçou sob o seu nome e manto —, posso notar a contínua asserção da imaginação como base de toda vida espiritual e material. Posso ver também que a imaginação de Cristo era simplesmente um forma de amor, que para Ele o amor era o Senhor no mais completo significado dessa frase. Há umas seis semanas, foi-me permitido pelo médico ter pão branco para comer, em vez dos grosseiros pães pretos ou marrons que são servidos normalmente na prisão. Isto é uma grande delicadeza. Para você,

147

pode parecer muito estranho que um pão seco possa ser uma delicadeza para alguém. Asseguro-lhe que para mim o é, chego ao ponto de, próximo ao final das refeições, comer cuidadosamente todas as migalhas que caíram em meu prato de estanho ou sobre a toalha que se usa para não sujar a mesa. Não faço isso por fome — agora recebo comida suficiente —, faço-o simplesmente para que nada que me foi dado seja desperdiçado. É assim que todos deveriam considerar o amor.

"O espectro da mulher está repousando", O espectro *(1851)*.

Como todas as personalidades fascinantes, Cristo tinha não apenas o poder de dizer coisas belas, mas também o de fazer com que as pessoas dissessem coisas belas a Ele. Adoro a história que São Marcos nos conta a respeito da mulher grega que, quando testada em sua fé, ouviu Cristo lhe dizer que não poderia dar-lhe o pão das crianças de Israel e respondeu que os cachorrinhos — uma expressão digna de piedade — que ficam embaixo das mesas comem os farelos que as crianças deixam cair. A maioria das pessoas vive *para* ser amada e admirada, mas é *pelo* amor e *pela* admiração que devemos viver. Se nos demonstram amor, devemos reconhecer que não somos dignos dele. Ninguém é digno de ser amado. O fato de Deus amar o homem demonstra que na divina ordem das coisas ideais está escrito que o amor eterno deve ser dado a quem é eternamente indigno dele. Ou, se essa frase parece um tanto amarga a você, digamos que todos são merecedores de amor, exceto aquele que julga merecê-lo. O amor é um sacramento que deveria ser recebido de joelhos e o *Domine, non sum dignus* deveria estar nos lábios e no coração de todos aqueles que o recebem. Acho que você deveria pensar nisso de vez em quando. Você precisa muito disso.

Caso eu volte a escrever no intuito de produzir uma obra de arte, há apenas dois temas sobre os quais e pelos quais eu desejaria expressar-me: um é "Cristo, o precursor do movimento romântico na vida", e o outro é "A Vida Artística de acordo com a conduta". O primeiro é, claro, absolutamente fascinante, já que não vejo em Cristo apenas os elementos essenciais da suprema figura romântica, mas também todos os imprevistos e até a obstinação que compõem o temperamento romântico. Ele foi a primeira pessoa a dizer que deveríamos viver como as flores. Ele cunhou a frase. Ele tomou as crianças como exemplo daquilo que as pessoas deviam tornar-se. Ele as apontava como exemplo para os mais velhos, algo que eu mesmo sempre pensei ser a principal função das crianças, se é que a perfeição deve ter alguma função. Dante descreve a alma do homem como algo vindo das mãos de Deus "chorando e rindo como uma criancinha", e Cristo também disse que a alma de cada homem deveria ser *"como uma menina, que chora e ri enquanto brinca"*.[90] Ele notou que a vida é mutável, fluida, ativa, e que permitir sua extereotipação sob qualquer forma significava a morte. Ele compreendeu que as pessoas não deveriam levar tão a sério seus interesses materiais, que a falta de praticidade poderia ser uma grande coisa, que as pessoas não deveriam preocupar-se tanto com seus problemas. "Se os pássaros não fazem isso, porque o homem deveria fazê-lo?" Ele é encantador quando diz: "Não pensem no amanhã. Não é a *alma* mais do que a carne? Não é o *corpo* mais do que a vestimenta?". Um grego poderia ter dito essa última frase. Ela está prenhe de sentimentos gregos. Mas apenas Cristo poderia ter dito ambas, resumindo para nós qual é o sentido de uma vida perfeita.

Toda sua ética é compaixão, exatamente como a ética deveria ser. Se a única coisa que Ele tivesse dito fosse "os pecados dela foram perdoados porque ela amou muito", teria valido a pena morrer para dizê-la. Toda sua justiça é poética, exatamente como a justiça deveria ser. O mendigo vai para o céu porque foi um ser infeliz. Não consigo ver melhor razão para tal. As pessoas que trabalham durante uma hora em um vinhedo no frescor do entardecer recebem a mesma recompensa que aqueles que labutaram todo o dia sob o sol escaldante. E por que não deveriam? Provavelmente, ninguém merecesse ser recompensado. Ou talvez fossem pessoas diferentes. Cristo não tinha paciência com sistemas mecânicos insensíveis que tratam as pessoas como se elas fossem objetos e que, assim, acabam tratando a todos da mesma maneira, como se tudo no mundo fosse a mesma coisa. Para Ele, não havia regras, apenas exceções.

Aquilo que é a pedra de toque da arte romântica era, para Ele, a base apropriada para a vida atual. Ele não via outra fundamentação. E, quando levaram até Ele uma mulher pega em flagrante no ato de pecar, e lhe mostraram a sentença prescrita na lei, e lhe perguntaram o que deveria ser feito, Ele ficou escrevendo no chão com o dedo como se não tivesse escutado nada. Finalmente, depois de muito insistirem,

---

90) No original, Wilde faz a citação do *Purgatório* de Dante em italiano: "a guisa di fanciulla, che piagendo e ridendo pargoleggia". (N.T.)

Ele levantou os olhos e disse: "Que atire a primeira pedra aquele entre vocês que nunca pecou.". Valeu a pena viver para dizer tal frase.

Como todos os que têm natureza poética, Ele amava os ignorantes. Ele sabia que na alma de um ignorante sempre havia lugar para uma grande idéia. Mas Ele não suportava os estúpidos, principalmente aqueles que se tornaram estúpidos devido à educação — gente que tem sempre opinião sobre tudo e que não consegue entender nenhuma delas, uma espécie de gente particularmente moderna, que Cristo resumiu bem quando a descreveu como sendo a possuidora da chave do conhecimento, mas que não a usava nem permitia que qualquer outro o fizesse, apesar de ser a chave certa para abrir a porta do Reino de Deus. Sua principal luta era contra os filisteus. Esta é a luta que todo filho da luz deve travar. O filistinismo era a marca principal da época e da comunidade nas quais Ele vivia. Em sua postura extremamente refratária a qualquer idéia diferente, na sua obtusa respeitabilidade, em sua ortodoxia tediosa, em sua adoração ao sucesso mais vulgar, em sua mais completa preocupação com o aspecto materialista e grosseiro da vida e na ridícula valorização de si mesmos e de sua importância, os judeus da Jerusalém dos tempos de Cristo eram a exata contrapartida dos filisteus ingleses de nossos dias. Cristo zombava desses "sepulcros caiados" de respeitabilidade e cunhou essa frase para sempre. Ele tratava o sucesso absoluto como algo que deveria ser completamente desprezado. Não achava nada de mais nisso. Ele via a riqueza como um estorvo para o homem. Não admitia a possibilidade de a vida ser sacrificada em nome de qualquer sistema filosófico ou moral. Ele afirmava que rituais e cerimônias haviam sido criados para o homem, e não o contrário. Ele tomou o respeito ao sabá como o tipo de coisa que deveria ser desafiado. Ele expôs e desdenhou a filantropia sem entusiasmo, a caridade com ostentação, os tediosos formalismos tão caros à classe média. Para nós, o que chamamos de ortodoxia é apenas uma simplória e estúpida aquiescência, mas, para eles, que tinham o poder nas mãos, tratava-se de uma terrível e asfixiante tirania. Cristo varreu-a para longe. Ele mostrou que apenas o espírito deve ser valorizado. Ele tinha um imenso prazer em mostrar que, apesar de viverem lendo as leis e os profetas, os filisteus não tinham a mais remota idéia do que tudo aquilo queria dizer. Em oposição à postura deles de dividir cada dia em uma rotina inflexível de deveres predeterminados, da mesma forma que dividiam o hortelã e a arruda, Cristo pregava a imensa importância de se viver totalmente para o momento presente.

Aqueles a quem Ele salvou dos pecados foram salvos simplesmente graças aos belos momentos que tiveram em suas vidas. Ao ver Cristo, Maria Madalena quebra o rico vaso de alabastro que um de seus sete amantes havia-lhe dado e derrama as fragrâncias em seus pés cansados e empoeirados, e por causa desse gesto ganha para sempre seu lugar no céu ao lado de Ruth e Beatriz. Tudo o que Cristo nos diz como uma rápida advertência é que *cada* momento deve ser belo, que a alma deve estar *sempre* pronta para a chegada do noivo, *sempre* à espera da voz do amante. O filistinismo é simplesmente uma parte da natureza humana que não foi iluminada pela imaginação e Ele vê todas as adoráveis influências da vida como formas de luz: a própria imaginação é o mundo da luz, o mundo é feito a partir dela e ainda assim o mundo não a compreende. Isso acontece porque a imaginação é simplesmente uma manifestação de amor, e é o amor e a capacidade de amar que distinguem um ser humano do outro.

Mas é quando lida com o pecador que Cristo é mais romântico, em um sentido mais realista do termo. O mundo sempre amou a santidade por ver nela a condição mais próxima da perfeição de Deus. Por algum instinto divino, Cristo parece ter sempre amado o pecador por ver nele a condição mais próxima da perfeição do homem. Seu desejo básico não era recuperar as pessoas, nem dar alívio ao sofrimento. Não era sua meta transformar um ladrão interessante em um homem honesto, porém, entediante. Ele não se interessaria pela Sociedade de Auxílio aos Presidiários e outras instituições modernas do mesmo tipo. A conversão de um publicano em fariseu não lhe teria parecido de grande importância. Mas, de uma forma que o mundo ainda não conseguiu compreender, considerava o pecado e o sofrimento como sendo, por si mesmos, coisas belas e sagradas, verdadeiras formas de perfeição. Isso *soa* como uma idéia por demais perigosa. E realmente é. Todas as grandes idéias *são* perigosas. É por isso que a doutrina de Cristo não admite dúvidas. Essa é a verdadeira doutrina, e eu não duvido disso.

É claro que o pecador deve arrepender-se. Mas por quê? Simplesmente porque, de outra forma, ele seria incapaz de entender o que fez de errado. O momento de arrependimento é o momento de iniciação. Mais do que isso. É o meio pelo qual podemos alterar nosso passado. Os gregos achavam que isso era impossível e disseram inúmeras vezes em seus aforismos gnômicos que "nem os deuses podem alterar o passado". Cristo demonstrou que o mais vulgar dos pecadores poderia fazê-lo. Na verdade, é a única coisa que poderia fazer. Estou certo de que, caso Cristo fosse questionado a respeito, teria respondido que o momento em que o filho pródigo caiu de joelhos e chorou — por ter gasto todo seu sustento com meretrizes e por ter sido guardador de porcos e ter cobiçado a lavagem que eles comiam — se transformaria imediatamente em um dos momentos mais belos e sagrados de sua vida. Mas essa é uma idéia difícil de ser digerida pela maioria das pessoas. Até ouso dizer que é preciso ir para a prisão para compreendê-la. Se for assim, talvez tenha valido a pena ter sido preso.

Há algo de muito especial em Cristo. Da mesma maneira que há falsos alvoreceres antes do verdadeiro e dias de inverno tão subitamente iluminados que induzem o sábio açafrão a espargir seu ouro antes do tempo e o pássaro tolo a chamar seu companheiro para construir um ninho nos galhos de uma árvore seca, é claro que também houve cristãos antes de Cristo. Devemos ser gratos por isso. A tragédia é que não existiu mais nenhum depois d'Ele. Faço apenas uma exceção: São Francisco de Assis. Mas Deus lhe dotou com uma alma de poeta e ele mesmo, quando jovem, acabou tomando a pobreza como noiva em um casamento místico. E com sua alma de poeta e seu corpo de mendigo ele achou sem dificuldades seu caminho para a perfeição. Ele compreendeu Cristo e acabou tornando-se igual a ele. Não precisamos ler o *Liber Conformitatum*[91] para saber que a vida de São Francisco foi o verdadeiro *Imitatio Christi*: um poema que faz o livro que leva o mesmo nome ser apenas uma obra em prosa. De fato, o encanto de Cristo reside justamente quando tudo já está dito. É como se Ele mesmo fosse uma obra de arte. Ele não nos ensina realmente nada, mas quando somos levados à sua presença nos tornamos alguma coisa. E todos estão predestinados à sua presença. Pelo menos uma vez na vida cada homem caminha com Cristo até Emaús.

Você certamente achará estranha a escolha do outro tema, a relação da vida artística com a conduta. As pessoas apontam para o Cárcere de Reading e dizem: "É para lá que a vida artística leva um homem". Bem, ela poderia levar para lugares piores. As pessoas mais calculistas, para quem a vida não passa de uma arguta especulação ligada a cuidadosas maquinações de modos e meios, sempre sabem para onde estão indo e seguem em frente. Eles começam querendo ser um bedel de paróquia e, independente do que façam, acabam tornando-se bedel de paróquias e nada mais. Um homem que deseja ser alguma coisa diferente de si mesmo, como um membro do Parlamento, um dono de mercearia, um advogado proemanente, um juiz ou algo igualmente tedioso, invariavelmente consegue realizar o que almejava. Esse é o seu castigo. Aquele que deseja uma máscara é obrigado a usá-la.

Mas com as forças dinâmicas da vida e com aqueles que a encarnam é diferente. As pessoas que desejam somente atingir a autorrealização nunca sabem para onde estão indo. Nem podem sabê-lo. De uma certa forma, isso é necessário, como bem disse o oráculo grego: "conhece-te a ti mesmo". Este é o primeiro objetivo do conhecimento. Mas reconhecer que a alma humana é inescrutável é o objetivo supremo da sabedoria. O mistério final somos nós mesmos. Quando finalmente pesarmos o sol em uma balança, medirmos os passos até a lua e mapearmos o universo estrela por estrela, ainda restará nós. Quem pode calcular a órbita de sua própria alma? Quando o filho de Kish saiu em busca do que pertencia a seu pai, não podia imaginar que um homem de Deus estava à sua espera com a própria crisma da coroação e que sua alma já era a alma de um rei.

Espero viver ainda muito e poder produzir obras tão importantes que, no final do meus dias, eu possa dizer: "Sim, é exatamente para um lugar assim que a vida artística leva um homem". Duas das vidas mais perfeitas que conheci foram as de Verlaine e a do príncipe Kropotkin, ambos homens que passaram anos na prisão.

---

91) Compilação de textos mostrando as semelhanças entre a vida de Cristo e de São Francisco de Assis, escrita pelo frade Bartolomeu de Pisa no século XIV. (N.T.)

O primeiro, o único poeta cristão desde Dante, e o outro, um homem com a alma daquele belo Cristo branco que parece ter vindo da Rússia. E, durante esses últimos sete ou oito meses, apesar de eu ter sido atingido por uma sucessão quase ininterrupta de problemas vindos do mundo exterior, fui colocado em contato direto com um novo espírito que age nessa prisão por meio dos homens e das coisas, o que me ajudou de uma forma que eu jamais conseguiria expressar em palavras. Então, enquanto no meu primeiro ano de prisão — me lembro bem disso — eu não fiz nada além do que retorcer as mãos em impotente desespero e dizer "Que fim! Que pavoroso fim!", agora tento dizer a mim mesmo — às vezes, quando não me estou torturando, chego a ser realmente sincero: "Que começo! Que maravilhoso começo!". Talvez realmente o seja. Ou possa vir a sê-lo. E, se assim o for, deverei muito a essa nova personalidade que alterou a vida de cada homem nessa prisão.[92]

As coisas em si são de pouca importância e não têm, de fato, uma existência real — vamos aproveitar e agradecer pela primeira vez à metafísica por algo que ela nos ensinou. Apenas o espírito, e somente ele, tem importância. A punição pode ser infligida de tal forma, que acaba curando, e não ferindo, da mesma maneira que uma esmola dada pode acabar fazendo o pão virar pedra, dependendo de quem faz o donativo. Que diferença isso faz — não nos regulamentos propriamente ditos, pois estes estão inscritos em leis férreas, mas no espírito de quem os usa como uma forma de expressão. Você pode compreender o que estou dizendo quando lhe afirmo que, se eu tivesse sido libertado em maio passado, como queria que acontecesse, eu teria deixado esse lugar enojado de tudo e de todos e com um ódio tão amargo, que teria envenenado minha vida. Fiquei mais um ano na prisão, mas a humanidade estava com todos nós. Agora, quando estou prestes a sair, estou certo de que levarei sempre comigo na lembrança a imensa bondade que quase todos me dedicaram e no dia da minha libertação terei muita gente a quem agradecer e irei pedir-lhes que também se lembrem de mim.

O sistema penitenciário é absolutamente equivocado. Daria qualquer coisa para poder modificá-lo quando saísse daqui. Estou disposto a tentar. Mas não há nada no mundo tão errado que o espírito da humanidade, que é também o espírito do amor, o espírito de Cristo que não está nas igrejas, não possa tentar tornar, se não correto, pelo menos possível de suportar sem muita amargura no coração.

Também sei que há muitas coisas maravilhosas me esperando lá fora, desde aquilo que São Francisco de Assis chamava de "meu irmão, o vento" e "minha irmã, a chuva" — coisas realmente adoráveis — até as vitrines das lojas e os crepúsculos das grandes cidades. Se eu fosse fazer uma lista de tudo o que ainda me aguarda, não saberia onde parar. Na verdade, Deus fez o mundo tanto para mim

---

92) Wilde está referindo-se ao major James Nelson, que assumiu a direção da prisão de Reading em 1896. (N.T.)

quanto para qualquer outro. Talvez eu saia daqui levando algo que nunca tive antes. Não preciso dizer a você que, para mim, qualquer tipo de reforma moral é tão inexpressiva e vulgar quanto a reforma religiosa. Contudo, enquanto a proposta de tornar-se um homem melhor não passa de uma idéia sem base científica, tornar-se um homem mais íntegro é um privilégio daqueles que sofreram. É nesse homem que creio ter-me transformado. Você que julgue por si mesmo.

Se depois de eu ser libertado um amigo der uma festa e não me convidar, não vou ligar a mínima. Posso ficar perfeitamente feliz comigo mesmo. Como não ser feliz com a liberdade, os livros, as flores e a lua? Além do mais, as festas não são mais para mim. Já dei muitas festas para continuar importando-me com elas. Esse lado da vida acabou para mim — felizmente, ouso dizer. Mas, se depois que eu for libertado um amigo estiver em dificuldades e não me permitir compartilhar de sua angústia, aí sim ficarei amargurado. Se ele bater a porta de sua casa enlutada na minha cara, eu voltarei quantas vezes for necessário e suplicarei para ser permitida a minha entrada para que eu possa compartilhar também daquela dor. Caso ele me ache indigno de fazê-lo, alguém impróprio para chorar a seu lado, sentirei a mais dolorosa das humilhações, como se fosse a maior e mais terrível desgraça a cair sobre mim. Mas isso jamais aconteceria, eu tenho o direito de compartilhar o pesar. Aquele que pode admirar a beleza do mundo e compartilhar o sofrimento, percebendo o que há de bom em ambas as situações, está em contato direto com as coisas divinas e está mais próximo dos desígnios de Deus do que qualquer outro.

Talvez tanto a minha arte quanto a minha vida ainda venham a ganhar uma maior profundidade, uma paixão mais intensa e um entusiasmo mais objetivo. É a intensidade a verdadeira meta da arte moderna, não a sua extensão. Não podemos ater-nos a padrões quando o assunto é arte. É com as exceções que nos devemos preocupar. Sou obrigado a dizer que não sou capaz de descrever meus sofrimentos tal e qual eles aconteceram e que a arte só principia quando a imitação finda. Mas algo de superior deve impregnar a minha obra, seja com uma maior harmonia de vocabulário, com cadências mais ricas ou mesmo com alguns efeitos interessantes de tons, com uma ordem arquitetônica mais simples ou uma qualidade estética diferente.

Quando Marsyas foi "arrancado da bainha de seus membros" — *dalla vagina delle membre sue*, para usar uma das frases mais terríveis e taciteanas de Dante —, os gregos disseram que ele não tinha mais nenhuma canção. Apolo havia vencido. A lira havia derrotado a flauta. Mas talvez os gregos tenham-se enganado. Ainda sou capaz de ouvir o grito de Marsyas em muitas das modernas obras de arte. Ele é amargo em Baudelaire, doce e lamurioso em Lamartine, místico em Verlaine. Está nas atenuadas soluções musicais de Chopin. Está na insatisfação que assombra as faces recorrentes das mulheres de Burne-Jones. Até mesmo Mathew Arnold, cujo poema de Callicles fala de "um triunfo da doce e persuasiva lira" e da "célebre vitória final", está eivado de beleza lírica, apesar do problemático semitom que questiona e angustia constantemente seus versos. Nem Goethe nem Wordsworth poderiam curá-lo desse mal, e por isso ele preferiu imitar a cada um deles por vez e, quando procura prantear "Tirse" ou enaltecer a "Cigana Erudita", é à flauta tosca que ele recorre. Mas, mesmo que o fauno Prígio possa manter-se em silêncio, eu não posso. A expressão é tão importante para mim quanto a folha e as flores o são para os negros galhos das árvores que se mostram por cima dos muros da prisão, sempre tão agitados ao sabor dos ventos. Entre a minha arte e o mundo, há agora um imenso abismo, mas, entre mim e minha arte, não há nada a nos separar. Pelo menos é isso o que anseio.

O destino reservou diferentes fados para cada um de nós. O seu quinhão foi liberdade, prazer, entretenimento, uma vida confortável — sem que você merecesse recebê-lo. Já o meu quinhão foi a infâmia pública, um longo encarceramento, a miséria, a ruína, a desgraça — e eu também não fui merecedor de nada disso. Nem o sou, ainda. Lembro-me que eu costumava dizer que seria capaz de suportar uma verdadeira tragédia caso ela abatesse-se sobre mim envolta em um manto púrpura e usando uma máscara de nobre pesar, mas a coisa mais terrível a respeito da modernidade é que ela colocou a tragédia em trajes de comédia, o que fez com que as grandes verdades parecessem lugares-comuns, coisas grotescas ou desprovidas de estilo. Essa é a pura verdade a respeito da modernidade. E tem muita serventia para os dias de hoje. Diz-se que todos os martírios parecem medíocres aos olhos de quem os vê. O século XIX não é uma exceção à regra.

Tudo o que diz respeito à minha tragédia tem sido hediondo, medíocre, repelente e de mau gosto. Nossos próprios uniformes nos deixa grotescos. Somos os bobos da corte do sofrimento, palhaços cujos corações foram partidos. Fomos especialmente designados para fazer os outros rirem. No dia 13 de novembro de 1895, fui trazido de Londres para cá. Das duas horas até as duas e meia deste dia tive de ficar de pé no centro da plataforma da estação Clapham vestindo uniforme de presidiário e algemado, em exposição aos olhos do mundo. Fui retirado da enfermaria do hospital sem qualquer aviso prévio. De todos os objetos que haviam ali, eu era o mais grotesco. As pessoas riam quando me viam. Cada trem que chegava trazia mais público. Nada lhes poderia divertir mais. É claro que isso foi antes de eles saberem quem eu era. Assim que foram informados, passaram a rir ainda mais. Durante meia hora, fiquei ali, sob a cinzenta chuva de novembro e cercado por uma turba de zombeteiros. Durante um ano, após tudo isso ter acontecido comigo, chorei todos os dias à mesma hora e pelo mesmo período de tempo. Isso não é tão trágico quanto pode soar para você. As lágrimas fazem parte da experiência cotidiana daqueles que estão na prisão. Um dia sem chorar não significa que nosso coração está feliz, mas sim que ele endureceu.

Vista da St. James's Street (1895).

Bem, agora eu estou começando realmente a sentir mais pena daqueles que riram de mim do que de mim mesmo. É óbvio que, quando eles me viram, eu não estava em meu pedestal. Eu estava no pelourinho. Mas é bem pouco criativo preocupar-se apenas com pessoas em pedestais. Um pedestal pode ser algo bem artificial. Já um pelourinho é de uma realidade terrível. Eles deveriam ter sabido também como interpretar melhor o sofrimento. Já disse que por trás da tristeza há sempre mais tristeza. Seria ainda mais sábio dizer que por trás da tristeza e do sofrimento há sempre uma alma. E zombar de uma alma que sofre é algo horrível. São repugnantes aqueles que o fazem. Nesse estranho e simples sistema econômico do mundo, as pessoas só recebem o que dão. Então, que outra coisa a não ser o desprezo pode ser dada àqueles que não têm imaginação o bastante para penetrar além da mera aparência das coisas e apiedar-se de quem sofre?

Estou relatando a você como fui trazido para cá apenas para que entenda o quão difícil tem sido para mim extrair algo do meu castigo que não seja amargura e desespero. No entanto, eu tenho de fazê-lo, e de vez em quando tenho momentos de resignação e aceitação. Toda a primavera pode estar escondida dentro de um simples botão de flor e o ninho rasteiro da cotovia pode guardar a alegria do prenúncio de muitos róseos alvoreceres, assim como a alegria que ainda pode estar reservada para mim esteja contida em muitos momentos de submissão, degradação e humilhação. De qualquer maneira, a única coisa que posso fazer é simplesmente prosseguir no caminho de meu próprio desenvolvimento e, ao aceitar todas as coisas que têm acontecido comigo, fazer-me digno delas.

As pessoas costumavam dizer que eu era muito individualista. Preciso sê-lo agora mais do que jamais fui. Preciso exigir ainda mais de mim do que já exigi antes e pedir ao mundo bem menos do que um dia pedi. De qualquer modo, minha ruína chegou, não por ter sido por demais individualista na vida, mas por tê-lo sido pouco. A única ação vergonhosa, imperdoável e desprezível que cometi em toda a minha vida foi permitir a mim mesmo ter de pedir ajuda e proteção à sociedade contra seu pai. Pedir ajuda contra quem quer que seja já seria, sob o ponto de vista do individualismo, ruim o bastante, mas que desculpa pode ser dada por ter-se feito tal pedido justamente contra alguém daquela natureza e aspecto?

Obviamente, a partir do momento em que coloquei em ação as forças sociais, elas logo se voltaram contra mim e a sociedade me disse: "Você sempre viveu desafiando minhas leis e agora clama por elas para se proteger? Pois essas leis serão cumpridas até o fim. Você terá exatamente o que pediu.". O resultado disso é que acabei encarcerado. E pude sofrer amargamente a ironia e a ignomínia da minha situação quando, no decorrer dos meus três julgamentos, a começar pela Corte de Polícia, vi seu pai tentando desesperadamente chamar a atenção do público, como se fosse possível não notar ou não lembrar de seu andar em trajes de cavalariço, de suas pernas arqueadas, de suas mãos trêmulas, de seu lábio inferior pendendo da boca, de seu esgar bestial e estúpido. Eu tinha consciência de sua presença mesmo quando ele não estava lá ou estava fora das vistas, e as lúgubres e nuas paredes da sala do júri — até o próprio ar, eu diria — pareciam estar adornadas com inúmeras máscaras representando aquela sua face de símio. Certamente nenhum homem sentiu-se tão ignóbil e foi tratado de maneira tão vil quanto eu. Disse, em alguma parte de *Dorian Gray*, que "um homem não deve ser por demais cuidadoso ao escolher seus inimigos". Eu nem podia imaginar que seria transformado em um pária por alguém dessa mesma laia.

Tudo isso me levou — me forçou, na verdade — a pedir socorro à sociedade, e essa é uma das razões que me fazem desprezar tanto você, da mesma forma que me desprezo por ter concordado com você em tomar tal atitude. Você não me admirar como artista era até desculpável. Fazia parte de seu temperamento. Você não tinha o que fazer quanto a isso. Mas você devia admirar-me como um individualista. Para tal, não é necessário cultura. Mas você não o fez e inoculou o elemento do filistinismo em nossas vidas, apesar de todos os protestos e do risco de que elas pudessem ser completamente aniquiladas, sob vários pontos de vista. O elemento filisteu na vida não se deve à incapacidade de se compreender a arte. Pessoas encantadoras como os pescadores, os pastores, os lavradores, os camponeses e gente da mesma estirpe não entendem nada de arte e são o verdadeiro sal da terra.

157

É o filisteu quem sustenta e auxilia as pesadas, enfadonhas e cegas forças mecânicas da sociedade. Ele não consegue reconhecer uma força dinâmica mesmo quando a vê em um homem ou em uma atitude.

Página de rosto de Salomé, *ilustrada por Aubrey Beardsley.*

As pessoas acham terrível eu ter entretido à mesa de jantar tantos seres diabólicos e ter encontrado prazer em sua companhia. Mas eles eram, a partir de um ponto de vista artístico da vida, maravilhosamente sugestivos e instigantes. Era como estar em uma festa com panteras. O perigo era metade do excitamento. Costumava sentir-me como um encantador de serpentes que consegue ludibriar a cobra e a atrai para fora de sua bolsa de tecido pintado ou do cesto de vime onde se esconde, fazendo com que ela retorça-se toda a um comando seu, balançando levemente no ar de um lado para o outro como se fosse uma planta ao sabor da brisa. Aqueles seres eram, para mim, as mais brilhantes das serpentes douradas. O veneno fazia parte de sua perfeição. Eu não fazia idéia de que, quando eles me atacassem, o fariam por um comando seu e às custas de seu pai. Não me sinto nem um pouco envergonhado por tê-los conhecido. Eles eram imensamente interessantes. O que me causa vergonha é a terrível atmosfera filistina que você criou ao redor de tudo. Na arte, meu assunto era com Ariel. Você me fez degladiar com Caliban. Em vez de criar coisas multicoloridas e musicais como *Salomé*, *A tragédia florentina* e *La Sainte Courtisane*, vi-me forçado a escrever longas cartas dignas de um advogado a seu pai e fui coagido a pedir ajuda justamente àquilo contra o qual sempre me bati. Clibborn e Atkins foram maravilhosos em sua batalha infame contra a vida. Entretê-los em casa foi uma aventura extraordinária. Dumas *père*, Cellini, Goya, Edgar Allan Poe ou mesmo Baudelaire teriam feito o mesmo. O que realmente me enoja é a lembrança das intermináveis visitas feitas por mim ao advogado Humphreys em sua companhia, quando ficávamos sentados naquela sala fria e de luz ofuscante — ambos com uma expressão solene — e contávamos as mais terríveis mentiras àquele senhor careca, o que me fazia gemer e bocejar de puro tédio. Foi para *um lugar desses* que dois anos de amizade com você me levou, diretamente para o centro do país dos filisteus, longe de tudo o que era belo, brilhante, maravilhoso ou audacioso. No final das contas, tive de seguir adiante portando-me — unicamente por seu interesse —

como o campeão da respeitabilidade, do puritanismo na vida e da moralidade na arte. *Voilà où mènent les mauvais chemins!*

O que me chama a atenção é o fato de você ter tentado imitar seu pai em suas principais características. Não consigo compreender por que ele seria um bom exemplo para você, quando deveria ser um alerta. A não ser que tenha sido porque, quando duas pessoas odeiam-se muito, acabe surgindo algum tipo de ligação ou afinidade. Creio que, por alguma estranha lei de antipatia aos semelhantes, vocês odiassem-se não pelo que tinham de diferente, mas por serem tão iguais. Quando você deixou Oxford em junho de 1893, sem um diploma, mas com dívidas — insignificantes, é verdade, mas bem consideráveis para um homem com as posses do marquês de Queensberry —, seu pai escreveu-lhe uma carta absolutamente vulgar, violenta e insultuosa. A carta que enviou a ele como resposta foi ainda pior e, claro, injustificável, o que fez com que você sentisse um enorme orgulho dela. Lembro-me muito bem de você me dizendo, da maneira mais afetada possível, que poderia derrotar seu pai "em seu próprio ofício". Isso é verdade. Mas que ofício! Que competição! Você costumava rir e zombar de seu pai por ele ter deixado a casa de um primo com quem estava morando para lhe escrever cartas aviltantes de um hotel nas vizinhanças. Você fez exatamente o mesmo comigo. Sempre que almoçávamos juntos em algum restaurante conhecido, você ficava amuado ou fazia alguma cena durante a refeição e, depois, ia para White's Club para, de lá, me escrever uma carta das mais sórdidas. A única diferença entre você e o seu pai é que, após ter despachado a carta por algum mensageiro especial, você chegava horas mais tarde aos meus aposentos e, em vez de se desculpar, queria saber se eu já havia reservado mesa no Savoy para o jantar. Caso não o tivesse feito, perguntava-me a razão. Às vezes você chegava antes mesmo de eu ter lido sua carta ofensiva. Lembro-me de uma ocasião em que me pediu para convidar dois de seus amigos para almoçar conosco no Café Royal, sendo que um deles eu nunca havia visto na vida. Concordei e, a seu pedido, encomendei os pratos mais caros e saborosos do cardápio. O *chef*, lembro-me bem, recebeu instruções detalhadas quanto aos vinhos a serem servidos. Em vez de almoçar, contudo, você me enviou uma carta insultuosa, que chegou às minhas mãos quando eu já estava à sua espera fazia meia hora. Li a primeira linha, vi do que se tratava e guardei a carta no bolso, explicando a seus amigos que você havia tido um mal súbito e que o resto da carta contava como você estava sentindo-se. Na verdade, eu não li a carta até estar pronto para o jantar na Tite Street naquela noite. E eu estava bem no meio desse atoleiro de palavras, indagando com profundo pesar como você podia escrever cartas que mais pareciam ter sido ditadas pelos lábios espumantes e raivosos de um epiléptico, quando meu criado veio até mim dizendo-me que você me aguardava na sala e que estava muito ansioso por ver-me nem que fosse por cinco minutos. Desci imediatamente e mandei que entrasse. Você chegou pálido e amedrontado, devo admitir, e suplicou pelos meus conselhos e ajuda, já que havia sido informado de que um homem da Lumley, um advogado, tinha perguntado por você em Cadogan Place. Seu temor era de que seus antigos problemas de Oxford ou algum novo perigo pudessem estar ameaçando-o. Consolei você dizendo que, provavelmente, devia-se tratar apenas de algum cobrador, suposição que depois se mostrou correta. Permiti que ficasse para o jantar e passasse a noite comigo. Você nunca mencionou uma palavra sequer a respeito de sua odiosa carta, nem eu o fiz. Tratei-a simplesmente como o sintoma infeliz de um temperamento igualmente infeliz. Nunca tocamos no assunto. Escrever uma carta asquerosa para mim às duas e meia da tarde e voar em minha direção rogando por ajuda e simpatia às sete e quinze da noite do mesmo dia era um fato perfeitamente banal em sua vida. Nisso, e em tantas outras coisas, você conseguiu superar seu pai. Quando as revoltantes cartas que ele enviou a você foram lidas na corte, ele naturalmente se sentiu envergonhado e fingiu estar chorando. Mas, se as cartas que você enviou a seu pai tivessem sido lidas pelos advogados, o horror e a repugnância seriam ainda maiores para todos os presentes. Não foi apenas no estilo que você conseguiu "batê-lo em seu próprio ofício". Também no modo de atacar você distanciou-se completamente, valendo-se até de telegramas e cartões-postais. Creio que você deveria ter deixado esses métodos para gente como Alfred Wood[93], que não tem outra forma de ganhar a vida, não é mesmo? O que era uma profissão para ele e para outros da mesma laia era um prazer para você, o mais sórdido de todos. Você não abandonou seu horrível hábito de escrever cartas ofensivas nem mesmo depois de tudo o que me aconteceu por causa delas. Você continua acreditando que as escrever é algo para se orgulhar e exercita-se enviando-as a meus amigos, a gente como Robert Sherard e outros, que foram tão bons para mim na prisão. Que coisa vergonhosa. Quando Robert Sherard soube que eu não desejava ver nenhum artigo a meu respeito publicado no *Mercure de France*, com cartas ou sem elas, você deveria ter sido grato a ele por ter respeitado a minha vontade e por ter, mesmo sem o desejar, salvo você de me infligir ainda mais dor do que já havia feito. Lembre-se que uma carta condescendente e filistina falando sobre "jogar limpo" e sobre "um homem decaído" é perfeito para um jornal inglês, pois mantém as antigas tradições do jornalismo inglês com respeito às atitudes que se deve ter com um artista. Mas na França algo assim teria exposto a mim ao ridículo e você ao desprezo. Eu não poderia permitir a publicação de qualquer artigo até que soubesse de seu objetivo, seu estilo e a forma pela qual o tema seria abordado. Na arte, as boas intenções não têm muito valor. Toda arte canhestra é o resultado de boas intenções.

Robert Sherard não é o único dos meus amigos a quem você endereçou aquelas cartas cáusticas e amargas, você fez o mesmo com todos aqueles que apenas queriam

---

93) Alfred Wood era um chantagista que deu provas contra Wilde em um de seus julgamentos. (N.T.)

ver meus desejos e meus sentimentos consultados quanto a assuntos do meu interesse, como a publicação de artigos a meu respeito, a dedicatória em seu livro de poemas, a entrega das minhas cartas e presentes e coisas assim. Além disso, também importunou ou procurou importunar outras pessoas.

Robert Sherard, amigo íntimo de Oscar Wilde.

Você já parou para pensar na horrível situação em que eu iria encontrar-me se dependesse de você como amigo ao longo desses dois anos de cumprimento da minha aterrorizante pena? Você já parou para pensar nisso? Será que se sentiu agradecido a todos aqueles que com uma bondade sem restrição, uma devoção sem limites, além de muita alegria e entusiasmo, ajudaram-me a tornar mais leve esse negro fardo que tenho de carregar, visitando-me inúmeras vezes, escrevendo-me cartas lindas e carinhosas, cuidando de meus negócios, preparando o meu futuro e permanecendo ao meu lado apesar das maledicências, dos escárnios, das zombarias e dos insultos? Agradeço todos os dias a Deus por ter-me dado amigos melhores que você. Devo tudo a eles. Todos os livros que estão em minha cela foram pagos por Robbie de seu próprio bolso. É dele também que virão os recursos para comprar minhas roupas quando eu for libertado. Não me envergonho de aceitar coisas que são dadas com tanto amor e carinho. Orgulho-me disso. Mas você já parou para pensar o que amigos como More Adey, Robbie, Robert Sherard, Frank Harris e Arthur Clifton representam para mim em termos de carinho, conforto, auxílio, solidariedade, entre outras coisas? Creio que isso nunca passou por sua cabeça. Você deveria pensar ainda — caso houvesse alguma imaginação em sua mente — em todos aqueles que foram gentis comigo em minha vida na prisão, desde o carcereiro que me dava "bom dia" e "boa noite" mesmo não sendo essas suas atribuições, passando pelos simples policiais que com seu jeito rude tentavam confortar-me em minhas idas e vindas da Corte de Falência, quando eu me encontrava no mais completo sofrimento mental. Até um pobre ladrão, ao me reconhecer enquanto caminhava ao meu lado no pátio de Wandsworth, sussurrou para mim naquela típica voz roufenha que os prisioneiros adquirem após um longo tempo de silêncio: "Sinto muito por você. Estar aqui é mais duro para pessoas como você do que para gente como nós.". Para todas elas — todas, repito — você deveria ajoelhar-se e limpar os sapatos sujos de lama, e sentir orgulho disso.

Será que você tem criatividade o bastante para perceber o quão trágico foi para mim ter conhecido sua família? Que tragédia seria para qualquer um que tivesse uma boa posição social, um nome a zelar e tudo de importante a perder? Não há um só adulto em sua família — com a exceção de Percy, que realmente é um bom camarada — que não tenha contribuído de várias formas para a minha ruína.

Falei de sua mãe com certo ressentimento e o aconselho seriamente a deixar que ela veja esta carta, para o seu próprio bem. Se para ela for muito doloroso ler acusações tão terríveis contra um de seus filhos, lembre-a que *minha* mãe — que intelectualmente ombreava-se com Elizabeth Barrett Browning e que historicamente só tinha paralelo com Madame Roland — morreu com o coração partido por que o filho, cujas genialidade e arte lhe eram motivo de orgulho e a quem ela via como um digno continuador de um nome de família tão distinto, havia sido condenado a dois anos de trabalhos forçados. Você poderá perguntar-me de que maneira sua mãe contribuiu para a minha destruição. Pois lhe contarei. Assim que você jogou sobre mim todas suas responsabilidades imorais, sua mãe me imputou todas as responsabilidades morais de cuidar de você, obrigação que seria dela. Em vez de falar diretamente com você sobre sua vida, como uma verdadeira mãe faria, ela escrevia cautelosa e reservadamente para mim, temendo que você descobrisse que ela estava-me escrevendo. Veja bem em que situação fiquei entre você e sua mãe. Era tão falsa, tão absurda e tão trágica quanto o meu envolvimento entre você e seu pai. Em agosto de 1892 e no dia 8 de novembro daquele mesmo ano, tive duas longas conversas com sua mãe a seu respeito. Em ambas as ocasiões, eu lhe perguntei por que ela não falava diretamente com você. Em ambas as ocasiões, a resposta foi a mesma: "Tenho medo de fazê-lo. Ele fica muito furioso com isso.". Na primeira vez, eu conhecia você tão superficialmente, que não entendi o que ela queria dizer. Mas, na segunda, quando já o conhecia bem, entendi perfeitamente. (Entre uma conversa e outra, você teve um ataque de icterícia e, como o médico lhe recomendara que passasse uma semana em Bornemouth, você me convenceu a lhe fazer companhia, já que odiava ficar sozinho.) Mas o primeiro dever de uma mãe não é ficar com medo de falar seriamente com seu filho. Se sua mãe tivesse conversado seriamente com você a respeito do problema que teve em julho de 1892 e tivesse conseguido fazer você confiar nela, tudo teria sido muito melhor e ambos teriam sido mais felizes. Todos aqueles encontros secretos e clandestinos comigo eram um erro. Do que serviram então aqueles intermináveis bilhetes que sua mãe me enviava, com a palavra "confidencial" assinalada no envelope, suplicando-me para não o convidar tantas vezes para jantar e pedindo para não lhe dar nenhum dinheiro? Cada bilhete terminava sempre com um cauteloso P.S.: "De forma alguma deixe Alfred saber que lhe escrevi". Que benefícios poderiam advir de tal correspondência? Alguma vez você esperou que eu o convidasse para jantar? Nunca. Você fazia todas as refeições comigo como se fosse a coisa mais natural do mundo. Se eu protestasse, você tinha sempre uma observação a fazer: "Se eu não jantar com você, onde o farei? Você não espera que eu vá jantar em casa, espera?". Não tinha o que responder. E, caso eu me recusasse terminantemente a levá-lo para jantar, você sempre me ameaçava, dizendo que iria fazer alguma tolice — e acabava fazendo mesmo. Qual seria o resultado possível de cartas como essas que sua mãe costumava enviar-me a não ser jogar de forma tola e fatal sobre meus ombros toda uma responsabilidade moral que era dela? Não quero falar mais sobre os vários detalhes que atestam como a fraqueza e a falta de coragem de sua mãe foram ruinosos não só para ela, mas para você e para mim. Mas será que, quando ela soube que seu pai havia ido até minha casa para fazer aquela cena repugnante e armar um escândalo público, ela não poderia ter imaginado a grave crise que se aproximava e tentado evitá-la a qualquer custo? Mas tudo o que ela conseguiu pensar em fazer foi mandar o persuasivo George Wyndham ao meu encontro para propor-me, com sua fala mansa, o quê? Que eu me "afastasse aos poucos" de você!

Como se fosse possível para mim me afastar aos poucos de você! Tentei de todas as formas terminar nossa amizade, chegando até a deixar a Inglaterra e dando um endereço falso no exterior na esperança de romper de uma vez por todas uma ligação que se havia tornado cansativa, irritante e ruinosa para mim. Você acha que eu poderia abandonar você "aos poucos"? Você acha que isso iria satisfazer seu pai? Você sabe que não. O que seu pai queria, de fato, não era acabar com nossa amizade, mas sim fazer um escândalo. Era por isso que ele estava lutando. Há anos seu nome não ocupava as páginas dos jornais. Ele viu a oportunidade de aparecer diante do público britânico completamente modificado, na pele do pai amoroso. Seu senso de humor havia retornado. Se eu tivesse rompido nossa amizade, teria sido um terrível desapontamento para ele, e a pequena notoriedade conquistada com o segundo divórcio, apesar dos detalhes e motivos revoltantes, teria sido apenas um prêmio de consolação para ele. O que ele almejava era popularidade e o posto de campeão da pureza, o que, na atual situação da sociedade inglesa, é a melhor forma de se tornar uma figura heróica. Com relação à sociedade inglesa, eu já disse em uma de minhas peças que, se ela é Caliban por metade do ano, é Tartufo na outra metade, e seu pai — que parece ter encarnado os dois personagens — acabou sendo eleito como o legítimo representante do puritanismo em sua forma mais agressiva e característica. Abandonar você aos poucos não teria sido de nenhuma valia, mesmo que isso fosse possível. Você não acha agora que a única coisa que sua mãe deveria ter feito era me convidar para vê-la e, na sua presença e na de seu irmão, determinado o fim de nossa amizade? Ela teria encontrado em mim um caloroso aliado e, com Drumlanrig e eu mesmo na sala, ela não teria por que ficar com medo de falar com você. Mas ela não fez isso. Ela temia suas responsabilidades e tentou jogá-las para mim. Há, contudo, uma carta que ela tinha razão ao me escrever. Era uma mensagem curta na qual ela me pedia que não enviasse a seu pai a carta do advogado avisando-o para desistir de suas ações. Ela tinha toda a razão. Era ridículo eu ficar consultando advogados e pedindo sua proteção. Mas ela anulou qualquer efeito que a carta pudesse ter produzido em mim com seu tradicional P.S.: "De forma alguma deixe Alfred saber que lhe escrevi".

Você estava fascinado com a idéia de eu enviar cartas a seu pai e a você por meio de advogados. Foi sua própria sugestão. Não lhe podia contar que sua mãe era totalmente contrária a essa idéia, posto que ela me fez jurar solenemente nunca contar nada a você sobre as cartas que ela me enviava, o que eu, tolamente, prometi. Será que não vê como era errado da parte dela não falar diretamente com você? Que todas aquelas conversas às escondidas comigo e sua correspondência sigilosa eram um erro? Ninguém pode jogar suas responsabilidades sobre o outro. Elas sempre voltam diretamente para seu próprio dono. A única idéia que você tem de vida, sua única filosofia — se é que você tem alguma — era que não importasse o que fizesse ou quisesse, isso deveria ser pago por alguma outra pessoa. Não falo nem no sentido financeiro do termo — essa era apenas a aplicação prática de sua filosofia no dia-a-dia —, mas em um sentido mais amplo e completo de transferência de responsabilidade. Você fez disso o seu credo e teve muito sucesso com ele. Você me forçou a entrar com a ação porque sabia que seu pai de forma alguma atacaria você ou sua vida e que eu iria defendê-lo até o fim, recebendo sobre meus ombros qualquer coisa que fosse lançada sobre eles. Você tinha toda a razão. Eu e seu pai, cada um com seus motivos, é claro, fizemos exatamente o que você esperava que fizéssemos. Mas de alguma forma, apesar de tudo, você não conseguiu realmente escapar. A "teoria do infante Samuel", como poderíamos chamá-la rapidamente, funcionou bem para o mundo em geral. Podem achá-la engraçada em Londres e zombar dela em Oxford, mas isso é apenas porque há nesses dois lugares pessoas que conhecem você e porque, em cada um deles, você deixou sinais de sua passagem. Fora de um pequeno círculo nessas duas cidades, o mundo olha para você como sendo um bom rapaz que foi tentado a fazer coisas erradas por um artista vil e imoral, mas que foi salvo a tempo por uma pai carinhoso e amantíssimo. Isso soa bem. E, mesmo assim, você sabe que não conseguiu escapar. Não me estou referindo a uma questão boba formulada por um jurado igualmente bobo, que obviamente foi tratada com desprezo tanto pela Coroa quanto pelo juiz. Ninguém deu a mínima para ela. Talvez me refira principalmente a você. Bem no fundo — e um dia você terá de refletir sobre sua conduta — você não pode estar satisfeito com o rumo que as coisas tomaram. Secretamente você deve estar envergonhado. Um rosto atrevido é algo importante para mostrar ao mundo, mas, quando você vê-se sozinho, sem público nenhum, creio que arranca fora a máscara para poder respirar. De outra forma, você já se teria sufocado.

E, da mesma forma, é capaz que sua mãe esteja lamentando-se pelo fato de ter tentado transferir suas solenes responsabilidades para uma outra pessoa que já tinha um fardo enorme para carregar. Ela fez o papel de pai e mãe para você. Será que ela realmente cumpriu os deveres de ambos? Se eu pude suportar seu mau gênio, sua grosseria e suas cenas, ela também poderia tê-lo feito. Quando vi minha mulher pela última vez — há já 14 meses —, eu lhe disse que ela teria de ser tanto um pai quanto uma mãe para Cyril. Contei a ela em detalhes tudo a respeito da conduta de sua mãe para com você, exatamente como estou fazendo nessa carta, embora de forma mais minuciosa. Contei a ela a razão dos bilhetes intermináveis com avisos de "confidencial" no envelope que costumavam chegar a Tite Street vindos de sua mãe, o que fazia minha mulher rir e dizer que nós deveríamos estar escrevendo algum romance em parceria ou alguma coisa do gênero. Implorei a ela que não fosse para Cyril o que sua mãe foi para você. Disse-lhe que ela deveria educá-lo de tal forma que, caso ele derramasse sangue inocente, ela seria a primeira a saber e poderia limpar suas mãos, para depois lhe ensinar como limpar a alma por meio da penitência e da expiação. Disse-lhe que, caso ela tivesse medo de enfrentar toda a responsabilidade sobre a vida de outra pessoa,

Vyvyan, filho caçula de Oscar Wilde (1890).

mesmo que fosse de seu próprio filho, ela deveria conseguir um tutor para ajudá-la. Fico feliz em dizer que foi isso o que ela fez. Ela escolheu Adrian Hope, um homem bem nascido, culto e de excelente caráter, que além do mais é primo dela — você esteve com ele certa vez em Tite Street —, e com quem Cyril e Vyvyan encontrarão a chance de ter um belo futuro. Sua mãe, se temia falar de assuntos sérios com você, deveria ter escolhido entre seus parentes alguém a quem você desse ouvidos. Mas ela não devia ter tido tanto medo. Ela devia ter enfrentado a situação. Seja como for, veja só o resultado. Será que ela está satisfeita?

Sei que ela me culpa por tudo. Ouvi isso não de pessoas que conhecem você, mas de gente que não conhece nem deseja conhecê-lo. Ouvi isso muitas vezes. Ela fala, por exemplo, da influência que o mais velho exerce sobre o mais jovem. Essa é uma de suas teorias favoritas sobre o assunto e é sempre um sucesso junto ao preconceito e à ignorância popular. Não preciso perguntar-lhe que tipo de influência exerci sobre você. Você sabe que foi nenhuma. Você jactava-se freqüentemente disso e, na verdade, era uma das poucas coisas sobre a qual estava certo. E, de fato, o que havia em você que eu poderia influenciar? Seu cérebro? Era subdesenvolvido. Sua imaginação? Estava morta. Seu coração? Ele sequer havia nascido. De todas as pessoas que cruzaram o meu caminho, você foi a única, verdadeiramente a única, sobre a qual não consegui exercer qualquer tipo de influência. Quando eu caí de cama doente e desamparado por causa de uma febre que havia pego tratando de você, não tive influência suficiente sequer para convencer-lhe a me dar um copo de leite ou para fazer-lhe notar que eu precisava dos cuidados normais de um enfermo. Não consegui nem que se desse ao enorme trabalho de caminhar 200 metros e fosse até uma livraria comprar um livro para mim com meu próprio dinheiro.

Quando eu estava envolvido em meu ofício de escrever, criando comédias mais brilhantes do que as de Congreve, mais filosóficas do que as de Dumas *fils* e, creio eu, mais interessantes do que as de quaisquer outros por suas inúmeras qualidades, não tive influência suficiente para que você me deixasse em paz com meu trabalho, como deve ocorrer com todo artista. Onde quer que eu instalasse minha sala de trabalho, ela nunca foi para você mais do que um quarto comum, um lugar onde se podia fumar e beber à vontade e falar disparates. A "influência do homem mais velho sobre o mais jovem" era uma excelente teoria até chegar aos meus ouvidos. Então, ela tornou-se grotesca. Quando você a ouviu, creio que sorriu — para si mesmo. Certamente tem esse direito. Também ouço falar muito a respeito do que ela diz sobre dinheiro. Ela afirma, com toda a justiça, que me pediu incessantemente para que eu não lhe desse dinheiro. Admito isso. As cartas dela eram intermináveis e o P.S. "De forma alguma deixe Alfred saber que lhe escrevi" aparecia em todas elas. Mas não me dava nenhum prazer pagar cada mínima coisa sua, desde o barbeiro pela manhã até o cabriolé que o levava de volta para casa à meia-noite. Isso me aborrecia terrivelmente. Costumava reclamar inúmeras vezes com você a esse respeito. Eu lhe dizia — lembra-se? — como detestava que você me visse apenas como uma pessoa "útil", de um jeito que nenhum artista deseja ser visto ou trata-do. Artistas, como a própria arte, são inúteis em sua essência. Você ficava furioso quando eu dizia isso. A verdade sempre o enfurecia. De fato, a verdade é algo tão doloroso de se ouvir quanto de se dizer. Mas isso não fez você mudar seus pontos de vista ou seu comportamento. Eu sempre tinha de pagar por cada coisa que você fazia ao longo do dia. Só uma pessoa muito bondosa ou indescritivelmente tola faria aquilo. Eu, infelizmente, era uma perfeita combinação dessas duas caracterís-ticas. Quando eu sugeria que sua mãe deveria fornecer-lhe o dinheiro que precisava, você sempre me dava uma resposta bem graciosa. Dizia-me que a pensão que seu pai dava a sua mãe — cerca de 1.500 libras por ano, eu acho — era insuficiente para as necessidades de uma dama em sua posição e que você não iria pedir-lhe mais dinheiro do que já havia feito. Você estava coberto de razão quanto à pensão ser insuficiente para uma dama com sua posição e gostos, mas não devia ter transformado isso em uma desculpa para viver luxuosamente às minhas custas. Pelo contrário. Esse fato deveria tê-lo induzido a ser mais econômico. O fato é que você era, e continua sendo, um típico sentimental. Pois um sentimental é aquele que simplesmente quer desfrutar do luxo de uma emoção sem ter de pagar por ele. A idéia de poupar o bolso de sua mãe foi linda. A de viver às minhas custas foi muito feia. Você acredita que todas nossas emoções são gratuitas. Pois lhe digo que não são. Até a mais bela e abnegada das emoções tem seu preço. Pode ser bem estranho, mas é exatamente isso que as faz belas. A vida intelectual e emocional das pessoas medíocres é um assunto dos mais irrelevantes. Elas simplesmente tomam suas idéias emprestadas de alguma biblioteca circulante do pensamento — o *Zeitgeist* de uma época sem alma — e as devolvem enodoadas no final de cada semana. Dessa forma, essas pessoas estão sempre tentando comprar suas emoções a crédito e, quando a conta finalmente chega, recusam-se a pagar. Você devia ficar longe dessa concepção de vida. No momento que você tiver de pagar por uma emoção, você conhecerá suas qualidades e sentir-se-á bem melhor com esse conhecimento. E lembre-se que um sentimental é sempre, bem no fundo de seu coração, um cínico. Na verdade, o sentimentalismo é a colônia de férias do cinismo. E o prazer do cinismo provém de seu lado intelectual, o que é uma filosofia mais do que perfeita para um homem que não tem alma. É claro que tudo pode ter seu valor e para um artista todas as formas de expressão são interessantes, mas, em um sentido restrito, trata-se de um tema bem pobre. Nada jamais é revelado ao verdadeiro cínico.

Creio que, se parar para pensar a respeito de sua atitude com relação aos rendimentos de sua mãe e aos meus, não terá nenhum orgulho de si mesmo e, um dia, quem sabe, caso não mostre essa carta à sua mãe, talvez você possa explicar a ela que viver às minhas custas era um assunto no qual as minhas vontades nunca foram consultadas por um instante sequer. Era simplesmente uma forma peculiar — e pessoalmente degradante para mim — de demonstrar-me sua devoção. Fazer-se de meu dependente, desde as mínimas coisas até as mais relevantes quantias, parecia a seus olhos ter todo um encanto infantil e insistir que eu pagasse por cada um de seus prazeres era como se você tivesse encontrado a fonte da eterna juventude. Confesso que me dói muito saber o que sua mãe tem falado a meu respeito, e estou certo que — se você parar e refletir um pouco — concordará que, se ela não tem uma única palavra de remorso ou pesar a dizer quanto a ruína que sua família causou à minha, o melhor era permanecer em silêncio. É claro que não há razão alguma para que ela leia passagens dessa carta que se referem à evolução mental pela qual estou passando ou a qualquer ponto de partida que espero alcançar. Essas coisas não interessariam a ela. Mas, se eu fosse você, mostraria a ela os trechos que dizem respeito à sua vida.

Na verdade, se eu fosse você, não me preocuparia em ser amado sob falsos pretextos. Não há nenhuma razão para um homem expor sua vida ao mundo. O mundo não consegue entender determinadas coisas. Mas, quanto às pessoas cujo afeto desejamos manter, é diferente. Há algum tempo, um grande amigo meu — com quem tenho uma amizade já de dez anos — veio ver-me e disse-me que não acreditava em uma mísera palavra do que havia sido dito contra mim e que queria que eu soubesse que ele me considerava completamente inocente, uma vítima de um hediondo complô armado por seu pai. Ao ouvir isso, comecei a chorar compulsivamente e lhe disse que, embora seu pai tenha feito muitas acusações falsas e as jogado contra mim por pura maldade, a minha vida tinha sido, sim, repleta de prazeres pervertidos e paixões estranhas e que, a menos que ele pudesse aceitar esse fato a meu respeito e compreendê-lo em sua complexidade, não poderíamos mais ser amigos ou mesmo desfrutar da companhia um do outro. Ele ficou profundamente chocado, mas somos amigos e não conquistei essa amizade apelando para falsos pretextos. Já lhe disse que falar a verdade é uma coisa dolorosa. Mas ser forçado a mentir é bem pior.

Xilogravura representando a queda de Oscar Wilde, publicada em uma edição do De profundis.

Lembro-me de estar sentado no banco dos réus na ocasião de meu último julgamento ouvindo as terríveis denúncias que Lockwood fazia contra mim — algo como uma citação de Tácito, uma passagem de Dante ou uma daquelas acusações que Savanarola fazia contra os papas em Roma — e sentindo-me doente e aterrorizado com o que ouvia. De repente, pensei: "Que esplêndido seria se fosse eu a dizer tudo isso contra mim mesmo!". Percebi então, de uma vez por todas, que o que é dito por um homem não significa nada. O que importa é quem o diz. Não tenho a mais remota dúvida de que o mais elevado momento da vida de um homem é quando ele ajoelha-se no chão poeirento, bate no próprio peito e confessa todos os seus pecados. Isso vale para você. Você seria muito mais feliz se contasse um pouquinho que fosse de sua vida para sua mãe. Eu mesmo contei a ela algumas coisas em dezembro de 1893, mas naturalmente fui forçado a ser um tanto reticente e vago. Mas isso não me pareceu tê-la encorajado a relacionar-se com você. Pelo contrário. Ela passou a evitar a verdade com mais persistência do que nunca. Se você mesmo tivesse contado a ela, teria sido diferente. Talvez minhas palavras tenham sido por demais amargas para ela. Mas os fatos não estão aí para serem negados. As coisas aconteceram exatamente do jeito que relatei e, se você tiver lido essa carta tão cuidadosamente como deveria, irá ver-se frente a frente consigo mesmo.

Estou escrevendo-lhe tão longamente para que você reflita a respeito de sua importância para mim naqueles três fatídicos anos de amizade que antecederam a minha prisão, para que pense no que você tem sido para mim durante esse meu encarceramento que já dura quase dois anos e para que saiba quais são minhas intenções para comigo mesmo e para com meus amigos quando finalmente for libertado. Não posso reestruturar essa carta ou reescrevê-la. Você deve aceitá-la como está, com alguns trechos borrados pelas lágrimas e com muitos outros marcados pela paixão e pela dor. Faça com ela o melhor que puder, apesar dos borrões, das correções e tudo o mais. Com relação às correções e erratas, eu as fiz para que minhas palavras pudessem expressar exatamente o que eu estava pensando e não corresse o risco de cometer algum erro por excessos ou inadequações. A linguagem precisa ser afinada, tal e qual um violino. E, da mesma forma que vibrações a mais ou a menos na voz de um cantor ou nas cordas de um instrumento podem fazer com que a nota soe falsa, palavras a mais ou a menos podem estragar a mensagem. Isso posto, saiba que minha carta possui seu significado exato por trás de cada palavra. E não se trata de retórica. Onde quer que haja palavras riscadas ou substituídas, por mais ou menos elaboradas que sejam essas correções, isso se deve à minha busca por expressar-me o mais autenticamente possível, por encontrar a palavra exata para o que estava sentindo. Quando um sentimento chega em primeiro lugar, a forma chega sempre em último.

Devo admitir que esta carta é muito severa. Não quis poupá-lo. Você pode até dizer — depois que o comparei com o menor dos meus sofrimentos e a mais mesquinha das minhas perdas — que eu estou sendo injusto. Posso até estar sendo, mas tive muito escrúpulo ao fazer esta cuidadosa análise a respeito de seu caráter. Essa é a verdade. E lembre-se que foi você mesmo quem se pôs no prato da balança.

Lembre-se ainda que, se comparado aos meus mais insignificantes momentos no cárcere, o prato da balança onde você está sobe até bater no travessão. A vaidade fez você escolher a balança, e foi a vaidade que o fez agarrar-se nela. É aí que *está o* grande erro psicológico em nossa amizade: a completa falta de equilíbrio. Você forçou sua entrada em uma vida que era grande demais para você, uma vida cuja órbita transcendia tanto sua capacidade de visão quanto a sua capacidade de movimentação cíclica, uma vida cujas idéias, paixões e ações tinham grande importância e eram de enorme interesse, e que estavam impregnadas das mais maravilhosas ou terríveis conseqüências. Sua vidinha de pequenos caprichos e humores só era admirável no seu minúsculo círculo de amizade. Era admirável em Oxford, onde o pior que lhe poderia acontecer era ser repreendido pelo deão ou ouvir um sermão do diretor, e onde o acontecimento mais excitante era o fato de Magdalen ter ganho uma regata, um evento tão retumbante, que merecia ser comemorado acendendo-se uma fogueira no pátio. Ela devia ter continuado restrita a um pequeno círculo depois que você deixou Oxford. No seu entender, não havia nada de errado com você, já que era um perfeito espécime do que há de mais moderno. Era em relação a mim que você estava errado. Sua descuidada extravagância não era um crime. A juventude é sempre extravagante. O fato de você me forçar a pagar por suas extravagâncias é que era vergonhoso. Seu desejo de ter um amigo com quem pudesse passar o tempo desde a manhã até a noite era encantador. Poderia dizer quase idílico. Mas esse amigo não deveria ser um intelectual, um artista, alguém para quem sua contínua presença não só destruiu completamente toda a beleza de um trabalho, como também acabou paralisando a criatividade. Não havia nenhum mal em você acreditar piamente que a maneira mais perfeita de se passar uma noite era um jantar regado a champanhe no Savoy, seguido por um camarote em um espetáculo de music-hall e, para terminar, uma ceia igualmente regada com champanhe como *bonne-bouche* no Willi's. Uma porção de adoráveis jovens de Londres tem a mesma opinião. Isso sequer é uma excentricidade. É um dos requisitos para quem quer tornar-se membro do White's Club. Mas você não tinha o direito de exigir que eu fosse o provedor de todos esses prazeres. Isso demonstrava o pouco valor que você dava à minha genialidade. A própria querela que você tinha com seu pai, seja qual for a idéia que façamos a respeito de sua natureza, era algo que deveria ter ficado restrito a vocês dois. Era algo para ser resolvido no quintal de casa. Querelas desse tipo, creio eu, sempre são resolvidas assim. Seu erro foi insistir em representá-la como se fosse uma tragicomédia encenada no grande palco da história, com o mundo inteiro na platéia e eu mesmo como o prêmio a ser dado ao vencedor de uma disputa tão desprezível. O fato de vocês detestarem-se não tinha o menor interesse para o público inglês. Sentimentos assim são bem comuns na vida doméstica inglesa e deveriam ser mantidos no lugar onde ocorrem: o lar. Fora do círculo familiar eles estariam completamente deslocados. Mudá-los de lugar é uma ofensa. Não se pode tratar a vida familiar como uma bandeira vermelha a ser desfraldada pelas ruas ou como uma trombeta a ser soprada de forma rouca do alto dos telhados. Você retirou a vida doméstica da área à qual deveria ficar circunscrita, assim como tirou a si mesmo de seu círculo original.

E todos aqueles que abandonam o círculo ao qual pertencem mudam apenas o ambiente que os cerca, e não sua própria índole. Eles não conseguem captar os pensamentos e emoções próprios do círculo no qual ingressaram. Não têm poderes para tal. As forças emocionais, como afirmei em alguma passagem do *Intenções*, são tão limitadas em extensão e duração quanto as forças da energia física. A pequena taça feita para comportar uma determinada quantidade de líquido pode comportar apenas aquela quantidade e nem uma gota a mais, mesmo que todos os barris púrpuras da Borgonha estejam cheios de vinho até a borda e todos os vinheiros estejam com as pernas mergulhadas até os joelhos nas uvas colhidas nos vinhedos pedregosos da Espanha. Não há erro mais comum do que pensar que aqueles que causam uma grande tragédia devam compartilhar dos sentimentos apropriados a essa situação dramática. Nenhum erro pode ser mais fatal do que esperar isso deles. O mártir em sua "camisa de chamas" pode estar contemplando a face de Deus, mas, para aquele que empilha os feixes de madeira ou solta as toras para alimentar a fogueira, a cena é tão significativa quanto o sacrifício de um boi o é para o açougueiro, o sentimento de uma árvore tombando o é para um lenhador ou o corte de uma flor o é para o jardineiro que corta a grama com uma foice. As grandes paixões são para aqueles que possuem uma grande alma e os grandes acontecimentos só podem ser compreendidos por aqueles que estão no mesmo nível.

Não conheço nada em toda a dramaturgia mais incomparável sob o ponto de vista da arte, ou mais sugestivo em suas sutilezas de observação, do que a descrição que Shakespeare faz de Rosencrantz e Guildenstern. Eles são amigos de faculdade de Hamlet. Eram seus companheiros e carregam com eles as lembranças dos dias agradáveis passados juntos. Quando o encontram na peça, Hamlet está cambaleando sob o peso de um fardo intolerável para alguém de seu temperamento. Os mortos haviam saído de seus túmulos para lhe impor uma missão tão grande quanto mesquinha. Ele é um sonhador e é instado a agir. Ele tem a natureza de um poeta e lhe pedem que lute com as complexidades vulgares de causa e efeito, com a realização prática da vida — sobre a qual ele nada sabe —, e não com a essência ideal da vida — sobre a qual ele sabe muito. Ele não tem idéia do que fazer e sua tolice é disfarçar-se de tolo. Brutus usou a loucura como um manto para esconder a espada de seus propósitos e a adaga de sua vontade, mas para Hamlet a loucura é apenas uma máscara para esconder sua fraqueza. É fazendo caretas e gracejos que ele vê a oportunidade de retardar os acontecimentos. Continua brincando com a ação, como um artista brinca com a teoria. Faz de si mesmo o espião de suas próprias atitudes e ouve suas próprias palavras, mesmo sabendo que não passam de "palavras, palavras, palavras". Em vez de tentar ser o herói de sua própria história, ele prefere ser o espectador de sua própria tragédia. Ele descrê de tudo, inclusive de si mesmo, e essa dúvida não o auxilia, pois não provem do ceticismo, e sim de uma vontade dividida.

Guildenstern e Rosencrantz não percebem nada disso. Eles apenas fazem reverências, dão esgares e sorriem. O que um fala, o outro repete de uma forma ainda mais enjoativa. Quando finalmente, graças à peça dentro da peça e às brincadeiras dos marionetes, Hamlet "capta a consciência" do rei e expulsa o desgraçado e aterrorizado homem de seu trono, Guildenstern e Rosencrantz não vêem em sua conduta nada além de uma dolorosa quebra na etiqueta da corte. É o máximo a que os dois conseguem chegar na "contemplação do espetáculo da vida com as emoções apropriadas". Eles estão muito próximos do segredo de Hamlet, mas não sabem nada a respeito dele. E nem adiantaria nada lhes contar. Eles são aquelas taças que comportam determinada quantidade de líquido e nem uma gota a mais. Próximo ao final da peça, é sugerido que, apanhados em uma armadilha ardilosa destinada a outros, eles acabam tendo — ou poderiam ter tido — uma morte súbita e violenta. Mas um epílogo trágico como esse, apesar do toque de humor de Hamlet e com detalhes de surpresa e justiça da comédia, não é realmente para pessoas como eles. Esses nunca morrem. Horácio, no intuito de "apresentar corretamente Hamlet e sua causa aos insatisfeitos",

Afasta-se da felicidade por certo tempo
E suspira de dor nesse mundo cruel[94]

morre, embora não diante de uma platéia, e não deixa nenhum irmão. Mas Guildenstern e Rosencrantz são tão imortais quanto Ângelo e Tartufo e deveriam estar ao lado deles. Eles são a contribuição da vida moderna ao antigo ideal de amizade. Aquele que escreveu um novo *De Amitia* deveria achar um nicho para eles e louvá-los em prosa toscana. São tipos inesquecíveis. Censurá-los demonstraria falta de gratidão. Eles estão apenas fora do círculo a que pertencem, é tudo. Na grandeza da alma, não há risco de contágio. O que Ofélia não conseguia entender era o fato de não ser notada nem por "Guildenstern e o gentil Rosencrantz" nem por "Rosencrantz e o gentil Guildenstern". É claro que não estou comparando você a eles. Há uma enorme diferença entre vocês. O que para eles foi uma oportunidade, para você foi escolha. Deliberadamente e sem meu convite, você intrometeu-se em meu universo, usurpando um lugar para o qual não tinha nem direito nem qualificações.

---

94) No original: "Absents him from felicity a while / And in this harsh world chans his breath in pain". (N.T.)

Graças à sua curiosa persistência e à sua presença constante, você tornou-se uma parte essencial dos meus dias, conseguiu absorver inteiramente minha vida e, sem saber fazer coisa melhor, terminou por deixá-la em pedaços. Por mais estranho que isso lhe possa parecer, foi muito natural que você o fizesse. Quando damos a uma criança um brinquedo maravilhoso demais para sua pequena mente, ou bonito demais para seus olhos que ainda não enxergam direito, ela acabará quebrando-o se for teimosa. Se ela for descuidada, deixará o brinquedo de lado e irá ficar com seus amigos. Foi o que aconteceu com você. Depois de se apossar da minha vida, você não sabia o que fazer com ela. Você não tinha como saber. Ela era uma coisa maravilhosa demais para

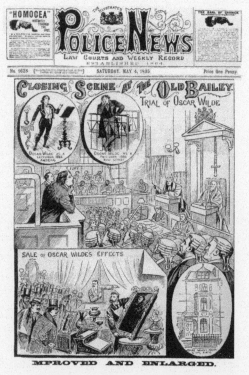

Illustrated Police News *(4 de maio de 1895), mostrando o julgamento de Oscar Wilde.*

que a compreendesse. Você devia tê-la deixado escorregar de suas mãos e ir brincar de novo com seus amigos. Mas infelizmente você era teimoso e acabou quebrando-a. Então, após tudo já ter sido dito, talvez esse seja o mais importante segredo de todos. Os segredos são sempre menores do que suas revelações. O deslocamento de um átomo pode sacudir o mundo. E, para que eu não me poupe, como não poupei você, acrescentarei que, por mais perigoso que tenha sido eu encontrar você, esse encontro tornou-se fatal para mim devido ao momento singular em que aconteceu. Você estava naquela fase da vida na qual não há mais nada a fazer do que plantar as sementes, e eu estava na fase em que tudo o que temos a fazer é colher o que plantamos.

Há ainda algumas outras coisas sobre as quais gostaria de escrever. A primeira delas diz respeito à minha falência. Há alguns dias, ouvi — com grande desapontamento, devo admitir — que é muito tarde para sua família pagar a seu pai, que isso seria ilegal e, dessa forma, devo permanecer mais um bom tempo nessa situação penosa na qual me encontro. Isso me dá uma grande amargura, porque as autoridades legais me garantiram que eu não poderei sequer publicar um livro sem antes pedir autorização ao síndico da massa falida, a quem devem ser submetidas todas as minhas contas. Não posso assinar contrato com um empresário teatral nem produzir uma peça sem que o dinheiro recebido passe para as mãos de seu pai e para a de alguns outros credores. Creio que até você terá de admitir que o plano de "bater" seu pai, permitindo que ele me levasse à falência, não foi realmente o sucesso esfuziante que você acreditava que seria. Pelo menos para mim não foi, e meus sentimentos de dor e minha humilhação diante da pobreza deveriam ter sido levados em consideração no lugar de seu senso de humor, por mais cáustico e surpreendente que ele pudesse ser. A verdade é que, ao permitir a minha falência e ao insistir que eu fosse àquele primeiro julgamento, você estava sendo um joguete nas mãos de seu pai, estava fazendo exatamente o que ele queria que fizesse. Sozinho e sem qualquer ajuda, ele teria sido derrotado logo no começo. Mas ele sempre encontrou em você seu principal aliado, por mais que você não quisesse desempenhar um papel tão hediondo.

Soube por intermédio da carta de More Adey que no último verão você realmente expressou em mais de uma ocasião sua vontade de me pagar "ao menos um pouco" do que gastei com você. Como disse a ele em minha resposta, infelizmente o que gastei com você foram minha arte, minha vida, meu nome, meu lugar na história. Mesmo que sua família tivesse ao seu inteiro dispor todas as maravilhas que há no mundo — como genialidade, beleza, riqueza, alta posição social e coisas do gênero — e as depositasse aos meus pés, ainda assim elas não serviriam para pagar nem um décimo das menores coisas que me foram tiradas, nem mesmo uma lágrima de todas as que derramei. Porém, é óbvio que devemos pagar por tudo aquilo que fazemos. E isso vale até para os falidos. Você parece acreditar que a falência é uma das formas mais convenientes pela qual um homem pode deixar de pagar suas dívidas, uma forma de "bater os credores". É exatamente o contrário. Na verdade, é um método pelo qual os credores "batem" no endividado — se é que devemos continuar a usar sua expressão favorita — e pela qual a lei, ao confiscar todas suas posses, o força a pagar cada um de seus débitos. Caso ele não consiga fazê-lo, a lei o deixa sem um tostão, como o mais miserável dos mendigos que se abriga nas arcadas das portas ou que vaga pelas ruas, estendendo as mãos para receber a esmola que, pelo menos na Inglaterra, ele tem medo de pedir. A lei não tirou de mim apenas tudo o que eu possuía, como meus livros, meus móveis, meus quadros, os direitos autorais da publicação das minhas obras, os direitos sobre minhas peças — tudo, na verdade, desde *O príncipe feliz* e *O leque de Lady Windermere* até os tapetes das escadas e a passadeira da porta da minha casa. A lei também me tirou tudo o que eu poderia via a ter. Meu direito legal sobre o dote de meu casamento, por exemplo, me foi tirado. Felizmente, graças à ajuda de meus amigos, consegui recuperá-lo. Se não fosse assim, meus filhos ficariam tão pobres quanto eu quando minha mulher morresse. Creio que a próxima coisa que perderei será a nossa propriedade na Irlanda, que recebi como herança de meu pai. Sinto-me muito amargurado com sua possível venda, mas tenho de aceitá-la.

Os setecentos pence — ou seriam libras? — que devo a seu pai são um obstáculo no caminho e têm de ser pagos. Mesmo quando eu já tiver sido despojado de tudo o que possuía ou que viria a possuir, tendo conquistado a liberdade na condição de um pobre insolvente, ainda assim terei de pagar minhas dívidas. Aqueles jantares no Savoy à base de translúcidas sopas de tartaruga, deliciosas perdizes enroladas em folhas de parreira vindas da Sicília, a champanhe encorpada que tinha a cor e o aroma do âmbar — o seu vinho favorito era o Dagonet 1880, não era? —, tudo isso ainda terá de ser pago. As ceias no Willi's — com o *cuvée* especial de Perrier-Jouet sempre reservado para nós, os maravilhosos patês vindos diretamente de Estrasburgo, a deliciosa e suave champanhe sempre servida no fundo de uma taça em forma de sino para que seu buquê pudesse ser melhor saboreado pelos verdadeiros apreciadores daquilo que a vida tem de mais belo — também não podem ficar em aberto como se fossem dívidas contraídas por um cliente desonesto. Terei de pagar até as elegantes abotoaduras que eu mesmo desenhei — quatro pedras-da-lua de brilho prateado em forma de coração e cercadas alternadamente por rubis e diamantes — e mandei fazer na Henry Lewis's como um presentinho especial para você em comemoração ao sucesso da minha segunda comédia, apesar de achar que você as vendeu por uma ninharia alguns meses mais tarde. Não posso deixar de pagar ao joalheiro pelos presentes que lhe dei, pouco importando o que você tenha feito com eles depois. Assim, mesmo que eu venha a ganhar minha liberdade, ainda terei de pagar minhas dívidas.

E o que vale para a falência vale para tudo o mais na vida. Todos têm de pagar por toda mínima coisa que se faz. Até você — com toda a sua vontade de viver completamente livre de obrigações, com sua insistência em ter todos seus desejos atendidos pelos outros e com sua tentativa de refutar qualquer pedido de afeto, consideração ou gratidão —, mesmo você terá de, algum dia, parar e refletir seriamente a respeito do que fez e tentar algum tipo de reparação, ainda que inutilmente. O fato de que você realmente não conseguirá fazê-lo será parte de seu castigo. Você não pode lavar as mãos diante de todas suas responsabilidades e, dando de ombros e com um sorriso nos lábios, sair à cata de um novo amigo e de uma festa galante. Não pode tratar tudo o que jogou sobre mim como reminiscências sentimentais a serem discutidas ocasionalmente junto com os cigarros e os licores no fim de um jantar, um assunto tão pitoresco para uma vida de prazeres quanto uma velha tapeçaria pendurada em uma estalagem simplória. Nesse momento, talvez isso tenha o encanto de um novo molho ou de uma nova safra, mas as sobras de um banquete acabam estragando e as últimas gotas em uma garrafa tornam-se amargas. Uma hora dessas você compreenderá tudo isso, seja hoje, amanhã ou qualquer outro dia. Se não for assim, poderá morrer sem entender nada do que aconteceu e, então, que vida medíocre, vazia e sem imaginação terá tido. Em minha carta para More, dei minha opinião sobre qual seria a melhor maneira de você abordar o assunto o mais rápido possível. Ele irá contar-lhe do que se trata. Para entender todas essas coisas, você terá de cultivar sua imaginação. Lembre-se que a imaginação é a qualidade que nos capacita a compreender os outros "tanto no âmbito real como no ideal de suas relações". Caso não consiga perceber isso por si mesmo, converse sobre o assunto com outras pessoas. Tenho sido obrigado a ficar cara a cara com o meu passado. Fique você também com o seu. Sente-se em silêncio e pense nisso. A superficialidade é o supremo dos vícios. Tudo o que é compreendido é correto. Converse com seu irmão a esse respeito. Na verdade, Percy *é* a pessoa mais adequada para se conversar. Deixe-o ler essa carta e conhecer todas as circunstâncias de nossa amizade. Quando ele tiver as coisas bem claras diante de si, ninguém poderá fazer julgamento melhor. De quanta desgraça e sofrimento eu teria sido poupado se lhe tivéssemos contado a verdade! Você deve lembrar-se que fiz essa proposta quando você chegou a Londres vindo de Argel, mas você a recusou prontamente. Então, quando ele foi nos ver depois do jantar, tivemos que encenar uma comédia na qual seu pai era um demente sujeito aos mais absurdos e inexplicáveis delírios. Foi uma grande comédia enquanto durou, ainda mais pelo fato de Percy tê-la levado bem a sério. Infelizmente, ela terminou de uma forma absolutamente revoltante. O assunto sobre o qual estou escrevendo agora é uma de suas conseqüências e, se o incomoda, peço-lhe que não se esqueça que esta representa uma das minhas mais profundas humilhações, mas devo enfrentá-la. Não tenho opção. Nem você.

Robert Ross, "Robbie", amigo e executor literário de Oscar Wilde.

Uma segunda coisa sobre a qual tenho que lhe falar diz respeito às condições, circunstâncias e lugar de nosso encontro quando acabar minha pena. Por meio de trechos de sua carta escrita no começo do verão do ano passado para Robbie, soube que você havia guardado em dois pacotes todas as cartas que lhe enviei e os presentes que lhe dei — pelo menos o que sobrou deles — e que estava ansioso para me entregar tudo pessoalmente. É necessário que abra mão deles. Você nunca entendeu a razão de eu ter escrito tão belas cartas a você, como nunca entendeu a razão de eu ter-lhe dado presentes tão belos. Não compreendeu que as cartas não eram para serem publicadas, nem os presentes para serem penhorados. Além disso, eles pertencem a uma fase da minha que já acabou há tempos, a uma amizade que você, por alguma razão, nunca foi capaz de dar o valor merecido. Você agora deve olhar com assombro para aqueles dias em que teve minha vida em suas mãos. Também penso neles com assombro e com outras emoções bem diferentes.

Estou prestes a ser libertado e, se tudo correr bem, finalmente ficarei livre no final de maio, e espero ir imediatamente para alguma cidadezinha à beira-mar no exterior na companhia de Robbie e More Adey. O mar, como diz Eurípedes em uma de suas peças sobre Efigênia, leva para longe as nódoas e feridas do mundo.

Espero ficar pelo menos um mês ao lado dos meus amigos e ganhar, em sua companhia sadia e afetuosa, paz, equilíbrio, um coração menos atormentado e um temperamento mais dócil. Tenho uma estranha nostalgia das coisas simples e primitivas como o mar, que considero uma mãe igual à Terra. Parece-me que contemplamos demais a natureza, mas a aproveitamos bem pouco. Vejo agora como era saudável a atitude dos gregos. Eles nunca falavam sobre o crepúsculo ou discutiam de que cor ficava a relva quando as sombras caíam sobre ela. Mas eles sabiam que o mar era para os nadadores e que a areia era para os pés do corredor. Amavam as árvores pelas sombras que proporcionavam e as florestas por serem silenciosas ao meio-dia. O plantador de vinhas cobria os cabelos com hera para se proteger dos raios do sol enquanto se inclinava sobre as plantas tenras. Já para o artista e o atleta, os dois modelos que a Grécia nos legou, eram tecidas guirlandas com as folhas do louro amargo e da salsa selvagem, que de outra maneira não teriam qualquer serventia para o homem.

Chamamos a nossa época de utilitarista, mas não sabemos a utilidade de coisa alguma. Esquecemos que a água pode limpar, que o fogo purifica e que a terra é a mãe de todos nós. Em conseqüência disso, nossa arte é da lua e brinca com as sombras, enquanto a arte grega é do sol e lida diretamente com todas as coisas. Estou certo de que a pureza reside nas forças elementares e desejo voltar a elas e viver em sua presença. É claro que, para alguém tão moderno quanto eu, *enfant de mon siècle*, simplesmente voltar a observar o mundo já será maravilhoso. Tremo de prazer ao pensar que no dia em que eu deixar a prisão tanto o laburno quanto o lilás estarão florescendo nos jardins e que verei o vento sacudir a beleza inquieta e dourada do primeiro, enquanto o outro lança ao ar o roxo-pálido de sua plumas, fazendo que tudo tenha um aspecto de Arábia para mim. Lineu caiu de joelhos e chorou de alegria quando viu pela primeira vez a grande charneca de alguma região montanhosa da Inglaterra ficar amarelada graças aos perfumados botões castanho-dourados de um tojo. Sei que para mim, a quem as flores são parte do desejo, haverá lágrimas esperando nas pétalas de alguma rosa. Sempre tem sido assim, desde minha infância. Não há uma simples cor escondida no cálice de uma flor ou dentro de uma concha que não faça, graças a uma sutil identificação com a alma de todas as coisas, a minha natureza reagir. Como Gautier, sempre fui um daqueles *pour qui le monde visible existe*.

Contudo, tenho consciência que por trás de toda essa beleza, por mais encantadora que possa ser, há algum espírito oculto, cujas formas pintadas e contornos não são nada além de modos de manifestação. É com esse espírito que quero harmonizar-me. Cansei das declarações bem articuladas dos homens e das coisas. Procuro agora pelo lado místico da arte, da vida e da natureza e sei que o encontrarei nas sinfonias musicais, na prática da compaixão e na profundeza dos mares. É absolutamente necessário para mim encontrá-lo, seja onde for.

Todos os julgamentos julgam a nossa vida, assim como toda sentença é uma sentença de morte — e eu fui julgado três vezes. Na primeira vez, saí do banco dos réus para ser preso, na segunda fui levado de volta para a Casa de Detenção e na terceira fui condenado a dois anos de prisão. A sociedade, tal como a constituímos, não tem lugar para mim nem me pode oferecer nada. Já na natureza, onde a chuva doce cai no justo e no pecador da mesma maneira, encontrarei fendas nas rochas para me esconder e vales secretos e silenciosos para poder chorar em paz. Ela encherá a noite de estrelas para que eu possa caminhar na escuridão sem tropeçar e mandará o vento cobrir as minhas pegadas para que ninguém possa me seguir e me ferir. Ela irá limpar-me em suas águas caudalosas e curar-me com suas ervas amargas.

Ao final de um mês, quando as rosas de junho estiverem em todo seu esplendor, espero — caso me sinta capaz de fazê-lo — pedir para que Robbie combine um encontro com você em alguma cidade estrangeira como Bruges, que tanto me encantou anos atrás com suas casas cinzentas e seus canais esverdeados e tranqüilos. Por enquanto, você terá de trocar de nome. Você terá de deixar de lado aquele título insignificante que tanto o envaidecia — e que, na verdade, fazia seu nome soar como o de uma flor — caso queira ver-me. Até o meu próprio nome, que parecia tão musical nos lábios da fama, também terá de ser abandonado. Que limitado, mesquinho e inadequado para o peso que tem de suportar é esse nosso século! Pode dar ao sucesso um palácio de pórfiro, mas não lega ao sofrimento e à vergonha sequer um barraco onde possam viver. Tudo o que pode fazer por mim é propor-me que troque de nome, quando mesmo na Idade Média eu teria recebido o capuz de um monge ou as ataduras do rosto de um leproso atrás dos quais poderia esconder-me e viver em paz.

Espero que nosso encontro seja tudo o que um encontro entre nós dois deveria ser, depois de tudo o que aconteceu. Nos velhos tempos, sempre houve um grande abismo entre nós, o abismo da arte conquistada e da cultura adquirida. Agora, há um abismo ainda maior entre nós: o abismo do sofrimento. Mas nada é impossível para os humildes e todas as coisas tornam-se fáceis para o amor.

Quanto à sua carta em resposta a esta, ela deverá ser tão longa ou tão breve quanto você queira. Enderece-a para "O Diretor, Prisão de Sua Majestade, Reading." Dentro dela, e em um envelope aberto, coloque sua carta para mim. Se o papel for muito fino, não escreva dos dois lados, já que isso tornaria sua leitura difícil para os outros. Tive toda a liberdade para lhe escrever e você deve fazer o mesmo. O que mais quero saber de você é por que nunca se preocupou em me escrever desde agosto do ano retrasado e, mais especificamente, depois que em maio do ano passado — há exatos onze meses — você descobriu, e admitiu isso a outras pessoas, que me havia feito sofrer e que eu compreendia tudo o que havia acontecido. Aguardei mês após mês receber alguma notícia sua. Mesmo que eu não estivesse esperando por nada e tivesse batido a porta na sua cara, você deveria saber que ninguém consegue manter a porta do amor trancada para sempre. O juiz injusto dos Evangelhos acaba dando uma sentença justa porque a própria Justiça bate diariamente à sua porta. E, à noite, aquele que não carrega uma verdadeira amizade dentro do coração acaba cedendo ao amigo "por causa de sua insistência". Não há prisão no mundo na qual o amor não possa forçar sua entrada. Se você não compreende isso, não compreende nada a respeito do amor. Deixe-me saber agora tudo a respeito do artigo que escreveu sobre mim para o *Mercure de France*. Sei algumas coisas sobre ele, mas é melhor citá-lo tal e qual foi publicado. Deixe-me saber também quais foram os exatos termos de sua dedicatória a mim em seu livro de poemas. Se tiver sido escrita em prosa, cite-a em prosa. Se tiver sido em versos, cite-a dessa forma. Não tenho dúvidas de que há beleza nela. Escreva-me francamente a seu respeito, fale-me de sua vida, de seus amigos, de suas ocupações, de seus livros. Conte-me como seu livro de poemas foi recebido. Diga sem medo qualquer coisa que queira dizer a seu próprio respeito. Não escreva nada que não esteja sentindo, é tudo. Se houver algo falso ou dissimulado em sua carta, eu descobrirei imediatamente. Não é por nada ou por nenhum outro motivo que no meu culto de uma vida inteira à literatura eu tenha-me tornado

> *"Avarento de sons e sílabas, não menos*
> *Do que Midas da sua cunhagem."*[95]

Lembre-se também que ainda preciso conhecer você. Talvez nós dois precisemos conhecer-nos mutuamente.

Tenho uma última coisa a dizer a você. Não tenha medo do passado. Se as pessoas disserem que ele é irrevogável, não acredite nelas. O passado, o presente e o futuro são apenas instantes aos olhos de Deus, sob cujas vistas deveríamos tentar viver. Tempo e espaço, a sucessão e a extensão, não passam de condições acidentais do pensamento. A imaginação pode transcender a tudo isso e mover-se no livre ambiente das existências ideais. Além do mais, as coisas são, em sua essência, aquilo que escolhemos fazer delas. Uma coisa simplesmente *é*, dependendo do modo como a vemos. "Onde outras pessoas vêem apenas o amanhecer chegando por trás da colina", escreveu Blake, "eu vejo os filhos de Deus gritando de alegria". Quando me lancei naquele processo contra seu pai, o mundo achou que eu estivesse perdendo irremediavelmente o meu futuro — e eu achei o mesmo. Atrevo-me a dizer, contudo, que eu já o havia perdido há muito mais tempo. O que vejo diante de mim é o meu passado. Preciso obrigar-me a enxergá-lo com outros olhos e fazer com que Deus também o veja de forma diferente. Não será ignorando-o, desprezando-o, louvando-

---

95) "Miser of sound and syllable, no less / than Midas of his coinage", Keats, "Sonnet on Sonnet". (N.T.)

o ou mesmo negando-o que conseguirei isso, mas sim aceitando-o completamente como uma parte inevitável da evolução de minha vida e do meu caráter. Devo baixar a cabeça para tudo aquilo que sofri. Você verá nesta carta — por meio da variação e da incerteza de meu ânimo, das palavras de escárnio e amargura, de todas as minhas aspirações fracassadas — quão longe ainda estou da verdadeira índole da alma. Mas não se esqueça em que terrível escola me encontro. E por mais incompleto e imperfeito que eu possa ser, você ainda tem muito a ganhar ao meu lado. Você veio até mim para aprender o prazer da vida e o prazer da arte. Talvez eu tenha preferido ensinar-lhe algo muito mais maravilhoso: o significado do sofrimento e toda a sua beleza. Seu afetuoso amigo,

OSCAR WILDE

A ROBERT ROSS

1 de abril de 1897   Prisão de Sua Majestade, Reading

Meu caro Robbie, estou-lhe enviando, num envelope separado deste, minha carta para Alfred Douglas, a qual eu espero que chegue a salvo. Logo que você — e, é claro, More Adey, a quem eu sempre considero ao seu lado — a tenha lido, eu gostaria que a copiasse com todo o cuidado para mim. Há muitas razões pelas quais eu quero que isso seja feito. Uma só já seria o bastante. Eu quero que você seja meu executor literário no caso de minha morte e que você tenha o total controle sobre minhas peças, livros e documentos. Assim que eu descobrir um meio legal de fazê-lo, eu o farei. Minha mulher não compreende minha arte, nem se pode esperar que tenha nenhum interesse por ela, e Cyril é apenas uma criança. Então eu pensei automaticamente em você, como faço a respeito de tudo. Assim, eu gostaria que você tivesse todos os meus trabalhos. O saldo de sua venda pode ser creditado para Cyril e Vyvyan.

Bem, se você é meu executor literário, deve ter em seu poder o único documento que realmente dá alguma explicação do meu comportamento fora do comum em relação a Queensberry e Alfred Douglas. Quando você ler a carta, vai ver a explicação psicológica e, é claro, a explicação de minha conduta, que para quem vê do lado de fora parece ser a combinação de uma estupidez absoluta com uma bravata vulgar. Algum dia a verdade terá de ser conhecida, não necessariamente durante a minha vida ou a vida de Douglas, mas eu não estou preparado para sentar no pelourinho grotesco em que eles me colocaram todo esse tempo. Isto por uma razão bem simples: eu herdei do meu pai e da minha mãe um nome de grande distinção em literatura e em arte e eu não posso, por toda eternidade, permitir que esse nome seja escudo e instrumento dos Queensberry. Eu não defendo minha conduta. Eu a explico.

John S. Douglas, oitavo marquês de Queensberry, caricatura de Max Beerbohm (1896).

Também incluí na carta algumas passagens que desafiaram meu desenvolvimento mental na prisão, e uma evolução inevitável do meu caráter e de minhas atitudes intelectuais frente à vida assumiram os seus lugares. E gostaria que você e todos os outros que ainda ficaram do meu lado e que sentem carinho por mim soubessem exatamente com que estado de espírito e de que maneira eu quero encarar o mundo. É claro que, sob um certo ponto de vista, no dia da minha soltura, eu vou estar meramente passando de uma prisão a outra, e haverá momentos em que o mundo lá fora não vai parecer-me maior do que a minha cela. Isto me aterroriza. Eu ainda acredito que no princípio Deus fez o mundo para cada homem em separado e que nesse mundo que ocupa um espaço entre nós as pessoas têm de se empenhar em viver. De qualquer forma, você vai ler essas partes de minha carta sentindo menos dor do que sentirão os outros. É claro que eu não preciso lembrá-lo o quão fluida é uma coisa pensada por mim — por todos nós — e de como é imperceptível a substância que compõe nossas emoções. Ainda assim, eu consigo ver uma variedade de possíveis objetivos, por meio da arte, com os quais eu possa progredir. Não é diferente do que você pode fazer para me ajudar.

Algumas considerações sobre o modo de fazer a cópia: é claro que a carta é muito longa para uma tentativa de qualquer copista. Quanto à sua própria caligrafia, querido Robbie, tenho a impressão de que a sua última carta foi escrita de maneira a lembrar-me que esta tarefa não pode ficar a seu encargo. Posso estar sendo injusto com você, e eu espero que sim, mas realmente me parece que você deve estar engajado na escrita de uma novela de três volumes na qual prevalece a presença de perigosas opiniões comunistas associadas aos ricos ou de qualquer outro assunto terrível de interesse vital. Ou talvez ainda você tenha encontrado um outro jeito qualquer de desperdiçar a sua juventude — e eu não posso ajudar em nada dizendo que esta foi, e ainda é, muito promissora. Eu penso que a única coisa a fazer é apelar para a modernidade e datilografá-la. É claro que o manuscrito não pode sair do seu controle, mas você não poderia pedir à Mrs. Marshall para enviar uma de suas garotas datilógrafas — mulheres são mais confiáveis já que elas não têm memória para aquilo que tem importância — para Hornton Street ou Phillimore Gardens para fazê-lo sob a sua supervisão? Eu lhe asseguro que uma máquina de escrever, se tocada com emoção, não vai incomodar-lhe mais que um piano tocado por uma irmã ou alguém de relacionamento próximo. De fato, muitos daqueles que são devotados à vida doméstica vão preferi-la.

Eu gostaria que a cópia não fosse feita em papel de seda, mas em um papel mais encorpado, como aquele utilizado nas peças, e uma larga margem deve ser deixada para eventuais correções. Depois da cópia ter sido feita e revisada a partir do manuscrito, o original deve ser despachado a A.D. por More, e a datilógrafa fará outra cópia de modo que *você* deve ter uma cópia também, assim como eu a terei. Eu também gostaria que fossem feitas duas cópias datilografadas da quarta página da folha 9 até a última página da folha 14 — de "e o fim disso... eu devo perdoá-lo" até "Entre a arte e eu não há nada nem ninguém" (eu estou citando de memória). Também na página 3 da folha 18 de "Eu devo estar para ser solto se tudo correr bem" até "ervas amargas... na totalidade" na página 4. Eu gostaria de enviar uma cópia dessas partes acrescidas de qualquer outra coisa que você possa extrair de bom e pautado em boas intenções (por exemplo, a primeira página da folha 15) à senhora de Wimbledom — de quem eu já lhe falei sem contudo mencionar-lhe o nome — e a Frankie Forbes-Robertson. Eu sei que essas duas mulheres tão doces estarão interessadas em saber algo a respeito do que aconteceu com a minha alma — não no sentido teológico, mas meramente no sentido da consciência espiritual que está separada da ocupação real do corpo. É o tipo de mensagem ou carta que eu enviei a elas — e a única, é claro, que eu ouso enviar. Se Frankie desejar, ela pode mostrá-la a seu irmão Eric, de quem sempre fui amigo, mas é claro que a carta é um segredo restrito para o resto do mundo.

Se a cópia for feita na Hornton Street, a moça que vai datilografar deve ser alimentada por meio de uma treliça na porta como é feito com os cardeais quando vão eleger um Papa, até ela poder sair no balcão e dizer para o mundo: *"Habet Mundus Epistolam"*, já que, de fato, esta é uma Carta Encíclica. Aliás, como as bulas do Santo Padre são nomeadas por suas palavras iniciais, a minha será chamada de *Epistola: In Carcere et Vinculis*.

Não há necessidade de dizer a A.D. que essas cópias foram feitas, a menos que ele venha a escrever e reclamar de alguma injustiça na carta ou a fazer alguma adulteração. Só assim ele deverá ser informado da existência de uma cópia. Eu, sinceramente, espero que a carta faça-lhe bem. Esta será a primeira vez que alguém vai dizer-lhe a verdade sobre ele mesmo. Se lhe for permitido pensar que a carta é meramente o resultado da influência de um suporte estilístico e que os meus pontos de vista foram distorcidos pelas privações da vida na prisão, nenhum bem irá suceder-se. Eu espero que alguém venha a deixá-lo saber que a carta é algo que ele realmente merece e que, se ele vir a achá-la injusta, é porque ele realmente merece essa injustiça. Quem de fato a merece senão ele que sempre foi injusto com os outros?

Definitivamente, Robbie, a vida na prisão faz com que se veja as pessoas e as coisas como elas realmente são. É por isso que a prisão nos transforma em pedra. As pessoas lá fora é que são logradas pela ilusão de uma existência em constante mutação. Eles remexem com a vida e contribuem para a sua irrealidade. Nós, que somos imóveis, tanto podemos vê-lo como sabê-lo. Tanto faz se a carta vai fazer bem ou não à natureza limitada ou ao cérebro febril de A.D., para mim ela fez um grande bem. Eu "limpei o meu peito das coisas muito arriscadas"[96], pego emprestada a frase do poeta que nos fez pensar um dia — tanto eu quanto você — em resgatar dos filisteus.[97] Eu não preciso relembrar-lhe que a simples expressão é o único e supremo modo de vida para um artista. É pela articulação de idéias que nós vivemos. Dentre as inúmeras coisas que eu devo agradecer ao diretor da prisão, não há nenhuma que me deixe tão absolutamente grato quanto a sua permissão para me deixar escrever a A.D. o tanto que eu desejasse. Há aproximadamente dois anos vem crescendo em mim um fardo de amargura, muita da qual eu estou libertando agora. Do outro lado das paredes da prisão, há algumas pobres árvores, negras e sujas de fuligem, que quase conseguem fazer brotar um pouco de um verde penetrante. Eu sei muito bem o que elas estão tentando fazer: elas estão encontrando um meio de se expressar.

Há uma outra coisa muito séria sobre a qual eu tenho de lhe escrever: eu estou dirigindo-me a você porque tenho de culpá-lo, e sou tão afeiçoado a você que posso imputar-lhe essa culpa mais do que poderia fazê-lo com qualquer outra pessoa. No dia 20 de março de 1896, mais de um ano atrás, escrevi-lhe em termos bem incisivos

---

96) No original: I have "cleansed my bosom if much perilous stuff", citação de *Macbeth*, ato I, cena 3.

97) Alguns acreditam que esta é uma referência a uma brincadeira de Ross, que propôs a fundação de uma Sociedade Anti-Shakespeare para combater a exagerada Bardolatria, e que o soneto de Douglas "To Shakespeare" (publicado em *A cidade da cima*, 1899) foi escrito na fúria dessa sugestão.

que eu não poderia suportar a idéia de qualquer discordância entre eu e minha mulher em questões financeiras, ainda mais depois que ela, num gesto de gentileza, veio da Itália até aqui para trazer-me a notícia da morte de minha mãe. E eu gostaria que os meus amigos retirassem a sua proposta de sobrepor meus interesses pessoais aos interesses dela. Vocês deveriam ter notado que meus interesses já foram levados a cabo. Vocês estavam muito equivocados em não terem percebido isso. Fiquei muito desprotegido na prisão e só podia contar com vocês. E vocês achando que estavam fazendo a coisa mais inteligente, um ato de esperteza, de um extremo engenho. Vocês incorreram num erro. A vida não é complexa. Olhe o resultado! Vocês estão felizes com ele?

Novamente um erro completo foi feito em relação à opinião formada sobre Mr. Hargrove[98]. Ele foi nomeado representante do escritório de Humphreys, aquele que iria coagir para conseguir os seus fins, ameaçar, extorquir e coisas do gênero. Exatamente o contrário. Ele é um homem de grande caráter e de uma excelente posição social. Tudo o que ele diz, ele cumpre. A idéia de me colocar — um desprezível e paupérrimo prisioneiro — para brigar com Mr. Hargrove e Sir George Lewis foi grotesca. A idéia de se lançar contra eles foi absurda. Mr. Hargrove — o representante da Lloyds por trinta anos — teria adiantado 10.000 libras a minha mulher se ela quisesse, sem sentir a diferença. Eu perguntei a Mr. Holman se em caso de divórcio as dívidas seriam liquidadas *ipso facto*. Não recebi nenhuma resposta. Acredito que o procedimento deva ser como eu suspeitava.

Novamente, como eram estúpidas as suas longas cartas me aconselhando a "não entregar meus direitos sobre as minhas crianças", uma frase que aparece sete vezes na correspondência. Meus direitos! Eu não os tenho. Um pedido que pode ser aniquilado em dez minutos por meio de um apelo formal a um juiz nas Câmaras de Justiça não é um direito. Eu estou realmente perplexo com a posição em que me colocaram. Muito melhor teria sido se vocês tivessem feito o que eu lhes pedi, até porque minha mulher foi gentil e estava disposta a deixar-me ver as duas crianças e estar com elas ocasionalmente. A.D. me colocou numa posição falsa em relação a seu pai, conduziu-me e forçou-me a ela. More Adey, com a melhor das intenções, forçou-me a uma falsa posição com relação a minha mulher. Mesmo que eu tivesse qualquer direito legal — que eu não tenho —, digam-me qual é a graça de se obter algo ameaçando os privilégios que eu receberia por afeição. Minha mulher era tão delicada comigo e agora, muito naturalmente, ela está frontalmente contra mim. Vocês fizeram outra avaliação equivocada sobre o caráter dela. Ela me avisou que, se eu deixasse os meus amigos lançarem-se contra ela, ela certamente iria mudar o rumo da situação. E foi o que fez.

---

98) Advogado de Constance Wilde, que, durante muito tempo, insistiu para que ela entrasse na justiça com o pedido de divórcio.

Novamente, Swinburne diz a Maria Stuart em um de seus poemas,

*Mas certamente você devia ser alguma coisa melhor
Do que inocente!*[99]

e realmente, meus amigos, eu devo encarar o fato (colocados a parte detalhes como esses de minha acusação formal a meus tão dedicados amigos, três no total) de que eu não estou na prisão porque sou um homem inocente. Muito pelo contrário, os registros das perversidades de minha paixão e meus romances distorcidos preencheriam muitos volumes escarlates. Ao dizer isso, estou pensando corretamente — embora para alguns tal afirmação possa parecer surpreendente e, sem dúvida, chocante. Em sua carta, More Adey me diz que eu devo resistir ao divórcio porque meus adversários me obrigariam a fornecer, com requinte de detalhes, as datas, lugares e exatas circunstâncias das terríveis acusações a serem feitas contra mim. Ele imaginou seriamente que, se eu me submetesse a outro flagelo, eu seria acreditado? Ele realmente propôs que eu deveria fazê-lo e repetir o fiasco de Queensberry? Nesse caso, as acusações não são verdadeiras. Mas há um pequeno detalhe. Se um homem fica bêbado, ao se julgar o que quer que ele tenha feito, é irrelevante especular-se se ele estava sob o efeito de vinho branco ou de vinho tinto. Se um homem teve paixões pervertidas, o modo particular com que essas perversões manifestaram-se também é irrelevante.

O escritor francês André Gide (1869-1961).

Eu disse no princípio que acreditava plenamente no perdão de minha mulher. Eu agora aprendi que nenhum perdão tem algum valor onde mais de uma ofensa pode ser lançada. Minha mulher tem simplesmente que dizer que perdoa X, mas que não sabia nada a respeito de Y, e que não perdoaria Z. Há um livro de um shilling — 9 pence em dinheiro — chamado *Todo homem é seu próprio advogado*. Se os meus amigos tivessem-me enviado esse livro ou tivessem-no lido, todos esses problemas, despesas e atribulações teriam sido poupados. Contudo, enquanto eu os culpo *ab initio*, eu também tenho um estado de espírito que hoje me faz pensar que tudo o que acontece é para o bem. O mundo não é um mero caos no qual as oportunidades e a inteligência chocam-se. O que tenho de fazer é muito simples. Eu tenho de me submeter ao meu divórcio. Não creio que o governo vá processar-

---

99) De "Adieux a Marie Stuart", publicado em *Tristram of Lyonesse e outros poemas* (1882). No original está "But surely you were something better / Than Innocent!". (N.T.)

me novamente. Até mesmo para o governo inglês seria brutal um outro processo. Eu também, antes disso, terei de assegurar à minha mulher o meu interesse em firmar um acordo financeiro antes que o dinheiro seja tirado de mim. Em terceiro lugar, tenho que estabelecer que não vou aceitar nenhuma renda ou auxílio financeiro que venha dela. Isto parece-me a coisa mais simples, honesta e gentil a se fazer. O grande golpe para mim é a extremamente dolorosa privação legal do contato com meus filhos.

Minha amizade com A.D. me trouxe primeiro ao banco do réus da Corte Criminal, depois à Corte de Falência e agora ao banco dos réus da Corte do Divórcio. O máximo que consigo compreender (além de não ter um shilling para começo de conversa), é que não há mais bancos de réus para os quais ele possa levar-me. E, sendo assim, posso respirar aliviado. Porém, gostaria que você considerasse seriamente essa minha proposta e consultasse More e seu advogado sobre ela. Gostaria que ambos me escrevessem o mais rápido possível sobre esse assunto. Creio que minha mulher não vai fazer nenhuma objeção em restituir as 75 libras pagas pela *damnosa haereditas* de meu usufruto sobre as peças. Ela é muito justa em questões de dinheiro. Mas, pessoalmente, espero que não haja barganhas. Um grave erro foi cometido. A submissão deve vir a seguir. Proponho que o meu usufruto sobre as peças seja restaurado a minha mulher — ela é a legítima proprietária —, e essa atitude pode ser considerada como um presente meu. Isto vai pagar minha saída do casamento de um modo menos infame do que esperar que isto seja feito por meio de uma coerção legal. Estar casado ou não é um assunto que não me preocupa. Por anos eu negligenciei esse vínculo. Mas eu tenho certeza de que é muito difícil para minha mulher permanecer vinculada a mim. Eu sempre acreditei nisso. E, apesar da minha próxima declaração poder vir a surpreender alguns dos meus amigos, eu realmente sou apaixonado por minha mulher e sinto muito por ela. Espero sinceramente que ela possa ter um casamento feliz, se ela casar-se novamente. Ela podia não me compreender e eu estava para morrer de tédio com a vida de casado. Porém, ela tem alguns pontos em seu caráter que são encantadores e também era maravilhosamente leal a mim. Quanto a eu estar abrindo mão de tudo, por favor, que More e você permitam-se escrever pelo menos uma vez a respeito dessa questão depois de terem considerado o meu ponto de vista.

Também gostaria de pedir-lhes um grande favor: se More poderia escrever para as pessoas que penhoraram ou venderam o meu casaco de peles depois que eu fui aprisionado e perguntar-lhes por mim se eles seriam gentis o bastante para localizar onde ele foi vendido ou penhorado, porque estou ansioso para rastreá-lo e, se possível, reavê-lo. Eu o tive por doze anos, esteve comigo por toda a América e esteve presente em todas as minhas estréias. Ele tem muito de mim gravado nele e eu realmente o quero. A carta deve ser muito curta e enviada primeiro para o homem; se ele não responder, para a mulher. Como foi a esposa que me pressionou a deixá-la com a custódia do casaco, talvez deva ser mencionado que eu estou surpreso e aflito, particularmente porque eu paguei do meu próprio bolso *desde o meu aprisionamento* todas as despesas do penhor com a quantia de 50 libras enviadas por intermédio de Leverson. Talvez isto explique a razão da minha aflição. As cartas deles devem ser guardadas. Eu tenho uma razão muito particular para desejar que isto seja feito — de fato, é de vital importância que seja feito. A carta é uma requisição civil cujos motivos são tornados públicos, não pode envolver argumento ou negação. Eu estou apenas pedindo evidências documentadas para a minha proteção.

Espero encontrar Frank Harris no sábado ou em breve. As notícias do andamento das cópias de minha carta serão bem-vindas quando eu tiver notícias de vocês sobre o meu divórcio. Se Arthur Clifton ou o seu irmão Aleck[100] quiserem ver a cópia, mostre-a. Sempre seu,

OSCAR WILDE

A MORE ADEY

[postada a 17/05/1897]   H.M. Prison, Reading

Caro More, é certo dizer-lhe que o ministro do interior, contra minhas ardentes súplicas, está me mandando para Londres, lugar que desejaria evitar. Estou para ser transferido para Pentonville amanhã, dia anunciado nos papéis para minha mudança para Wormwood Scrubs. A transferência deverá ser conduzida com civilidade. Vou vestir minhas próprias roupas e não serei algemado. Meus trajes estão tão pavorosos, que desejaria ter pensado em ter roupas aqui, mas isso terá que permanecer como está.

Escrevi a Reggie para pedir-lhe que me encontre e para me acompanhar na saída da prisão. Estou tão magoado com você e Robbie — não tanto pelo que têm feito, mas por suas falhas em saber o que fazer. Sua falta de imaginação denota falta de simpatia e sua cegueira em relação a sua aparvalhante conduta em gastar dinheiro sem meu consentimento tem sido de um serviço inestimável para mim — assim, se você vier acompanhar-me na minha saída, isto seria desgastante para nós dois. Não tenho vontade de falar-lhe sobre nada, a não ser o modo pelo qual você tem repetido exaustivamente cada mínimo detalhe da totalidade do episódio Queensberry: como fui forçado a entrar num julgamento civil e em um repugnante divórcio seguido de

---

100) Alexander Galt Ross (1860-1927), irmão mais velho de Robert Ross.

minha prisão. O que aconteceria caso eu tivesse seguido seu conselho e tivesse resistido à "infectada evidência", ou ainda como seria meu eterno exílio caso eu tivesse seguido seu outro conselho e tivesse "fugido para o exterior". Em ambos os casos, eu estaria condenado à absoluta indigência. Você relembra-me como o acordo matrimonial foi quebrado *ipso facto* em meu divórcio — meu possível interesse nisso após a morte de minha esposa, caso eu venha a sobreviver a ela, seria absolutamente *nenhum*. Uma vez que a ordem da corte já deve ter sido obtida.

Isso, meu caro More, é o que vocês estiveram preparando para mim. Se após uma semana você preocupar-se em ir a Havre e dar-me alguma explicação, ficarei encantado em vê-lo. Espero que Robbie vá com você.

5h00

Vi Hansell e assinei o documento de separação. Realmente, eu não gostaria de ir para a casa de Stewart Headlam, apesar de não me importar realmente muito com isso. Eu o conheço apenas superficialmente. Por isso, acho que um hotel seria bem melhor.

Reggie Turner, amigo fiel de Oscar Wilde.

Escrevi a Reggie Turner pedindo-lhe que fique num hotel, assim eu poderia ter um quarto para trocar de roupa. Imagino um hotel tranqüilo próximo a Euston Road. É claro que, se isso é impossível, isso é impossível. Mas, se Reggie alugar os quartos, eu posso ir para lá me trocar e tomar o café da manhã. Apenas Reggie deverá dormir no hotel.

Claro que ficarei contente em vê-lo na manhã de minha soltura, e sei que você deve ter tido um bocado de problema por causa disso. Então venha à prisão com Reggie ou a seus aposentos, se for mais conveniente. Mas não devemos falar sobre negócios.

Não receber nenhum telegrama sobre Leverson é terrível. Estou completamente abalado.

Acho que você concordará comigo que eu segui completamente o seu conselho sobre Leverson e tenho tido a maior paciência com ele. Esse parece ser o caminho errado para tratá-lo. Estou seguro de que se deve lidar com um homem dessa estirpe de uma forma mais incisiva. Seu método, de qualquer forma, tem sido um terrível fracasso.

Soube agora que ficou estabelecido Dieppe como o lugar para onde irei. Sou tão conhecido lá que chego a desgostar da idéia. A atmosfera é muito tranqüila, mas acho que dá para se viver. Disse a Robbie para estar lá. Muito bem, mas você por si mesmo vai encontrar pouco prazer em minha companhia. Sinto-me tão amargo sobre tantas coisas que me esqueço de muitos outros atos de simples bondade que me fizeram bem, não dano. Admito que você teve problemas infindáveis, mas mesmo assim deve lembrar-se de que lhe pedi, por meio de Robbie, que deixasse a mim e a minha esposa em paz. Estávamos tratando-nos com carinho, e isso era gratificante para ela. O ímpeto de tentar obter mais dinheiro para mim foi errado. Resultou em menos dinheiro, numa separação e na privação de meus filhos, um fim verdadeiramente aterrador.

Suas intenções sempre foram boas e gentis; seu coração estava sempre pronto para vibrar em verdadeira simpatia. Mas seu julgamento foi errado — e tão ruins quanto os resultados foram os seus conselhos. Seria um milagre eu escapar do divórcio, do exílio, do abandono completo.

De qualquer modo, pelas reais ações de seu coração, sua incansável boa natureza e desejo de me ajudar, eu lhe agradeço profundamente. Em uma semana espero estar bem melhor e ter perdido algumas das minhas atuais amarguras. Então vamos encontrar-nos e falar sobre literatura, a respeito da qual seu instinto está sempre certo, seu julgamento é crítico e sereno, suas simpatias são racionais. Espero que você mande todo o dinheiro para Reggie. Tão logo Leverson pague, avise-me. Claro que não posso deixar a Inglaterra sem o dinheiro, e não quero ter de ir até a casa dele por causa disso. Sempre seu,

OSCAR

A ADA LEVERSON

20 de maio de 1897   Hotel Sandwich, Dieppe

Querida Esfinge, fiquei tão encantado em vê-la ontem pela manhã que me senti na obrigação de lhe escrever algumas linhas para lhe dizer quão doce e bondosa você foi ao ser a primeira pessoa a me saudar. Quando penso que as esfinges são as servas da lua e que você teve de acordar ainda antes do alvorecer, meu peito enche-se de alegria e prazer.

Pensei inúmeras vezes em você durante a eternidade de dias e noites de escuridão que foi a minha vida no cárcere e encontrar você tão maravilhosa e querida como sempre não me surpreendeu. A beleza é sempre bela.

Este é o meu primeiro dia de liberdade de fato, por isso estou tentando escrever algo a você, sem esquecer de enviar minhas lembranças ao querido Ernest — a quem fiquei muito feliz em reencontrar. Sempre afetuosamente seu,

OSCAR WILDE

Estou aqui como Sebastian Melmoth — não o senhor, mas o monsenhor Sebastian

Melmoth. Pensei melhor e achei que Robbie deveria estar aqui com o nome de Reginald Turner, e Reggie sob o nome de R. B. Ross. É melhor que eles não usem os próprios nomes.[101]

TELEGRAMA A ROBERT ROSS

19 de maio de 1897   Newhaven

Chego na balsa noturna. Estou absolutamente maravilhado com a perspectiva de encontrar você e Reggie. Não dê importância àquelas cartas grosseiras. More tem sido um bom amigo para mim e sou tão grato a todos vocês que não encontro palavras para expressar meus sentimentos. Você não perde por esperar. Logo de manhã nos encontraremos. Por favor, arrume quartos para nós em seu hotel. Ficarei tão feliz em rever você quanto estou agora, só em pensar na maravilhosa amizade que me foi demonstrada.

SEBASTIAN MELMOTH

A FRANK HARRIS

20 de maio de 1897   Hotel Sandwich, Dieppe

Frank Harris, caricatura de Max Beerbohm (1896).

Meu caro Frank, estas são apenas algumas linhas agradecendo-lhe sua enorme gentileza para comigo, pelas roupas adoráveis e pelo cheque generoso.

Você tem sido um amigo bom e sincero para mim e nunca me esquecerei de sua amabilidade. Lembrar que tenho uma dívida com você — uma dívida de gentil camaradagem — é um prazer para mim.

Logo pensaremos a respeito de nossa viagem. Meus amigos estão sendo tão bons comigo por aqui que já estou sentindo-me feliz. Sempre seu,

OSCAR

Caso me escreva, por favor, disfarce e remeta a carta para R.B. Ross, que está aqui comigo.

---

101) Wilde faz aqui uma brincadeira: para "disfarçar", Robbie deveria trocar de nome e adotar o nome de Reginald Turner, o nome completo de Reggie, e Reggie deveria registrar-se como Robert Balwin Ross, o nome de Robbie.

À SRA. BERNARD BEERE

22 de maio de 1897   Hotel Sandwich, Dieppe

Minha muito querida e bela amiga, sua carta me trouxe muita alegria. Sabia que você sempre seria boa e gentil comigo — mais agora do que nunca, se é que isso poderia ser possível, quando preciso de simpatia e sei valorizá-la. Atualmente, uma palavra carinhosa para comigo é tão maravilhosa quanto uma flor. Só o amor pode curar todas as feridas.

Não posso escrever muito, pois estou bem nervoso — vejo-me ofuscado pelas maravilhas desse mundo esplendoroso. Sinto-me como se tivesse saído da tumba. O sol e o mar parecem-me estranhos.

Mas, querida Bernie, por mais que minha vida pareça arruinada para o mundo exterior, não é assim que a vejo. Sei que gostará de saber como me sinto agora, longe de tudo aquilo — longe do silêncio, da vida solitária, da fome, da escuridão, da dor, do abandono, da desgraça. Sinto-me muito bem longe de todas essas coisas. Eu vivi uma vida indigna para um artista. Aquilo não era para mim. Muito mais coisas horríveis aconteceram a este seu velho amigo, querida, do que apenas dois anos de trabalhos forçados — por pior que pudessem ser. Finalmente estou apto a compreender tudo. O sofrimento é uma chama hedionda, que tanto purifica quanto destrói. Talvez eu me torne uma pessoa melhor depois de tudo isso. Escreva-me aqui — monsieur Sebastian Melmoth é agora o meu nome para o mundo. Com amor e gratidão, sempre seu,

OSCAR

AO EDITOR DE *THE DAILY CHRONICLE*

27 de maio de 1897   Dieppe

Sir, ao ler as colunas de seu jornal, fiquei sabendo, com grande pesar, que o carcereiro Martin da prisão de Reading havia sido demitido pelos Comissários Prisionais por ter dado alguns biscoitos doces a uma criancinha faminta. Eu mesmo vi as três crianças na segunda-feira anterior à minha libertação. Eram prisioneiras, vestidas com seus uniformes de detentas, sempre paradas num corredor da ala central, carregando seus materiais debaixo do braço, à espera de serem enviadas a suas celas. Cruzei com elas em uma das galerias enquanto ia até a sala de recepção, onde encontraria um amigo. Eram crianças muito raquíticas e a mais nova — aquela para quem o carcereiro deu os biscoitos — era a mais mirrada de todas e, com toda a certeza, deve ter sido muito difícil arrumar-lhe roupas suficientemente pequenas para vesti-la. Obviamente, vi muitas crianças na prisão durante meus dois anos de confinamento. A prisão de Wandsworth, particularmente, mantém sempre um grande número de crianças e o menininho que vi em Reading na tarde de segunda-feira, dia 17, era o menorzinho de todas. Nem preciso dizer quão angustiado fiquei ao ver aquelas crianças em Reading, já que era profundo conhecedor do tratamento que nos era dispensado. É inacreditável a crueldade que as crianças sofrem dia e noite nas prisões inglesas. Só aqueles que a testemunham podem dar-se conta da brutalidade do sistema penal.

Hoje em dia, as pessoas não compreendem o que é crueldade, vêem-na como uma espécie de paixão medieval e associam-na a homens da raça de Eccelino de Romano e outros, cuja deliberada dor que infligiram acabou por lhes proporcionar um prazer alucinado. Mas homens da laia de Eccelino são tipos anormais e com um individualismo pervertido. A crueldade usual é apenas uma grande estupidez. É um caso de completa falta de imaginação. Seu resultado, em nossos dias, são sistemas estereotipados baseados na estupidez e em regras duras e inalteráveis. Onde quer que haja a centralização, lá estará a estultice. O que é desumano na vida moderna é o oficialismo. O autoritarismo é tão destrutivo para aqueles que o exercem quanto para aqueles sobre quem é exercido. Assim são o sistema penitenciário e as instituições que o executam, e o nascedouro de toda a crueldade que é aplicada sobre as crianças. As pessoas que mantêm o sistema têm excelentes intenções. Aqueles que aplicam suas regras também são humanamente bem intencionados. A responsabilidade é cambiada pelas regulamentações disciplinares. Talvez seja por causa disso que existam regras e direitos.

O tratamento atual dispensado às crianças é terrível, principalmente porque as pessoas não entendem a psicologia peculiar da natureza infantil. A criança pode entender a punição aplicada por uma pessoa em particular, seja ela seu pai ou tutor, e suporta a tudo com uma boa dose de aquiescência. O que ela não consegue compreender é a punição aplicada pela sociedade. Ela não faz a menor idéia do que seja a sociedade. Com os adultos, obviamente, acontece o contrário. Aqueles entre nós que estão atualmente na prisão ou já foram mandados para ela compreendem — e têm de compreender — o que significa essa força coletiva chamada sociedade, e, por mais que possamos questionar seus métodos ou reivindicações, somos forçados a aceitá-los. Por outro lado, a punição aplicada por um indivíduo em particular é algo que nenhuma pessoa adulta tolera — ou pelo menos espera-se que não tolere.

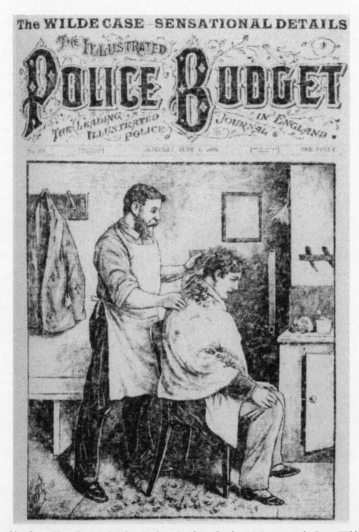

Gravura publicada no The Illustrated Police Budget *(1º de junho de 1895), mostrando Oscar Wilde na prisão.*

    Conseqüentemente, a criança apartada de seus pais por pessoas que ela nunca viu e sobre quem não sabe absolutamente nada, encontrando-se em uma cela solitária e impessoal, cuidada por gente de rostos estranhos, sendo mandada de um lado para o outro e vendo-se punida por um sistema que não consegue compreender, acaba tornando-se imediatamente uma presa da primeira e mais proeminente emoção produzida pela vida na prisão moderna: a emoção do terror. E o terror de uma criança na prisão parece não ter fim. Lembro-me que, certa vez, em Reading, estava encaminhando-me para minhas tarefas quando vi rapidamente um garotinho em uma cela mal iluminada à direita da minha. Dois carcereiros — que não eram homens rudes — estavam conversando com ele com aparente severidade ou, talvez, estavam dando-lhe algum conselho útil a respeito de sua conduta. Um estava na cela com ele e o outro estava postado do lado de fora. O rosto do garoto parecia ter sido cunhado no mais puro branco do terror. Havia em seus olhos o terror de um animal acuado. Na manhã seguinte, eu o ouvi chorando na hora do desjejum e pedindo para que o deixassem ir embora. Ele chorava e gritava por seus pais. De vez em quando, eu podia ouvir a voz soturna do carcereiro mandando que ele calasse-se. Ele sequer havia sido condenado por qualquer pequeno ato que merecesse acusação. Ele estava apenas em prisão preventiva. Eu sabia disso pelo fato de que ele vestia suas próprias roupas, que pareciam estar bem limpas. De qualquer modo, ele estava usando meias e sapatos de prisioneiro. Esse fato demonstrava que ele era um garoto bem pobre, cujos próprios sapatos — caso ele os tivesse — estavam em péssimo estado. Juízes e magistrados, regra geral uma classe completamente ignorante, muitas vezes prendem crianças preventivamente por uma semana, tentando talvez adiar uma sentença a qual têm o dever de pronunciar. Eles dizem que isso "não é enviar uma criança para a prisão". Este é, obviamente, um ponto de vista estúpido da parte deles. Para uma criancinha, tanto faz estar na prisão preventivamente ou por condenação. Tal sutileza de posição social lhes foge à compreensão. Para ela, estar lá já é horrível o bastante. Aos olhos da humanidade, já seria suficientemente horrível ela estar lá.

Esse terror que invade e domina a criança — e que também invade o adulto — é obviamente intensificado para além dos limites pelo sistema de celas individuais de nossas prisões. Cada criança é confinada em sua cela durante 23 das 24 horas do dia. É uma coisa apavorante. Trancafiar uma criança em uma cela escura por 23 horas é um exemplo de quão cruel é a estupidez. Se um indivíduo, pai ou tutor, fizesse isso a uma criança, ele seria severamente punido. A Sociedade de Prevenção Contra a Crueldade Infantil iria interessar-se pelo assunto imediatamente. Qualquer um que fosse culpado por tamanha crueldade sofreria o maior dos ódios. Certamente, uma sentença pesada viria a seguir à condenação. Mas a nossa própria sociedade vai mais além, pois é muito pior uma criança ser tratada por uma força estranha e abstrata, de cujas reivindicações ela não faz a menor idéia, do que receber o mesmo tratamento de seu pai, mãe ou qualquer outra pessoa que ela conheça. Tratar com desumanidade uma criança é sempre desumano, não importa quem seja seu autor. Mas o tratamento desumano a uma criança imposto pela sociedade é o mais terrível de todos, posto que ela não tem a quem recorrer. Um pai ou tutor pode-se comover e permitir que a criança saia do quarto escuro onde esteve confinada. Mas um carcereiro não pode fazer o mesmo. Muitos carcereiros gostam de crianças. Mas o sistema os proíbe de prestar qualquer assistência a elas. Caso o façam, como o carcereiro Martin fez, são imediatamente demitidos.

Uma segunda coisa que faz a criança sofrer na prisão é a fome. A comida que lhe é dada consiste de um pedaço de pão, normalmente mal assado, e uma caneca de água no café da manhã, às sete e meia. Ao meio-dia, na hora do almoço, ela recebe uma papa feita de alguma comida indiana e, às 5 e meia, ganha um pedaço de pão seco e um caneca d'água a título de jantar. Mesmo em um homem forte, essa dieta provoca sempre toda a sorte de doenças, principalmente, é claro, diarréia e sua conseqüente fraqueza. De fato, é comum nas grandes prisões os carcereiros distribuírem remédios adstringentes regularmente. No caso de uma criança, ela acaba tornando-se incapaz de comer o que lhe é dado. Qualquer um que conheça alguma coisa a respeito de crianças sabe o quão facilmente a digestão delas é afetada por um acesso de choro, por algum problema ou um embaraço mental. Uma criança que tenha passado todo o dia — e talvez parte da noite — chorando em uma cela solitária mal iluminada, consumida pelo terror, simplesmente não consegue comer essa comida ordinária e horripilante. No caso da criancinha a quem o carcereiro Martin deu os biscoitos, ela estava chorando de fome na terça-feira pela manhã, mas não conseguiu nem comer o pão nem beber a água servidos no desjejum. Martin saiu após o café da manhã ter sido servido e comprou alguns biscoitos doces para a criança, já que não queria vê-la passando fome. Foi uma bela atitude da parte dele e a criança ficou tão grata que, desavisada quanto às regras da prisão, contou a um dos chefes da carceragem o quão bondoso aquele carcereiro havia sido. O resultado foi, é claro, um relatório e uma demissão.

Conheço Martin muito bem e estive sob sua guarda durante as últimas sete semanas de meu encarceramento. Em Reading, ele era o responsável pela Galeria C — na qual eu estava confiando — e por isso o via constantemente. Fiquei impressionado com a forma gentil e humana que ele empregava ao falar comigo e com os outros prisioneiros. Palavras gentis valem muito em uma prisão, e um amável "bom dia" ou "boa noite" podem fazer uma pessoa tão feliz quanto possível em uma penitenciária. Ele sempre foi gentil e atencioso. Tive a oportunidade de saber de outro caso no qual ele demonstrou grande gentileza para com um dos prisioneiros e não tenho porque hesitar em mencioná-lo. Uma das mais horríveis coisas em uma prisão é o estado deplorável de suas instalações sanitárias. Nenhum prisioneiro tem permissão para deixar sua cela após as cinco e meia da tarde. Se ele está sofrendo de diarréia, conseqüentemente tem de usar a cela como latrina, passando a noite na mais fétida e insalubre atmosfera. Alguns dias antes da minha libertação, Martin estava fazendo sua ronda das sete e meia com um dos chefes da carceragem para recolher estopas e ferramentas dos prisioneiros. Um homem condenado recentemente e que estava sofrendo de uma violenta diarréia por causa da comida — como é sempre o caso — pediu permissão ao chefe da carceragem para limpar a sujeira da cela, já que o odor era horrível e havia a possibilidade de ele voltar a ser acometido pelo mesmo mal à noite. O chefe da carceragem negou terminantemente, alegando que era contra as regras. O homem teria de passar a noite naquela condição lastimável. Contudo, Martin, para não deixar o pobre homem em uma situação tão deplorável, disse que ele mesmo limparia a sujeira — e realmente o fez. É claro que é contra o regulamento um carcereiro limpar a sujeira de um prisioneiro, mas Martin praticou esse ato de bondade devido à humanidade de seu caráter, e o homem ficou, naturalmente, muito agradecido.

Ainda com relação às crianças, muito se tem falado e escrito ultimamente a respeito da influência contaminadora da prisão sobre elas. Tudo o que tem sido dito condiz à verdade. Uma criança é completamente contaminada pela vida na prisão. Mas essa influência contaminadora não vem dos prisioneiros. Ela vem de todo o sistema penitenciário — do diretor, do capelão, dos carcereiros, da solitária, do isolamento, da comida revoltante, das regras da Comissão de Prisão, da forma de disciplina que no entender deles é um modo de vida. Todo o cuidado é tomado para tirar a criança das vistas dos prisioneiros com mais de 16 anos de idade. Na capela, as crianças sentam-se atrás de uma cortina e são levadas para fazer seus exercícios em pátios pequenos e sombrios — muitas vezes, um pátio cheio de pedras, em outras, um lugar atrás dos moinhos —, tudo para que não vejam os prisioneiros mais velhos exercitando-se. Mas a única e verdadeira influência humanizadora é aquela empregada pelos próprios prisioneiros. Seu bom-humor mesmo diante das mais terríveis circunstâncias, sua solidariedade, sua humildade, sua gentileza, seus sorrisos amáveis quando se encontram, a completa aceitação de sua punição — tudo isso é maravilhoso e eu mesmo aprendi muitas lições com eles. Não estou sugerindo que as crianças não devam sentar-se atrás das cortinas na capela, nem que elas devam fazer seus exercícios em um canto do mesmo pátio que os outros. Só estou atestando que a má influência não vem — nem poderia vir — dos prisioneiros, mas sim do sistema penitenciário como um todo, e assim continuará a ser. Qualquer homem na prisão de Reading aceitaria de bom grado ser punido no lugar das três crianças. A última vez que as vi foi na terça-feira seguinte à sua condenação. Estava fazendo exercícios às onze e meia da manhã com cerca de outros doze homens quando as três crianças passaram por nós, sob a vigilância de um carcereiro, vindo do pátio úmido e pedregoso onde haviam feito seus exercícios. Pude ver então a imensa piedade e solidariedade estampadas nos olhos de meus companheiros enquanto eles as observavam passar. Os prisioneiros são, como classe, extremamente gentis e simpáticos uns com os outros. O sofrimento e a comunhão desse sofrimento tornam as pessoas mais bondosas e, dia após dia, ao vagar pelo pátio, eu sentia com prazer e conforto aquilo que Carlyle em algum lugar chamou de "o encanto silencioso e rítmico da companhia humana". Nessa, e em todas as outras coisas, filantropos e gente desse tipo estão equivocados. Não são os prisioneiros que precisam ser recuperados. São as prisões.

É claro que crianças com menos de catorze anos de idade não deveriam ser mandadas para a prisão. É um absurdo e, como todos os absurdos, traz resultados absolutamente trágicos. Se, contudo, elas tiverem de ser aprisionadas, elas deveriam passar o dia trabalhando em oficinas ou estudando em salas de aula sob a vigilância de um carcereiro. À noite deveriam dormir em um dormitório, com um carcereiro tomando conta delas. Deveriam ter permissão para se exercitar diariamente por três horas. As celas sombrias, mal ventiladas e mal cheirosas do cárcere são horrorosas para as crianças — na verdade, são horrorosas para qualquer um. Estamos sempre respirando um ar infecto nas prisões. A comida oferecida deveria consistir apenas de chá, pão com manteiga e sopa. A sopa da prisão é muito boa e saudável. Uma resolução da Câmara dos Comuns poderia resolver em meia hora a questão do tratamento às crianças. Espero que o senhor use sua influência para que isso seja resolvido. A maneira como as crianças são tratadas atualmente é um ultraje à humanidade e ao bom senso, é uma atitude que se origina da estupidez.

Deixe-me chamar a atenção agora para outra coisa terrível que acontece nas prisões inglesas — e, certamente, em outras prisões ao redor do mundo —, onde o sistema de silêncio e de confinamento em celas é praticado. Refiro-me ao grande número de homens que enlouquecem ou acabam imbecilizados com o encarceramento. Em prisões com condenados perigosos, o isolamento é bem comum, é claro, mas em penitenciárias comuns, como aquela onde fiquei confinado, isso também acontece.

Prisioneiros e seus afazeres, segundo gravura de época.

Há cerca de três meses, entre os prisioneiros que faziam exercícios comigo, notei um jovem que me pareceu abobalhado ou estúpido. Cada prisão tem, é óbvio, seus clientes imbecis, que sempre voltam para trás das grades e pode-se até dizer que eles moram na prisão. Mas esse rapaz me deu a impressão de ser mais do que um simples estúpido devido ao seu sorriso tolo e a risada idiótica para si mesmo, além da peculiar inquietação de suas mãos sempre crispadas. Ele foi notado por todos os outros prisioneiros devido o estranhamento de sua conduta. De vez em quando, ele não aparecia para os exercícios, fazendo-me crer que ele havia sido punido e confinado na cela. Finalmente, descobri que ele estava sob observação, vigiado noite e dia pelos carcereiros. Quando ele aparecia para os exercícios, sempre se mostrava histérico e costumava caminhar chorando ou rindo muito. Na capela, ele tinha de se sentar sob a guarda de dois carcereiros, que o observavam cuidadosamente todo o tempo. Às vezes ele enfiava a cabeça entre as mãos, o que é uma ofensa às regras da capela, e era imediatamente golpeado na cabeça por um carcereiro para que mantivesse permanentemente os olhos fixos no altar. Por vezes ele chorava — sem causar nenhum distúrbio —, e as lágrimas corriam pelo seu rosto enquanto sua garganta emitia uma vibração histérica. Algumas vezes ria sozinho e fazia caretas. Mais de uma vez ele foi expulso da capela e mandado de volta para a cela e, é claro, era constantemente punido. Como o banco onde eu costumava sentar na capela ficava exatamente atrás do banco no qual esse pobre coitado era colocado, tive a oportunidade de observá-lo bem. Também o vi, é claro, fazendo exercícios e notei que ele estava ficando louco, mas era tratado como se estivesse fingindo.

No sábado da minha última semana, eu estava na cela por volta da uma hora ocupado em limpar e polir as latas que havia usado no almoço. De repente, o silêncio foi quebrado e eu me vi surpreendido pelos mais horríveis e revoltantes guinchos — urros, melhor dizendo —, que a princípio pensei estarem partindo de alguma vaca ou touro sendo abatido desastradamente por alguém fora da prisão. Contudo, logo percebi que os urros partiam do porão e descobri que algum pobre coitado estava sendo açoitado. Nem preciso dizer o quão hediondo e terrível isso foi para mim e fiquei imaginando quem poderia estar sendo punido daquela maneira revoltante. Subitamente, dei-me conta de que deveria ser aquele infeliz lunático quem estava apanhando. Não preciso relatar o que senti a respeito do fato, até porque isso não irá acrescentar nada à questão.

No dia seguinte, um domingo, dia 16, vi a pobre criatura fazendo exercícios, com seu rosto enfraquecido, feio e infeliz, inchado pelas lágrimas e pela histeria. Ele estava quase irreconhecível ao caminhar no pátio central junto com os velhos, os mendigos e os aleijados. Isso me possibilitou observá-lo durante todo o tempo. Era meu último domingo na prisão, um dia exuberante — o mais belo dia que havíamos tido o ano inteiro —, e ali estava, vagando sob o lindo sol, aquela pobre criatura que um dia foi feita à imagem de Deus. Ele sorria como um macaco e fazia os mais fantásticos gestos com as mãos, como se estivesse tocando no ar algum instrumento de cordas invisível ou, então, arrumando e distribuindo as fichas de algum jogo bizarro. Durante todo o tempo, suas lágrimas histéricas — sem as quais nós nunca o vimos — deixavam manchas em seu rosto pálido e inchado. A graça medonha e deliberada de seus gestos o tornava ridículo. Era uma figura grotesca. Todos os outros prisioneiros o observavam e nenhum sorria. Todos sabiam o que lhe havia acontecido e que ele estava ficando louco — na verdade, já estava louco. Depois de meia hora, um carcereiro mandou que ele entrasse e suponho que ele tenha sido punido. Pelo menos ele não estava presente nos exercícios da segunda-feira, apesar de eu ter tido a impressão de vê-lo em um canto do pátio de pedras, caminhando sob a vigilância de um carcereiro.

Na terça-feira — meu último dia na prisão —, vi-o fazendo exercícios. Estava pior do que antes e mais uma vez mandaram que ele entrasse. Desde então, não tive mais notícias dele, mas soube, por intermédio de um dos prisioneiros que se exercitava a meu lado, que ele havia levado 24 chibatadas no sábado à tarde na cozinha por determinação de um dos juízes visitantes, que se baseou no relatório médico. Os urros que nos haviam aterrorizado eram dele.

Sem dúvida esse homem está louco. Os médicos da prisão não têm nenhum conhecimento a respeito de doenças mentais de qualquer tipo. São uma categoria de homens ignorantes. Eles desconhecem a patologia da mente. Quando um homem enlouquece, eles o tratam como se estivesse fingindo e o punem inúmeras vezes. Naturalmente, esse homem fica pior ainda. Quando as punições corriqueiras já foram todas usadas, o médico faz um relatório do caso para os juízes. O resultado é o açoite. É claro que o açoitamento não é feito com um chicote de nove tiras, o que eles chamam de sova. O instrumento utilizado é uma vara e pode-se imaginar o resultado que deve ter produzido no pobre coitado do imbecil.

Seu número é, ou era, A.2.II. Também dei um jeito de saber seu nome. É Prince. Algo tem de ser feito por ele imediatamente. Ele é um soldado e sua sentença adveio de corte marcial. A pena é de seis meses e três deles já devem ter-se passado. Será que posso pedir-lhe que use sua influência para que esse caso seja examinado e averigue se o prisioneiro lunático está sendo bem tratado?

Nenhum relatório da comissão médica tem qualquer validade, não se deve dar-lhe crédito. Os inspetores médicos não parecem compreender a diferença entre idiotia e insanidade — entre a total ausência de uma função ou órgão e entre as doenças de uma função ou órgão. Este homem A.2.II será capaz, não tenho dúvidas, de dizer seu nome, o motivo de sua condenação, o dia do mês, a data de início e término de sua sentença e poderá responder qualquer pergunta mais simples. Mas que sua mente está doente, disso não há dúvida. Atualmente está ocorrendo um horrível duelo entre ele e o médico. O médico luta em nome de uma teoria, o homem luta por sua própria vida. Estou ansioso para que o homem vença. Mas deixemos que todo o caso seja examinado por especialistas que compreendem melhor as doenças do cérebro e por pessoas de sentimentos humanitários que ainda têm algum bom senso e alguma compaixão. Não há razão para pedirmos a interferência do sentimentalismo. Ele sempre causa danos.

O caso é um exemplo especial da crueldade que é inseparável de um sistema estúpido, apesar do atual diretor de Reading ser um homem gentil e humano, muito estimado e respeitado por todos os prisioneiros. Nomeado em julho passado, muito embora não possa mudar as normas do sistema penitenciário, ele tem alterado o espírito com o qual tais regras eram levadas a cabo por seu antecessor. É uma pessoa muito popular entre os prisioneiros e entre os carcereiros e, de fato, praticamente mudou o sentido da vida na prisão. Por outro lado, o sistema está fora de seu alcance no que diz respeito à mudança das regras. Não tenho dúvidas de que, diariamente, ele assiste a coisas que considera injustas, estúpidas e cruéis, todavia se encontra de mãos atadas. É claro que não sei qual sua real impressão sobre o caso de A.2.II, nem, é claro, sobre nosso atual sistema carcerário. Apenas o julgo pela completa metamorfose que realizou na prisão de Reading. Nas mãos de seu antecessor, o sistema era levado a cabo dentro da maior severidade e estupidez.

Permaneço, sir, seu obediente criado,

OSCAR WILDE

PARA MAX BEERBOHN

28 de maio de 1897 Hôtel de la Plage, Berneval-sur-Mer

Meu querido Max, não tenho palavras para expressar minha enorme alegria ao encontrar seu presente maravilhoso esperando por mim em minha saída da prisão e ao receber as doces e encantadoras mensagens que você enviou-me. Eu achava que a gratidão era um fardo por demais pesado para qualquer um carregar. Agora sei que é algo que deixa o coração aliviado. Para mim, o homem ingrato tem os pés e o coração de chumbo. Mas, quando aprendemos, mesmo que da forma mais inadequada, quão linda a gratidão pode ser, nossos pés passam a pairar sobre as areias e os mares, como se uma estranha alegria nos tivesse sido revelada — a alegria de descobrir não o que possuímos, mas o que devemos. Mantenho minhas dívidas de gratidão guardadas como um tesouro no fundo do meu coração e arrumo, dia e noite, barra de ouro por barra de ouro. Talvez não compreenda plenamente como sou grato a você. Isso é simplesmente parte dos novos prazeres que tenho descoberto.

O hipócrita feliz é uma história linda e maravilhosa, apesar de eu não gostar da retidão do título. O título que damos aos nossos trabalhos, seja um poema ou um quadro — todas as obras de arte são tanto poesia quanto pintura, e a melhor de todas é aquela que une essas duas características — é o último sobrevivente do antigo coro grego. É a única parte de uma obra na qual o artista fala diretamente de si próprio, e não gosto de ver você usando teimosamente um título dado por espectadores comuns, apesar de eu saber da felicidade que é pegarmos uma lasca de tijolo e o transformarmos em pedra preciosa. Esta é a origem do título em todas as escolas de arte. Não gostar de nada que você tem feito ultimamente é uma experiência nova para mim, e eu não abriria mão de meus pontos de vista nem mesmo por uma maleta prateada cheia de objetos divinamente inúteis — como aquela que o querido Reggie, em sua eficiência e praticidade, providenciou para mim assim que fui libertado. Mas, no futuro — hoje você é ainda um rapaz muito jovem —, irá lembrar-se do que eu lhe disse e poderá perceber a verdade observando a edição final da obra que estampará o título original imutável. Disso eu tenho certeza. O dom da profecia é concedido a todos aqueles que não sabem o que vai acontecer consigo próprios.

A citação e o reconhecimento de *Dorian Gray* em sua história me enche de satisfação. Sempre fiquei desapontado com o fato de meu romance nunca ter estimulado a produção de outros trabalhos de arte. Toda vez que uma linda flor crescer no pântano ou no lodo, certamente, alguma outra flor com um outro tipo de beleza crescerá a seu lado. Todas as flores e todas as obras de arte possuem uma curiosa afinidade umas com as outras. Pude notar também ao ler o seu romance surpreendente o quão inútil é para os carcereiros privar um artista de caneta e tinta. Nosso trabalho seguirá seu curso do mesmo modo, com fascinantes variações.

Caso você fique preocupado comigo, devo-lhe assegurar com toda a honestidade que a diferença de tonalidades entre as duas folhas de papel que compõem essa carta não é resultado da pobreza, mas sim da extravagância. Escreva-me mesmo, endereçando a carta a meu novo nome. Sinceramente seu,

OSCAR WILDE

PARA UM DESTINATÁRIO NÃO-IDENTIFICADO

28 de maio de 1897   Bernerval-sur-Mer

Meu querido amigo, estou-lhe escrevendo para mostrar que não me esqueci de você. Nós fomos bons amigos na galeria C.3, não fomos? Espero que esteja bem e tenha conseguido um emprego.

Seja um bom rapaz e não se meta em encrencas outra vez. Você acabaria tendo uma condenação terrível. Estou-lhe enviando 2 libras. Estou bem empobrecido agora, mas sei que você aceitará isso pelo menos como uma recordação. Envio também uma lembrança que eu gostaria que você entregasse àquele rapazinho de olhos escuros que ficou um mês entre nós. Creio que ele era o C.4.14. Ele esteve conosco entre 6 de fevereiro e 6 de março — era um rapaz de Wantage, creio eu, e um bom camarada. Éramos grandes amigos. Se o encontrar, dê-lhe isso em nome de C.3.3.

Estou na França, à beira-mar, e creio que me sinto feliz outra vez. Espero que sim. Meu período em Reading foi muito duro, mas conheci algumas pessoas boas por lá. Escreva-me aos cuidados de meus advogados, endereçando ao meu próprio nome. Seu amigo,

C.3.3

O prisioneiro C.3.3. *(Oscar Wilde), xilogravura de Frans Masereel para* A balada do cárcere de Reading *(1924).*

AO MAJOR J.O. NELSON

28 de maio de 1897   Hôtel de la Plage, Berneval-sur-Mer

Meu caro major Nelson, queria-lhe escrever assim que tocasse o solo francês para expressar, talvez até inadequadamente, meus reais sentimentos da mais pura e, principalmente, *afetuosa* gratidão por sua bondade e gentileza para comigo na prisão e por todo o cuidado que me dedicou no final da minha pena, quando eu estava mentalmente desequilibrado e com os nervos terrivelmente abalados. Talvez o senhor não dê muita importância para a expressão "gratidão". Eu costumava achar que gratidão era um fardo por demais pesado para ser carregado. Agora sei que é algo que torna o coração mais leve. O homem ingrato é alguém que caminha vagarosamente com pés e coração de chumbo. Mas, quando conhecemos a estranha alegria da gratidão a Deus e aos homens, a Terra torna-se mais amável para nós e este é o grande prazer que realmente conta: não a nossa riqueza, nem o pouco que possuímos, mas sim o muito que devemos.

Hôtel de la Plage, em Berneval, onde Oscar Wilde ficou.

Porém, eu estava evitando escrever porque estava aterrorizado pela lembrança daquelas criancinhas e daquele estúpido e desgraçado rapaz, açoitado por ordens do médico da prisão. Não tinha como deixar de falar deles em minha carta e sabia que os mencionar ao senhor significaria *colocá-lo* em uma posição bem difícil. Em sua resposta, o senhor *tinha* de ter demonstrado simpatia por meus pontos de vista — creio que poderia fazê-lo — e não achado, quando da publicação de minha carta, que eu, de uma forma egoísta ou imprudente, havia procurado sua opinião particular a respeito de assuntos oficiais apenas para corroborar com a minha.

Quis falar com o senhor a respeito dessas coisas na noite anterior à minha partida, mas achei que, na minha posição de prisioneiro, seria errado da minha parte fazê-lo e eu acabaria no final das contas por colocá-lo em uma situação difícil, como acabei fazendo agora. Só soube da publicação da minha carta por um telegrama de Mr. Ross, mas espero que a tenham publicado na íntegra, pois nela tentei expressar meu apreço e admiração por seu espírito humano e seu dedicado interesse por todos os prisioneiros sob sua responsabilidade. Não gostaria que as pessoas pensassem que as exceções que aconteceram foram exclusivamente para mim. Se recebi algum tratamento especial, foi por determinação do Alto Comissariado. O senhor dedicou a mim a mesma atenção e cortesia que dedicava a todos. Obviamente fiz mais exigências, mas apenas porque eu tinha realmente mais necessidades do que os outros, e muitas vezes contei com a aquiescência deles.

É claro que estou do lado dos prisioneiros, eu fui um deles e agora pertenço à categoria. Não me sinto nem um pouco envergonhado por ter estado na prisão. Sinto-me, sim, profundamente envergonhado da vida materialista que levava e que acabou por me mandar para lá. Era algo indigno para um artista.

A respeito de Martin e das coisas que tratei em minha carta, não tenho obviamente mais nada a dizer, a não ser que, se há um homem que pode mudar o sistema — caso algum possa fazê-lo —, esse homem é o senhor. Por hora, escrevo-lhe pedindo que me permita assinar essa carta, pela primeira vez na vida, como seu sincero e agradecido amigo,

OSCAR WILDE

A ROBERT ROSS

29-30 de maio de 1897   Hôtel de la Plage, Berneval-sur-Mer

Meu querido Robbie, sua carta é absolutamente admirável, mas será, meu querido garoto, que você não percebeu o quão certo eu estava ao escrever para o *Chronicle*? Todos os bons impulsos são corretos. Se eu tivesse dado ouvidos a todos os meus amigos, nunca teria escrito coisa alguma.

Estou enviando um pós-escrito de suma importância a Massingham. Caso ele o publique, remeta para mim.

Também perguntei a ele se desejava publicar minhas experiências na prisão e se gostaria de criar um sindicato comigo. Penso agora, diante da grande extensão de minha carta, que poderia ter escrito *três* artigos a respeito da vida na penitenciária. Com certeza, seriam de teor psicológico e introspectivo e um deles falaria de Cristo como o Precursor do Movimento Romântico na Vida, esse maravilhoso assunto que me foi revelado quando me vi na companhia daquelas mesmas pessoas que Cristo tanto gostava, os proscritos e os mendigos.

Estou apavorado com Bosie. More me escreveu dizendo que ele praticamente deu uma entrevista a meu respeito. Isso é horrível. Creio que, para me poupar de qualquer sofrimento, More não me enviou o jornal, mas mesmo assim tive uma noite miserável.

Bosie pode arruinar-me desse jeito. Sinceramente, rogo que lhe peçam que para fazer isso de novo. Suas cartas endereçadas a mim são abomináveis.

Tenho tido notícias de minha mulher. Ela me enviou fotografias dos meninos — aqueles belos rapazinhos metidos em colarinhos de Eton —, mas não fez nenhuma promessa de que me deixaria vê-los. Disse-me que *ela* me veria duas vezes ao ano, mas eu quero meus filhos. É uma punição terrível, meu querido Robbie, e oh!, como eu a mereço. Mas tudo isso me faz sentir desgraçado e sórdido, e não quero sentir-me assim. Envie-me o *Chronicle* regularmente. Também escreva mais vezes. É muito bom para mim estar sozinho. Estou trabalhando. Sempre seu, meu querido Robbie,

OSCAR

A LORD ALFRED DOUGLAS

4 de junho de 1897   Hôtel de la Plage, Berneval-sur-Mer

Meu querido garoto, acabei de receber sua carta, mas Ernest Dowson, Dal Young e Conder estão por aqui e por isso não pude lê-la, a não ser as últimas três linhas. Adoro as últimas linhas em tudo o que leio: o fim da arte é o seu começo. Não pense que não te amo. É claro que te amo mais do que qualquer coisa. Mas nossas vidas estão irreparavelmente endurecidas para um novo encontro. O que nos sobra é a certeza de que amamos um ao outro. Penso em você todos os dias e saber que você é um poeta o torna duplamente mais querido e maravilhoso. Meu amigos por aqui têm sido bem gentis comigo e gosto muito deles. Young é o melhor dos companheiros e Ernest tem uma natureza das mais interessantes. Ele tem-me trazido mostras de seu trabalho poético.

Temos ficado conversando até as três horas da manhã, o que é ruim para mim, mas é uma experiência encantadora. Hoje está enevoado e chovendo — é a primeira vez que isso acontece desde que estou aqui. Amanhã vou pescar, mas lhe escrevo à noite.

Sempre com o mais dedicado dos amores, querido garoto,

OSCAR

A LORD ALFRED DOUGLAS

6 de junho de 1897   Hôtel de la Plage, Berneval-sur-Mer

Meu queridíssimo garoto, preciso perder este *absurdo* hábito de lhe escrever todos os dias. É claro que isso tudo advém desse estranho e novo prazer de poder falar com você diariamente. Mas, na próxima semana, tenho de me capacitar a só lhe escrever a cada *sete* dias, e aí trataremos de questões como o soneto na vida moderna, a importância de você escrever baladas românticas e sobre a estranha beleza deste verso adorável de Rossetti — excluído até bem recentemente das obras completas pelo irmão — que diz "o mar finda numa tristeza azulada muito além da rima". Você não acha lindo? "Em uma tristeza *azulada* muito além da rima". *Voilá "l'influencedu bleu dans les arts"*. Que bela vingança!

Estou muito feliz por você estar-se deitando às sete da noite. A vida moderna é terrível para compleições delicadas como a sua: uma pétala de rosa debaixo de uma tempestade de granizo não seria tão frágil. Para nós, a modernidade é a *bainha* que, ao mesmo tempo que protege, desgasta a espada.

Você faria-me um favor? Vá até o Courier de la Presse e tente conseguir uma edição de *Le Soir*, um jornal de Bruxelas, provavelmente entre 26 e 31 de maio último, no qual há uma reportagem sobre minha carta ao *Chronicle*, inclusive com uma tradução dela, creio eu, e algumas notícias. É de vital importância para mim ter esse jornal comigo o quanto antes. Minha carta ao *Chronicle* está para ser publicada na forma de panfleto, com um pós-escrito, e eu preciso do *Soir*. Eu mesmo não quero escrever fazendo o pedido por razões óbvias. Querido rapaz, espero que você continue dormindo docemente. Você é absurdamente doce quando dorme. Tenho ido à missa às 10 da manhã e acompanhado as orações das três da tarde. Fico um pouco entediado com o sermão matinal, mas a benção é maravilhosa. Estou até sentado no coro! Será que os pecadores têm os lugares mais elevados no altar de Cristo? Só sei que Cristo, de qualquer maneira, nunca me dará as costas.

Lembre-se bem: dentro de alguns dias, apenas *uma carta por semana*. *Preciso* educar-me a esse respeito.

En attendant, sempre seu, com todo o amor,

OSCAR

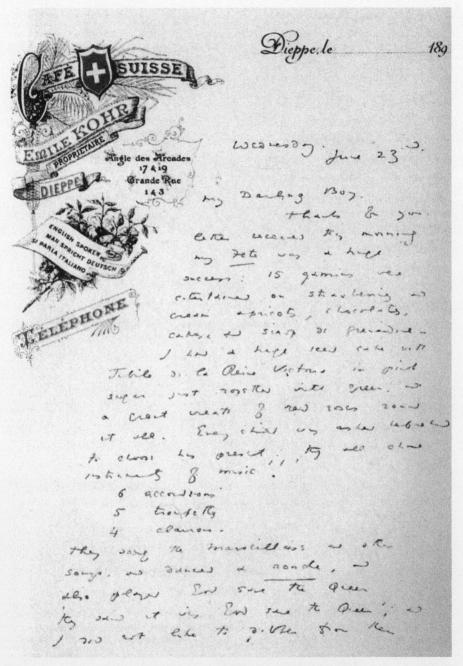

Carta de Oscar Wilde para Alfred Douglas descrevendo a festa
que organizou para as crianças de Berneval por ocasião do
Jubileu da Rainha Victoria (junho de 1897).

A WILL ROTHENSTEIN

9 de junho de 1897   Hôtel de la Plage, Berneval-sur-Mer

Meu bom e querido amigo, não sei como lhe dizer da tamanha alegria que senti ao receber ontem sua carta gentil e carinhosa, e fico aguardando com enorme satisfação o momento de me encontrar com você, mesmo que seja por apenas um dia. Estou indo para Dieppe tomar o café da manhã com os Stannard, que têm sido extremamente gentis comigo, e irei enviar-lhe de lá um telegrama. Espero ansiosamente que possa vir amanhã na balsa matutina e, dessa maneira, você e seu amigo jantariam e dormiriam por aqui. Não há mais ninguém nessa pequena estalagem a não ser eu mesmo, mas ela é muito confortável e o chefe de cozinha — há um chefe de verdade aqui — é um artista de grande distinção: todas as noites ele caminha à beira-mar em busca de novas idéias para o dia seguinte. Não é delicado da parte dele? Consegui um chalé por toda temporada a 32 libras e espero estar apto para voltar a trabalhar, escrevendo peças ou alguma outra coisa.

Eu sei, meu querido Will, que você gostará de saber que não saí da prisão como um homem amargurado ou desapontado. Pelo contrário: sob vários aspectos, só tive a ganhar — e muito. Não me sinto realmente envergonhado por ter estado na prisão: já estive em lugares mais vexaminosos. Mas o que de fato me envergonha foi ter vivido uma vida indigna para um artista. Não vou dizer que Messalina é melhor companhia do que Esporus[102], ou que uma coisa estava certa e a outra, errada. Sei apenas que uma vida de materialismo bem definido e estudado, uma filosofia de apetites e cinismo acrescida pelo culto ao ócio sensual e insensato são péssimas coisas para um artista ter em mente. Elas obliteram a imaginação e entorpecem a mais delicada das sensibilidades. Estive completamente errado com relação à minha vida, meu querido rapaz. Não consegui tirar o melhor de mim. Creio que *agora*, estando com boa saúde e na companhia de alguns bons e queridos companheiros como você, cultivando um modo de vida tranqüilo, com paz para pensar e livre da infinita fome por prazeres que arruinam o corpo e aprisionam a alma — bem, creio que agora poderei fazer todas as coisas das quais talvez você orgulhe-se. É claro que perdi muito, mas ainda assim, meu querido Will, quando avalio tudo o que me foi legado — o sol e o mar desse mundo maravilhoso; o alvorecer que ofusca com seu tom dourado e a noite tingida de prata; muitos livros e todas as flores, alguns bons amigos e um cérebro e um corpo cujas sanidade e potência não foram destruídas —, realmente eu me sinto *rico*. Sei que sou rico

---

102) Messalina foi a depravada e infiel mulher do imperador Claudius na Roma antiga, e Esporus o efeminado favorito de Nero, com quem o imperador teria tido uma espécie de casamento. (N.T.)

quando conto tudo o que ainda tenho. E, quanto ao dinheiro, o meu me causou um terrível dano. Ele acabou comigo. Espero agora ter apenas o suficiente para viver com simplicidade e escrever bem.

Então, lembre-se que você vai-me encontrar muito feliz em vários aspectos, é claro, se for suficientemente carinhoso para vir ver-me. Isso me encheria ainda mais de felicidade.

Como na música silenciosa das pedras, estou encantado pela perspectiva de ganhar alguma coisa sua. É terrivelmente bondoso de sua parte pensar nisso. Tenho ganho muitos belos presentes, mas nenhum terá o mesmo valor que o seu.

Você me perguntou se pode me trazer alguma coisa de Londres. Bem, a leveza do ar marinho fulminou meus cigarros e não tenho nenhuma caixa onde os guardar. Se você estiver em condição de milionário e puder me trazer uma cigarreira, será extraordinário. Em Dieppe não há nada entre uma mala de viagem e uma *bonbonnière*. Aguardo realmente você amanhã (quinta-feira) para o jantar e a pernoite. Se não for amanhã, que seja sexta-feira cedo. Tenho acordado regularmente às 8 horas!

Espero que nunca se esqueça disso, *mas para mim* você nunca será o Will Rothenstein: artista. Você sempre será, simplesmente, William Rothenstein. Este é um dos fatos mais importantes da história da arte.

Aguardo ansiosamente para conhecer Strangman. Sua tradução de Lady Windermere é brilhante. Seu sincero e agradecido amigo,

OSCAR WILDE

Conta do Hôtel de la Plage, em nome de "Mr. Melmoth".

A CARLOS BLACKER

4 de agosto de 1897   Café Suisse, Dieppe

Meu querido amigo, fiquei simplesmente com o coração partido com o que você me contou. Não me importo que minha vida esteja arruinada — assim teria de ser —, mas, quando penso na pobre Constance, tenho vontade de me matar. Mas creio que devo viver com esse fardo. Não me importo. Nemesis me apanhou em sua rede e seria tolice eu resistir. Por que caminhamos em direção à nossa própria ruína? Por que a destruição nos causa tanta fascinação? Por que, quando estamos em um pedestal, desejamos nos derrubar de lá? Não sabemos as razões, mas as coisas são assim.

É claro que acho que seria muito melhor para Constance vir ver-me, mas não é assim que você pensa. Bem, você é o mais sábio. Minha vida foi derramada na areia — vinho tinto sobre a areia — e ela a bebe por estar sedenta, e não por qualquer outra razão.

Gostaria de vê-lo. Não faço idéia de onde estarei em setembro e não me importo. Temo que nunca mais nos vejamos. Mas está tudo certo, os deuses costumam reter o mundo entre seus joelhos. Fui feito para a destruição. Meu berço foi balançado pelas Parcas. Apenas na lama conheço a paz. Sempre seu,

OSCAR

A ROBERT ROSS

24 de agosto de 1897   Berneval-sur-Mer

Meu queridíssimo Robbie, obrigado pelo cheque. Já o enviei para o banco em Dieppe.

Meu poema ainda está inacabado, mas estou decidido a terminá-lo esta tarde para que possa ser datilografado. Uma vez que eu o veja, mesmo batido a máquina, certamente estarei apto para corrigi-lo. *Agora*, estou cansado do manuscrito.

Você acha bom esse verso? Temo que esteja fora de tom, mas gostaria que você estivesse aqui para conversarmos sobre isso. Sinto terrivelmente sua falta, querido rapaz.

O Diretor foi duro quanto
Ao Ato Normativo:
O Médico disse que a Morte não passava
de um fato científico;
E duas vezes ao dia o Capelão era chamado
E deixava um pequeno folheto.[103]

Trata-se, é claro, da vida de um condenado antes de sua execução. Eu o fiz em "latrina": me parece lindo.

Desde que Bosie me escreveu dizendo que não dispunha de 40 francos para vir de Rouen me ver, nunca mais me enviou uma carta. Nem eu a ele. Estou profundamente magoado com sua mesquinharia e falta de imaginação. Sempre seu,

OSCAR

A LORDE ALFRED DOUGLAS

31 de agosto de 1897   Café Suisse, Dieppe

Meu garoto querido, recebi seu telegrama meia hora atrás e estou escrevendo-lhe para dizer que minha única esperança de fazer de novo algo de belo na arte repousa na perspectiva de estar com você. Não foi assim no passado, mas agora é diferente. Você pode de fato recriar em mim aquela energia e a consciência dessa poderosa alegria que são essenciais à arte. Todos estão furiosos comigo por estar voltando para você, mas eles não nos entendem. Sinto que apenas ao seu lado poderei fazer alguma coisa. Refaça minha vida arruinada, e então nosso amor e amizade terão um significado diferente para o mundo.

Não quero separar-me nem um segundo de você quando nos encontrarmos em Rouen. Há muitos abismos profundos entre nós. Mas amamos um ao outro. Boa noite, querido. Sempre seu,

OSCAR

---

103) No original, "The Governor was strong upon / The Regulation Act; / The Doctor said that Death was but / A scientific fact; / And twice a day the Chaplain called / And left a little Tract". (N.T.)

A ROBERT ROSS

21 de setembro de 1897   Hôtel Royal des Étrangers, Nápoles

Meu queridíssimo Robbie, sua carta me alcançou aqui.

Meu retorno para Bosie era psicologicamente inevitável. E, à parte da existência interior da alma que, a qualquer custo, quer autorealizar a sua paixão, o mundo me forçou a fazê-lo.

Não consigo viver sem a atmosfera do Amor: tenho de amar e ser amado, seja qual for o preço que eu tiver de pagar por isso. Eu poderia ter vivido minha vida inteira a seu lado, mas você tem outras aspirações — aspirações essas que você, como sujeito doce que é, não pode negligenciar —, e tudo o que me pôde dar foi uma semana em sua companhia. Reggie ficou comigo três dias e Rowland, um sexteto de sóis. No último mês, em Berneval, senti-me tão solitário que estive a um passo de me matar. O mundo bateu seu portão na minha cara e a porta do Amor abriu-se.

Quando as pessoas falarem mal de mim por eu ter voltado para Bosie, diga-lhes que ele me ofereceu amor e eu, em minha desgraça e solidão, após três meses lutando contra esse odioso mundo filisteu, me voltei naturalmente para ele. É claro que muita vezes me sinto infeliz, mas ainda o amo: o simples fato de ele ter arruinado minha vida me faz amá-lo. *"Je t'aime parce que tu m'as perdu"*, a frase que finaliza uma das histórias do livro de Anatole France *Le puits de Sante Claire*, é uma verdade simbólica e terrível.

Espero conseguir uma pequena *villa* ou apartamento por aqui e poder trabalhar ao lado dele. Creio ser capaz de fazê-lo. Acho que ele será gentil comigo — esta é a única coisa que peço. Então, deixemos que as pessoas saibam que minha única expectativa de vida ou de atividade literária era voltar a viver com o rapaz que amei antes que toda essa tragédia abatesse-se sobre o meu nome.

Sem mais por hoje. Sempre seu,

OSCAR

A CARLOS BLACKER

23 de setembro de 1897   Hôtel Royal des Étrangers, Nápoles

Meu querido Carlos, sua carta de Paris me seguiu até aqui. Irei encontrar-me com Constance em outubro.

Sei que tudo o que me tem escrito sobre minha vinda para cá é fruto da simpatia e da lealdade de seu grande e generoso coração. Sinto muito se minha estada aqui lhe causa dor. Ela dói em muitos de meus amigos, mas não posso fazer nada a respeito disso. Estou apenas refazendo do meu jeito a minha vida mutilada. Se Constance tivesse-me permitido ver as crianças, minha vida teria sido bem diferente, creio eu. Mas não foi isso o que ela fez. Não estou de forma alguma culpando-a pelos seus atos, mas toda ação tem a sua conseqüência.

Esperei por três meses. Ao final desse longo e solitário período, tive que cuidar da vida com minhas próprias mãos.

Estou tentando escrever por aqui. Talvez até viva aqui. Tudo vai depender de minha capacidade de voltar a escrever.

Você, querido Carlos, não deve fazer julgamentos severos a meu respeito, apesar de tudo o que tem ouvido. Não é por prazer que vim para cá, por mais que fique feliz em dizer que o prazer anda à solta por aqui. Vim para tentar compreender a perfeição de meu temperamento e de minha alma. Temos todos de escolher nossos próprios caminhos. Eu escolhi o meu. Meus amigos na Inglaterra estão completamente angustiados, mas ainda assim são bons amigos para mim. E muitos deles continuarão sendo, sob qualquer circunstância. Você também deve continuar a sê-lo. Sempre seu,

OSCAR

A ROBERT ROSS

1 de outubro de 1897   Villa Giudice, Posilippo, Nápoles

Queridíssimo Robbie, não tenho respondido a suas cartas porque elas me angustiam e me enraivecem, e não desejo escrever logo a *você*, entre todas as pessoas desse mundo, estando tão furioso. Você tem sido um grande amigo para mim. Seu amor, sua generosidade, seu cuidado comigo na prisão e fora dela são das coisas mais adoráveis em minha vida. O que eu teria feito sem você? Como você reconstruiu minha vida para mim, tem todo o direito de dizer o que bem entender, mas eu não posso dizer-lhe nada a não ser como estou agradecido a você e de como é maravilhoso sentir gratidão e amor ao mesmo tempo e pela mesma pessoa.

Atrevo-me a dizer que o que tenho feito é fatal para mim, mas tinha de ser feito. Era necessário que eu e Bosie ficássemos juntos outra vez. Não conseguia ver outra vida para mim. E ele também não via para si próprio. Tudo o que queremos agora é ficar em paz, mas os jornais napolitanos são tediosos e vivem querendo entrevistarme, etc. Eles escrevem muito bem a meu respeito, mas não desejo que falem de mim. Eu quero paz — isso é tudo. Talvez eu a encontre.

Agora, à literatura. Claro que quero que me ajude.

Enviei a Smithers meu poema com determinação de que uma cópia datilografada fosse enviada imediatamente a *você*. Por favor, mande-me qualquer sugestão ou crítica que lhe ocorra.

Outra coisa: encontre-se com Smithers e Pinker[104]. Pinker mora na Effingham House. Devo receber pelo menos 300 libras — mais até, se for possível. O poema é para ser publicado simultaneamente no *New York Journal* e pela editora Smithers. Agora gosto muito de algumas partes do poema, mas jamais voltarei a ser o que Kipling foi para Henley[105].

Bosie escreveu três adoráveis sonetos, aos quais tenho chamado de "A tríade da lua" — são realmente maravilhosos. Ele os enviou para Henley. Eu também o incentivei a mandar seu poema sobre Mozart para a revista *Musician*.

Amanhã começo a *Tragédia florentina*. Depois dela, devo me atracar com *O faraó*.

Estamos em uma bela *villa* perto do mar e temos uma bom piano. Estou tendo aulas de italiano com Rocco três vezes por semana.

Minha caligrafia está um horror, pior do que a sua. Sempre seu,

OSCAR

A LEONARD SMITHERS

1 de outubro de 1897   Villa Giudice, Posilippo

Caro Smithers, sua carta acabou de chegar e, como o conteúdo do envelope parece ter escapulido, telegrafei imediatamente a você pedindo que mande por cabograma a ordem de pagamento das 20 libras para a agência Cook. Espero que você o faça logo. A crise provém de um motivo comum e grave — e é só por isso que não estou mais agitado.

Decidi há muito tempo não enviar meu poema ao *Chronicle*,

Leonard Smithers, editor que publicou A balada do cárcere de Reading *(1898).*

---

104) James Brand Pinker (1863-1922), um dos primeiros agentes literários na Europa. (N.T.)
105) O poeta e escritor Rudyard Kipling (1865-1936) foi descoberto e incentivado pelo editor e poeta W.E. Henley (1849-1903). (N.T.)

pois ele é muito longo para um jornal, está agora com quase 600 linhas. Então, nem Symons nem nenhum outro crítico precisa profetizar coisa alguma — é totalmente desnecessário.

Vou pedir 300 libras pelo meu poema nos Estados Unidos. Eles são bem ricos para isso.

Mande-me logo alguns tipos de letra.

Além disso, você tem belas capitulares? Deixe-me vê-las. Creio que, para dar um bom espaçamento ao poema, ele deve ser editado como um livro. Sempre que há um espaço, o leitor deve ter uma nova página — então, o poema deve sempre recomeçar em uma nova página.

As pessoas sempre gostam de papel pergaminho de origem vegetal para a capa: é realmente bonito. Muito bom tanto para geléias quanto para a poesia.

Como você pode continuar a questionar se Lord Alfred Douglas está em Nápoles? Você sabe muito bem que ele está aqui — nós estamos juntos. Ele compreende a mim e à minha arte, e ama tanto a mim quanto a ela. Espero nunca me separar dele. Além do mais, ele é um poeta delicado e primoroso — de longe, o mais talentoso entre os jovens poetas da Inglaterra. Você tem de publicar seu próximo livro: está repleto de um lirismo adorável, como música proveniente de flautas e da lua e sonetos entalhados em ouro e marfim. Ele é inteligente, gracioso, adorável de se ver e uma companhia apaixonante. Ele também arruinou minha vida, mas não posso deixar de amá-lo — esta é a única coisa a fazer.

A carta de minha mulher chegou muito tarde. Esperei por ela em vão durante quatro meses e apenas quando as crianças já haviam voltado para a escola é que ela me escreve pedindo que vá vê-la — enquanto que a única coisa que quero é o amor de meus filhos. Agora, é claro que tudo isso é irreparável. Em casos de emoções e suas qualidades românticas, a falta de pontualidade é fatal.

Temo ter de dizer que talvez ainda tenha mais infortúnios. Ainda assim, estou tentando escrever como costumava fazer. Se conseguir chegar à metade de como fazia, já estarei satisfeito.

A respeito das tratativas postais na França, continuo sendo da opinião de que devem ser feitas. A aposta ainda está sendo boa, agora já pela terceira vez. Sempre seu,

OSCAR

A ROBERT ROSS

8 de outubro de 1897 Villa Giudice, Piosilippo

Meu querido Robbie, muito obrigado por escrever-me. Smithers levou minha carta um pouco a sério demais. Foi incorreto da parte dele, e por isso eu não levei em conta seus conselhos, apesar dele me ter dado vários a respeito de minha mulher por meio de sua máquina de escrever. Ele é um grande sujeito e muito gentil comigo.

Concordo com muitas de suas críticas. O poema está sofrendo de uma crise de estilos. Em uma parte é realista, em outras, romântico. Por vezes é poesia, em outras é pura propaganda. Realmente o sinto dessa forma, mas no geral acho a produção bem interessante: sob vários pontos de vista, há mais coisas interessantes do que fatores artísticos que devam ser lastimados.

A respeito dos adjetivos, admito que há "horríveis" e "pavorosos" demais. O problema é que, na prisão, os objetos não têm forma ou padrão. Para dar um exemplo: o barracão onde as pessoas são enforcadas é um lugar minúsculo com um teto de vidro, como um estúdio fotográfico na praia de Margate. Durante 18 meses, pensei que ali *fosse* um estúdio para se fotografar os prisioneiros. Não há adjetivos que o descrevam. Eu o chamei de "medonho" porque foi assim que ele me pareceu depois de descobrir sua real utilidade. Na prática, trata-se de um barracão de madeira estreito, oblongo e com um teto de vidro.

Também a cela deve ser descrita de maneira psicológica, com referências a seu efeito sobre a alma do prisioneiro. Na prática, ela pode ser descrita apenas como um lugar "caiado" ou "mal iluminado". Não há formas nem conteúdo. Ela não existe sob o ponto de vista de forma ou cor.

Na verdade, descrever uma prisão artisticamente é tão difícil quanto descrever um banheiro. Se alguém tiver que descrever este último de forma literária, seja prosa ou poesia, poderá apenas dizer se é bem ou mal aparelhado. Se é limpo ou ao contrário. O horror da prisão é que tudo é muito simples e comum no aspecto, e muito degradante, medonho e revoltante em seu efeito.

A *Musician* demonstrou uma enorme vontade em publicar o poema, mas eu recusei. Agora acho que deveria ter aceito a proposta de *qualquer* publicação inglesa. Se a *Musician* tivesse-me oferecido 50 libras, teria sido uma grande coisa. Mas, é claro, eu preferia o *Sunday Sun* ou a *Reynolds*. Se o *Saturday* ficar com ele, ótimo. Eu mesmo não posso oferecê-lo, mas Smithers pode.

É extremamente irritante eu não ter recebido ainda uma cópia do poema. Eu o enviei há exatas duas semanas e, até receber a cópia, não poderei arrumar o texto. Escrevo diariamente a Smithers a esse respeito. Ele não dá nenhuma notícia. Não o estou repreendendo por isso: estou apenas comentando um fato.

Estou disposto a manter a abertura da Parte IV, mas vou cortar três estrofes do início da Parte III.

Com relação ao sentido do poema, creio que o *grotesco* da cena, em um certo nível, é o que torna o discurso possível, mas Bosie concorda com você, apesar de não termos a mesma opinião quanto ao Fantasma em *Hamlet*: há um paralelo ínfimo entre o método de se escrever poesia lírica e dramática.

Estou sem nenhum dinheiro há três dias e, por isso, não posso comprar papel de carta. Este é o *seu* papel-almaço. Sempre seu,

OSCAR

A LEONARD SMITHERS

19 de novembro de 1897   Villa Giudice, Posilippo

Meu caro Smithers, sua carta anuncia que as provas já foram recebidas. Eu as espero para esta tarde.

Com relação à descrição do médico da penitenciária: a passagem na qual ele aparece não se refere a uma execução em particular, mas sim a execuções em geral. Eu não estava presente à execução em Reading nem sei qualquer coisa a respeito dela. Apenas descrevi uma cena genérica, com personagens genéricos. O diretor de Reading, por exemplo, é descrito como "um ditador com cara de amora": um homem de rosto grande e corado, um judeu inchado parecendo estar sempre bêbado, e é tudo. Seu nome era Isaacson e não tinha, nem poderia ter, o "rosto amarelo" do Juízo Final ou qualquer coisa parecida. O brandy era a mensagem flamejante que sua cara flácida expressava. Quando falo em "Caifás", não me estou referindo ao atual capelão de Reading: este é um bobo de boa índole, uma das mais tolas entre todas as tolas ovelhas de Deus — um típico clérigo, de fato. Eu me refiro a um padre qualquer que assiste às cruéis e injustas punições do homem.

Vou mudar *uma* palavra para evitar qualquer mal-entendido. Colocarei "enquanto *algum* médico desbocado", etc. Assim, descrevo simplesmente o *tipo* do médico penitenciário na Inglaterra. Como categoria, eles são brutos e excessivamente cruéis.

A Chiswick Press é patética[106].

Espero que envie o poema à senhorita Marbury. Senão, ela não terá como

---

106) A Chiswick Press, que imprimiu *A balada do cárcere de Reading*, não queria se envolver na questão do médico da prisão e seu nome só foi aparecer no livro a partir da sétima edição. (N.T.)

receber ofertas por ele. Se você não o tiver, é melhor esperar até que as provas cheguem. Mas suponho que os Estados Unidos sejam um sonho tolo com relação à aquisição de meu poema.

Continuo indo todos os dias à agência Cook para saber se há uma ordem de pagamento de 10 libras para mim. Há quatro dias estou sem cigarros nem tenho dinheiro para comprá-los ou adquirir papel de carta. Espero que você faça um esforço. Sempre seu,

OSCAR

A MORE ADEY

21 de novembro de 1897 Villa Giudice, Polisippo

Meu querido More, mal posso falar-lhe da minha completa estupefação ao ler sua carta.

Você me conta que você e Bobbie, ao serem perguntados se de fato Bosie era "uma pessoa infame", apressaram-se a responder que sim. E ainda declarou que minha mulher estava agindo "estritamente de acordo com seus direitos legais, garantidos por acertos judiciais" ao me privar de minha mesada porque eu estava tendo o prazer da companhia de Bosie, a única companhia que o mundo me permitiu.

De que maneira, meu querido More, Bosie é mais infame do que você ou Robbie?

Quando você foi visitar-me em Reading, em novembro de 1895, minha mulher, ao ser informada do fato por minha cunhada, escreveu-me a mais violenta das cartas, na qual afirmava — cito diretamente da carta dela, que está aberta agora diante de mim — "que ouvi com horror que Mr. More Adey esteve com você. É esta a sua promessa de começar uma vida nova? O que posso pensar de você se continua a ter encontros com seus velhos e abjetos amigos? Exijo que você me assegure que nunca mais o verá, ou qualquer um dessa laia", etc., etc.

Esta é a opinião de minha mulher a seu respeito, baseada na informação dada a ela por George Lewis, e a respeito de Robbie e outros amigos meus. Minha mulher também sabe sobre a vida que Robbie vem levando.

Deixe-me perguntar, então: se você me desse o prazer de sua companhia em minha vida solitária, será que Robbie deveria imediatamente concordar que você era "uma pessoa infame" e, por causa disso, eu deveria abrir mão de qualquer pretensão sobre minha pensão?

Se Robbie vivesse comigo, você faria as mesmas coisas?

Simplesmente não sei como descrever meus sentimentos da mais profunda perplexidade e indignação.

Quanto a Hansell, ele me escreveu tranqüilamente que considerava "uma pessoa infame" "qualquer membro da família Queensberry". Veja só que tamanha ignorância, que tamanha impertinência. Quer dizer que, se Lord Douglas de Hawick tivesse-me oferecido a proteção de seu teto, eu seria abandonado como um indigente!

Hansell está louco para apoiar os acordos legais: este é o seu dever. Não tenho nada a dizer a respeito de seus equívocos no cumprimento do dever para comigo como seu cliente. Isso deve ter-lhe dado algum tipo de satisfação. Contudo, na simples posição de árbitro, em uma questão quase de vida ou morte, ele ignorou completamente o texto do acordo e proferiu uma decisão inteiramente ilegal, inteiramente injusta, com o mero intuito, creio eu, de adular Mr. Hargrove. Ou, então, pelo pedante prazer de experimentar pela primeira vez em sua vida algo que ele, ignorantemente, acreditava ser uma atitude moral.

Quando ele me diz, preto no branco, que se Percy viesse e ficasse comigo ele passaria a me ver como uma pessoa infame, ele demonstra toda sua miopia quanto ao acordo legal para cujas cláusulas ele foi, estupidamente, colocado como árbitro.

Enquanto você e Robbie continuarem tranqüilamente concordando com essa monstruosa injustiça, não saberei o que pensar de ambos. Simplesmente não consigo compreender nada disso, nem escrever mais uma linha sequer a esse respeito. Sempre seu,

OSCAR

A MORE ADEY

27 de novembro de 1897   Villa Giudice, Posilippo

Meu querido More, continuo sem ouvir nada de você em resposta à minha carta. Mas Hansell me escreveu afirmando que sua decisão é irrevogável.

Agora quero saber se há algum acerto que eu possa fazer. Estou quase propenso a aceitar não viver mais com Bosie sob o mesmo teto. Obviamente, seria absurdo prometer romper com ele, não falar mais com ele ou não me encontrar com ele. Ele é o único amigo com quem tenho contato e é impossível viver sem tal companhia. Eu vivi no silêncio e na solidão por dois anos, condenar-me agora ao silêncio e à solidão seria uma barbárie.

Não é um assunto de muita importância, mas nunca mais escrevi para minha mulher desde que "montei casa com Alfred Douglas". Acho que "montar casa" é uma expressão usada apenas por empregadinhas domésticas.

Constance Wilde (1857-1898).

Minha mulher me escreveu uma carta muito violenta no último dia 29 de setembro, na qual diz: "Eu proíbo você de ver Lord Alfred Douglas. Eu proíbo você de voltar à sua vida obscena e tresloucada. Eu proíbo você de viver em Nápoles. Não permitirei que venha até Gênova.". Estou citando as palavras dela.

Escrevi a ela para dizer que nunca pretendi vê-la contra sua vontade e que a única razão que me induzia a encontrá-la era a perspectiva de alguma solidariedade em meu infortúnio, além de afeto e piedade. De resto, o que queria era paz e poder viver minha própria vida o melhor que pudesse. Disse também que, já que não podia morar em Londres e, por enquanto, em Paris, iria passar o inverno em Nápoles. Não recebi nenhuma resposta quanto a isso.

Fico pensando se, caso acertássemos não viver mais juntos, se eu ainda teria o direito às miseráveis 3 libras por semana — é muito pouco, mas já seria alguma coisa. Como, por Deus, posso viver?

Se possível, tente fazer alguma coisa. Sei que vocês todos pensam que estou sendo voluntarioso, mas este é o resultado da Nêmesis sobre o caráter e sobre a amargura da vida. Sou um problema para o qual não há solução. Sempre seu,

OSCAR

A ROBERT ROSS

6 de dezembro de 1897   Villa Giudice, Posilippo

Meu querido Robbie, sei que teria sido impossível para você tentar evitar a decisão de Hansell: o que me magoa é saber que nenhum esforço foi feito e continuo achando que More estava errado em dizer que minha mulher agiu "estritamente de acordo com seus direitos legais, garantidos por acertos judiciais". Hansell tem essa mesma opinião. Quando tomou a decisão, ele me escreveu dizendo que o fez não em função do que estava acordado, mas sim por entender que eu não deveria mais viver com Bosie.

Ele havia-me dito em Reading que tomaria tal decisão. Como naquela época eu estava decidido a nunca mais ver Bosie outra vez, não liguei. Com o passar do tempo, a situação mudou. Eu tinha o direito de pleitear que a estrita interpretação *legal* fosse colocada no texto de um documento bem elaborado. Bosie é, obviamente, o pilar dourado da infâmia nesse século, mas daí a ele ser considerado *legalmente* infame é outra questão.

Sabia que estava correndo o terrível risco de perder meus proventos ao ficar com Bosie. Fui avisado de todos os lados e meus olhos não estavam cegos a isso. Mas eu ainda estava consideravelmente vergado pelo vento. Uma pessoa pode ir ao dentista por livre e expontânea vontade, mas o momento da extração é doloroso. E, como fiquei profundamente ferido com a aquiescência de More à recusa de Mr. Hargrove em pagar Mr. Holman, lancei-lhe de volta uma seta envenenada. Arthur Clifton está tentando acertar alguns termos com Adrian Hope e eu, com certeza, aceitarei nunca mais viver com Bosie na mesma casa. Espero que Arthur faça isso, mas Adrian Hope nunca respondeu a carta que enviei a ele. De qualquer maneira, não tenho muitas esperanças. A situação caminha para um fim terrível. Você tem feito coisas maravilhosas por mim, mas a Nêmesis das circunstâncias e a Nêmesis da natureza têm sido por demais fortes para mim — e, como disse a More, sou um problema para o qual não há solução. Só dinheiro sozinho teria-me ajudado, não a resolver, mas a evitar o problema.

Quanto a sua carta a Smithers, não acho que você deveria ter tido aquela atitude para comigo por causa de alguma frase escrita numa carta para outra pessoa, a qual não me diz o menor respeito. Você escreveu a Smithers: "*Espero* que você *recuse*-se a editar o poema de Oscar Wilde caso ele insista em publicá-lo primeiro nos jornais". O fato de Smithers publicar em livro algo que tenha aparecido primeiro em um periódico é problema dele. O que você quis dizer, na verdade, era que esperava que Smithers me induzisse a não aceitar a publicação em qualquer jornal. O ponto é que Smithers me escreveu há cerca de sete semanas dizendo que não dava a mínima onde eu publicaria ou não o poema primeiro. Ele fez isso em resposta a uma carta minha na qual eu lhe contava que havia recusado uma oferta da *Musician*, já que isso poderia atrapalhar o lançamento do livro editado por Smithers. Bosie não via razão — e continua não vendo — porq ue você tentaria convencer Smithers a não publicar o livro caso eu recebesse 25 ou 50 libras de um periódico pela publicação do poema. Coisas assim acontecem o tempo todo. De qualquer forma, era um caso para Smithers decidir, e ele já me havia assegurado que não se importava nem um pouco com isso. Este era o entendimento de Bosie, muito pertinente, por sinal, e não vejo nenhuma ofensa tanto em seu conteúdo quanto em sua forma. Não creio que a Forma seja a nota predominante na correspondência entre vocês dois, nem que o senso de Beleza seja o espírito residente nelas. Em todo o caso, isso não tem nada a ver comigo. Espero que Smithers lhe mostre todas as minhas cartas nas quais você é mencionado. Estou extremamente magoado com o fato de você ter escrito a ele dizendo que nossa íntima amizade havia acabado e que você achava que não tinha mais a minha confiança para tratar de meus negócios. A primeira afirmativa é uma questão pessoal sua, e a segunda é injusta, imperdoável e grosseira.

E, no final de tudo, acho que você foi um pouco mais fantasticamente intolerante com um homem como eu, que estou agora arruinado, com o coração partido e profundamente infeliz. Você me apunhalou com milhares de frases, entretanto, se uma única frase minha vier a cruzar o ar próximo a você, imediatamente você grita a plenos pulmões dizendo que foi ferido mortalmente. Sempre seu,

OSCAR

A LEONARD SMITHERS

11 de dezembro de 1897   Villa Giudice, Posilippo

Meu caro Smithers, uma carta manuscrita vinda de você é, certamente, uma curiosidade literária e vou guardá-la como a um tesouro, tanto pela forma quanto pelo conteúdo.

Quanto ao querido Robbie, caso ele me remetesse gentilmente um par de botas velhas, eu as engraxaria com prazer e as mandaria de volta acompanhadas de um soneto. Tenho amado Robbie por toda a minha vida e não tenho a menor intenção de deixar de amá-lo. De todos os meus antigos amigos, ele é um dos que possui a natureza mais bela. Se todos meus outros amigos fossem como ele, eu não seria esse cão sarnento, esse pária do século XIX. Mas naturezas como a dele não podem ser encontradas duas vezes em uma mesma existência.

Quando o querido Robbie me bombardeou pesadamente (uma coisa que não se faz; lugares não fortificados costumam ser respeitados em guerras civilizadas), eu agüentei a tudo com uma paciência paterna. De qualquer forma, admito que, quando ele não demonstrava o mínimo interesse por outras pessoas, eu soltava rojões multicoloridos. Penitencio-me por isso. Mas o que há na minha vida pelo qual eu não me devo penitenciar? E quão inútil foi tudo isso! Minha vida não pode ser remendada. Há um juízo nisso. Não tenho sido um grande motivo de alegria nem para mim ou para meus amigos. Sou agora apenas um mendigo ordinário do mais baixo nível. O fato de eu também ter, aos olhos dos cientistas alemães, um problema patológico, só interessa aos cientistas alemães. E mesmo em seus trabalhos eu fui parte de uma tabulação e acabei virando uma estatística. *Quantum mutatus!*

Agora, a respeito do frontispício, que mando incluso. O *C.3.3.* Da assinatura não está bom. Está muito estreito. Ele deve ser em um negrito tão forte quanto o do título. Talvez haja alguma dificuldade em fazer isso com os números, mas o *C* me parece muito mais delgado do que o *C* de "Cárcere".

Além disso, seu nome está muito grande. Não vou discutir aqui os valores relativos entre o editor e o poeta, já que o nome do poeta não é mencionado. Mas o título do poema é a coisa mais importante. Ao imprimirem seu nome com a mesma tipologia de corpo, ou algo parecido, os impressores estão estragando a página. Não há equilíbrio nela e parece que o poema foi escrito por Leonard Smithers.

Estava bem melhor na segunda prova. Você havia assinalado nela que seu nome deveria ser "um ponto maior". Como está, parece que aumentaram três pontos. Pessoalmente, acho que deveria haver apenas dois tipos — um para o título e o pseudônimo, e outro para o editor, o endereço da editora e a data de publicação. Se você quiser um terceiro tipo, utilize aquele usado no L.S. do frontispício do livro de poemas de Vincent O'Sullivan. Assim, certamente o espaçamento de toda a página estaria solucionado. No meu entender, há ainda muito branco entre as palavras

> Cárcere
> Por
> 3.

Tenho certeza que elas ficariam melhor se colocadas juntas, blocadas. Em todo o caso, seu nome parece fora de proporção — estou falando no sentido tipográfico.

Creio que você me faria um bem enorme se não me mandasse mais provas do poema. Sofro da *maladie de perfection* e não paro de fazer correções. Sei que desejo deixar o poema no mais alto nível, mas não quero ficar polindo-o para sempre. Assim, *depois que receber* as provas, acho que você mesmo pode checar se minhas correções foram feitas e me enviar somente o frontispício e a página do "In Memoriam", com a qual você não deve desperdiçar nem tempo nem dinheiro. Gostaria também de ver a prova da capa.

Acho que, se você tentar colocar seu nome e endereço na lombada, onde deve estar o título, ficará muito carregado. Proponho simplesmente "A balada do cárcere de Reading". Mas você é quem decide. De qualquer maneira, acho que seu nome está bem na lombada do livro de O'Sullivan.

Robbie só me tem enviado o *Weekly Sun*. Não sei dizer se isso é um pedido de desculpas ou o contrário. Sempre seu,

OSCAR

Desenho de Oscar Wilde feito por Walter Sickert.

A ROBERT ROSS

18 de fevereiro de 1898   Hôtel de Nice, Rue de Beaux-Arts, Paris

Meu queridíssimo Robbie, muito obrigado pelos recortes de jornal.

Smithers é absurdo: publicar inicialmente apenas 400 exemplares e, ainda por cima, não fazer nenhuma publicidade. Temo que ele tenha perdido o que se poderia chamar popularmente de "ímpeto editorial". Ele ficou tão interessado em suprimir livros que acabou suprimindo a si mesmo. Não lhe conte nada disso. Já escrevi para ele a esse respeito.

É muito injusto as pessoas terem ficado horrorizadas com o que aconteceu comigo e Bosie em Nápoles. Um patriota mandado para a prisão por amar seu país continua amando seu país, e um poeta encarcerado por amar rapazes continua amando rapazes. Se eu tivesse mudado minha vida teria admitido que o chamado amor uraniano era desonroso. Tentei torná-lo honrado — mais honrado do que qualquer outra coisa. Sempre seu,

OSCAR

A ROBERT ROSS[107]

21 de fevereiro de 1898   Paris

Meu querido Robbie, estou pronto para escrever a Constance para dizer-lhe que minha pensão, exatamente como ela era, agora pode ser restaurada. Eu e Bosie estamos irremediavelmente separados — nunca mais ficaremos juntos — e é um absurdo deixar-me morrer de fome. Será que poderia sugerir isso a ela, caso lhe escreva? [...] Sempre seu,

OSCAR

---

107) Não se encontrou uma versão integral desta carta, mas sua importância reside no fato de ser a primeira na qual Wilde declara sua separação de Alfred Douglas, que ele relatará mais amiúde na carta seguinte, de 2 de março, a Robert Ross. (N.T.)

A ROBERT ROSS

2 de março de 1898   Paris

Meu querido Robbie, mil vezes obrigado por todo o trabalho que está tendo comigo. Embora você seja um terrível católico *fugitivo* da Igreja, já tem seu lugar garantido no Paraíso. Cristo não morreu para salvar as pessoas, mas sim para ensiná-las a salvarem umas às outras. Sem dúvida, essa afirmação pode ser uma grande heresia, mas é também um fato.

Eu *não* li sua carta a Constance. Espero entregá-la para você o mais breve possível. Você tem o toque da afeição e da gentileza e logo lhe devolverei a tal missiva sem tê-la lido.

Os acontecimentos de Nápoles são bem triviais e breves.

Durante quatro meses, Bosie — por meio de cartas intermináveis — me propôs um "lar". Ele me ofereceu amor, afeto e cuidado, prometendo ainda que eu sentiria falta de nada. Depois desses quatro meses, resolvi aceitar sua oferta, mas, quando nos encontramos em Aix na nossa viagem para Nápoles, descobri que ele estava sem um tostão, não tinha nenhum plano e havia esquecido todas suas promessas. Sua única idéia era que eu deveria obter dinheiro para nós dois. Acabei conseguindo cerca de 120 libras. Com isso, Bosie viveu bem feliz. Quando chegou a hora dele pagar suas próprias *contas*, ele tornou-se terrível, grosseiro, vil e avarento, a não ser, é claro, quando seu prazeres pessoais eram mais importantes. Assim, quando meus proventos acabaram, ele me abandonou.

Com relação às 500 libras, sobre as quais ele havia dito que se tratavam de "uma dívida de honra" etc., ele me escreveu dizendo que admitia a existência dessa dívida de honra, mas que "muitos cavalheiros não pagam esse tipo de dívida" e que isso era "uma coisa bem comum de acontecer" e que ninguém pensava mal deles por causa disso.

Não faço idéia o que você disse a Constance, mas o fato é que eu realmente aceitei a proposta de um "lar" e acabei descobrindo que eu era quem deveria arrumar os recursos para mantê-lo e, quando não consegui mais dinheiro para tal, fui abandonado à minha própria sorte.

Esta foi, certamente, a mais amarga experiência de uma vida já cheia de amargura. Foi um golpe horrível e paralisante, mas tinha de acontecer, e sei que o melhor é que eu nunca mais o veja. Não quero mais vê-lo. Ele me enche de horror. Sempre seu,

O.W.

A CARLOS BLACKER

9 de março de 1898   Hôtel de Nice

Meu caro Carlos, não tenho como expressar quão emocionado eu fiquei quando li sua carta ontem à noite. Por favor, venha ver-me amanhã (quinta-feira) às 5 da tarde, se for possível: se não, peço-lhe que marque outra hora para nos encontrarmos. Quero muito vê-lo e poder de novo apertar-lhe longamente a sua mão e agradecer-lhe por tudo de bom e de maravilhosamente gentil que você e sua mulher têm feito por Constance e os meninos.

Estou vivendo aqui praticamente sozinho. Há apenas um aposento, devo confessar, mas há uma poltrona para você. Não vejo Alfred Douglas há três meses, creio que ele está na Riviera. Não acho que seja possível nos vermos outra vez. O fato é que, caso ele fique comigo novamente, perderá 10 libras por mês de sua mesada, e como ele recebe apenas 400 libras por ano, ele adotou a sábia e prudente conduta de não mais me ver.

Estou muito contente por meu poema ter feito sucesso na Inglaterra. Tenho guardado comigo há semanas um exemplar da primeira edição para lhe dar de presente.

O poema vai aparecer em francês no *Mercure de France* de abril e espero que ele também possa ser publicado na forma de livro, em uma edição limitada, é claro. Porém, esse trabalho é o meu *chant de cygne* e fico triste por sair de cena com um grito de dor — uma canção de Marsyas, e não de Apolo. Mas a Vida, que eu amei tanto — amei muito, mesmo —, me dilacerou como um tigre. Então, quando vier ver-me, você verá a ruína e a destruição de algo que um dia foi maravilhoso e brilhante — e terrivelmente improvável. Não obstante, os literatos franceses e os artistas têm sido bons para mim e passo minhas noites lendo a *Tentation* de Flaubert. Não acho que vou conseguir voltar a escrever. *La joie de vivre* foi-se e ela, ao lado da força de vontade, é o fundamento da arte.

Quando vier, procure por Monsieur Melmoth. Sempre seu,

OSCAR

A GEORGE IVES

21 de março de 1898   Hôtel de Nice

Meu caro George, muito obrigado por sua carta. Seu gracioso amigo veio ver-me certa manhã no hotel e foi muito agradável. Espero revê-lo dentro de alguns dias. Ele está completamente fascinado por Paris.

Muito obrigado por pedir meu livro, ele está agora em sua quinta edição. Smithers colocou uma faixa de propaganda dentro do *Athenaeum*, na qual se lia:

"3.000 cópias vendidas em três semanas".

Quando soube disso, senti-me como se fosse o chá Lipton's!

Sim: não tenho dúvidas de que venceremos, mas a estrada é longa e tingida pelo vermelho de um martírio monstruoso. Nada além da revogação da Emenda à Lei Criminal será satisfatório. Isso é essencial. Não é a opinião pública que precisa ser educada, mas sim os funcionários públicos. Sempre seu,

OSCAR

AO EDITOR DO *DAILY CHRONICLE*

23 de março de 1898   Paris

Sir, entendo que o Projeto de Lei para a reforma das prisões preparado pelo Secretário de Interior está para ser lido esta semana pela primeira ou segunda vez e, como seu jornal tem sido o único na Inglaterra a dedicar um real e vital interesse a essa importante questão, espero que me permita — como alguém que teve uma longa e pessoal experiência de vida em uma prisão inglesa — apontar quais são as reformas que precisam ser feitas urgentemente nesse nosso estúpido e bárbaro sistema.

Fiquei sabendo, por meio de um importante artigo que apareceu em suas colunas duas semanas atrás, que a principal reforma proposta é o aumento no número de inspetores e de funcionários visitantes que devem ter acesso às prisões inglesas.

Uma reforma dessas é completamente inútil. E a razão é muito simples. Os inspetores e juízes de paz que visitam as prisões vão lá com o único propósito de ver se as regras internas estão sendo cumpridas. Eles não possuem nenhuma outra intenção e não estão interessados em alterar uma cláusula sequer do regulamento — e nem têm poder para tal, mesmo se assim o desejassem. Nenhum prisioneiro tem recebido o menor alívio, atenção ou mesmo cuidado de qualquer um dos funcionários visitantes. Os visitantes chegam não para socorrer os prisioneiros, mas para averiguar se as regras estão sendo cumpridas. O objetivo deles nessas visitas é assegurar o cumprimento de uma lei tola e desumana. E, como eles têm de mostrar serviço, esmeram-se em fazê-lo. Um prisioneiro que tenha recebido o menor dos privilégios aterroriza-se à chegada dos inspetores. E, no dia da inspeção, os guardas são mais brutais do que o habitual com os prisioneiros. O objetivo deles é, claro, mostrar a esplêndida disciplina que mantêm.

As reformas necessárias são bem simples, devem tratar das necessidades do corpo e da mente de cada infeliz prisioneiro. No caso do primeiro, há três punições permanentes nas prisões inglesas autorizadas pela lei:

1. - Fome
2. - Insônia
3. - Doença

A comida servida aos prisioneiros é inteiramente inadequada. Muitas vezes têm um aspecto revoltante. E é sempre insuficiente. Todo prisioneiro sofre dia e noite de fome. Uma certa quantidade de comida para cada prisioneiro é cuidadosamente pesada grama a grama. Ela é o suficiente apenas para manter, não a vida, mas a existência. Mas se é sempre torturado pela dor e náusea da fome.

O resultado desse tipo de comida — que na maioria dos casos consiste de uma sopa rala, um pão mal assado, sebo e água — é a doença na forma de uma incessante diarréia. Essa enfermidade, que acaba tornando-se para a maioria dos presos um mal permanente, é uma instituição reconhecida em cada prisão. Em Wandsworth, por exemplo — onde estive confinado por dois meses, até ser levado para o hospital e lá ficar por outros dois meses —, os carcereiros passam duas ou três vezes por dia distribuindo remédios adstringentes aos prisioneiros como se fosse uma coisa corriqueira. É desnecessário dizer que, após uma semana com esse tratamento, o remédio não surte mais nenhum efeito. O desgraçado prisioneiro é, então, relegado à mais enfraquecedora, deprimente e humilhante das enfermidades. E, como muitas vezes acontece, se ele falhar por deficiência física no cumprimento de suas tarefas na manivela ou no moinho, é denunciado como negligente e punido com severidade e brutalidade. Mas isso não é tudo.

Nada pode ser pior do que as instalações sanitárias das prisões inglesas. Antigamente, cada cela tinha uma espécie de latrina. Agora, essas latrinas foram proibidas. Elas não existem mais. Em seu lugar, os prisioneiros recebem pequenos vasos de latão. O prisioneiro é autorizado a limpar seus dejetos três vezes ao dia, mas ele não é autorizado a utilizar os banheiros da prisão, a não ser durante a hora em que se está exercitando e, após as cinco da tarde, ele não pode mais deixar sua cela, seja por qual motivo for. Um homem sofrendo de diarréia fica, assim, em uma posição tão repugnante que é desnecessário me alongar no assunto, sendo até inconveniente fazê-lo. A penúria e as torturas sofridas por um prisioneiro devido a essas revoltantes condições sanitárias são praticamente indescritíveis. E o ar fétido das celas, auxiliado por um sistema de ventilação absolutamente inoperante, é tão nauseante e insalubre que não é raro que os carcereiros passem muito mal ao abrirem as celas para inspecioná-las pela manhã, depois de terem vindo do ar puro das ruas. Eu mesmo vi isso acontecer em mais de três oportunidades e muitos dos carcereiros mencionaram esse fato para mim como sendo uma das coisas mais desagradáveis de seu trabalho.

A comida servida aos prisioneiros deveria ser adequada e saudável. Não deveria ser do tipo que produz uma diarréia incessante que começa como uma enfermidade e acaba tornando-se uma doença crônica.

As instalações sanitárias nas prisões inglesas deveriam ser completamente modificadas. Cada prisioneiro deveria ser autorizado a ter acesso aos banheiros quando necessário, além de poder limpar seus dejetos sempre que precisasse. O atual sistema de ventilação das celas é totalmente inútil. O ar entra por meio de grades obstruídas e de um pequeno ventilador instalado na minúscula janela com barras, que é muito pequena e muito mal construída para admitir a quantidade correta de ar puro. Só se pode sair da cela por uma das 24 horas que compõem o longo dia do prisioneiro e, então, por 23 horas, tem-se de respirar o ar mais fétido possível.

Sir Alfred Wills, que presidiu o último julgamento de Oscar Wilde.

Com relação à punição pela insônia, ela existe apenas nas prisões chinesas e inglesas. Na China, ela é infligida colocando-se o prisioneiro em uma pequena cela de bambu. Já na Inglaterra, essa punição é aplicada por meio de uma cama de tábuas. O objetivo da cama de tábuas é provocar insônia. Não há outro objetivo nisso e a punição sempre é bem-sucedida. E, mesmo quando, na seqüência, o prisioneiro é autorizado a usar um colchão duro, como acontece no decorrer do encarceramento, ainda assim ele sofre de insônia. Dormir, como todas as coisas saudáveis, é um hábito. Todo prisioneiro que já esteve em uma cama de tábuas sofre de insônia. Trata-se de uma punição revoltante e estúpida.

Já com respeito às necessidades da mente, imploro que me permita dizer alguma coisa.

O atual sistema penitenciário quase que parece ter como um de seus objetivos a demolição e a destruição das faculdades mentais. A produção da insanidade, se não é seu objetivo, certamente é seu resultado. Este é um fato muito bem comprovado. Suas causas são óbvias. Privado de livros, de todo relacionamento humano, isolado de toda influência humana e humanizadora, condenado ao silêncio eterno, roubado de toda interação com o mundo exterior, tratado como um animal irracional, brutalizado em um nível que nem a mais brutal das criaturas suportaria, o pobre coitado, ao ser confinado em uma prisão inglesa, dificilmente escapa de ficar louco. Não desejo me alongar a respeito desses horrores, nem muito menos excitar qualquer interesse sentimental momentâneo sobre o assunto. Então, com a sua permissão, irei apenas apontar o que deveria ser feito.

Cada prisioneiro deveria ter uma quantidade adequada de bons livros. Atualmente, durante os três primeiros meses de prisão, o prisioneiro não tem autorização para ler livros, a não ser a Bíblia, o livro de orações e o livro de hinos. Depois disso, ele é autorizado a ler um livro por semana. Isso não é apenas inadequado, mas os livros que compõem uma biblioteca comum de prisão são perfeitamente inúteis. Eles são basicamente livros, digamos, religiosos de terceira categoria e mal escritos, escritos aparentemente para crianças, mas totalmente impróprios para crianças ou para quem quer que seja. Os prisioneiros deveriam ser encorajados a ler, deveriam ter quantos livros quisessem e esses livros deveriam ser muito bem escolhidos. Atualmente, a escolha dos livros é feita pelo capelão do presídio.

Sob o atual sistema, o prisioneiro é autorizado a ver seus amigos apenas quatro vezes ao ano e por vinte minutos cada vez. É um grande erro. Um prisioneiro deveria ter autorização para encontrar seus amigos uma vez por mês, e durante um tempo razoável. Também a forma atualmente em voga de exibir o prisioneiro deveria ser modificada. Sob o atual sistema, o prisioneiro pode ser tanto trancafiado em uma grande gaiola de ferro quanto em uma enorme caixa de madeira, com uma pequena abertura, coberta por uma rede de arame, pela qual ele tem autorização para espiar. Seus amigos são colocados em uma jaula semelhante, a cerca de dois metros de distância, com dois carcereiros postados entre as jaulas para ouvir tudo o que é dito e, caso o desejarem, interromper ou acabar com a conversa a qualquer hora. Proponho que um prisioneiro seja autorizado a ver seus parentes ou amigos em uma sala. As regras atuais são extremamente revoltantes e perturbadoras. Uma visita de nossos parentes ou amigos é, para um prisioneiro, a intensificação da humilhação e do desgaste mental. Muitos prisioneiros acabam recusando-se a ver seus amigos por não conseguir suportar tal provação. Não posso dizer que isso me surpreende. Quando um prisioneiro vai ver seu advogado, ele o faz em uma sala com uma porta de vidro, com um carcereiro postado do outro lado. Quando um homem vê sua mulher e filhos, ou seus pais, ou seus amigos, ele deveria ter o mesmo privilégio. Para um prisioneiro, ser exibido como um macaco em uma jaula a pessoas que ama e que também o amam é uma degradação horrível e desnecessária.

Cada prisioneiro deveria poder escrever e receber uma carta pelo menos uma vez por mês. Atualmente, um prisioneiro só pode escrever cartas quatro vezes ao ano. Isso é completamente inadequado. Uma das grandes tragédias da prisão é que ela transforma o coração de um homem em pedra. Os sentimentos naturais de afeição, como quaisquer outros sentimentos, precisam ser alimentados. Eles morrem facilmente de inanição. Uma carta breve, quatro vezes ao ano, não é o suficiente para manter vivos os sentimentos mais doces e humanos que são, em última instância, a razão da essência continuar sensível a qualquer influência benigna capaz de curar uma vida desgraçada e arruinada.

O hábito de cortar e expurgar trechos das cartas dos prisioneiros deveria acabar. Atualmente, se um prisioneiro faz uma reclamação a respeito do sistema carcerário em sua carta, esse trecho é cortado fora com uma tesoura. Se, por outro lado, ele faz alguma reclamação enquanto está conversando com seus amigos através das barras da jaula ou pela abertura da caixa de madeira, ele é maltratado pelos carcereiros e indicado para ser punido toda semana até a data da próxima visita, quando esperam que ele tenha aprendido não a ser sábio, mas a ser astuto, o que todos sempre acabam aprendendo. Essa é uma das poucas coisas que se aprende na prisão. Felizmente, as outras coisas são, em outras instâncias, dignas de maior importância.

Caso me permita usar um pouco mais o seu espaço, posso dizer mais algumas coisas? O senhor sugeriu, em seu editorial, que nenhum capelão de prisão deveria ser autorizado a ter assistência ou a conseguir trabalho fora da própria prisão. Mas isso é o de menos. Os capelães das prisões são totalmente inúteis. Como categoria, são até bem intencionados, mas são homens tolos, bobos mesmo. Eles não têm a menor valia para os prisioneiros. Só entram nas celas uma vez a cada seis semanas, quando uma chave lhes abre a porta. Em respeito à sua presença, o prisioneiro levanta-se. O capelão então pergunta se temos lido a Bíblia. Responde-se "sim" ou "não", de acordo com o caso. Ele então cita algumas passagens, vai embora e a porta é trancada novamente. Às vezes, deixa um panfleto.

Os funcionários que não deveriam ter autorização para conseguir qualquer tipo de trabalho fora da prisão ou para ter uma atividade privada são os médicos da prisão. Atualmente, os médicos da prisão têm trabalhado com muita freqüência, se não sempre, em outras instituições, atendendo a uma imensa lista de pacientes particulares. Conseqüentemente, a saúde dos prisioneiros fica totalmente neglicenciada e as condições sanitárias da prisão, esquecidas. Como categoria, considero os médicos — e sempre os considerei, desde muito jovem — como os profissionais mais humanos em uma comunidade. Mas tenho de fazer uma exceção aos médicos da prisão. Eles são, de acordo com o que fiquei sabendo e com tudo que os vi fazer nos hospitais e em outros lugares, brutais na maneira de agir, grosseiros no temperamento e completamente indiferentes à saúde dos prisioneiros ou ao seu bem-estar. Se os médicos da prisão fossem proibidos de ter atividades particulares, eles seriam obrigados a se interessar mais pela saúde e pelas condições sanitárias de todos sob seus cuidados.

The

Ballad of Reading Gaol

By

C. 3. 3.

Leonard Smithers
Royal Arcade London W
Mdcccxcviii

Página de rosto de A balada do cárcere de Reading, *publicada por Leonard Smithers (fevereiro de 1898).*

Nesta carta, tentei apontar algumas das reformas que considero necessárias ao nosso sistema penitenciário inglês. Elas são simples, pragmáticas e humanas. São, é claro, apenas o começo. Mas já é hora das coisas começarem a ser feitas e isso só acontecerá com uma forte campanha de opinião pública em seu poderoso jornal e fomentada por ele.

Mas, para tornar essas reformas efetivas, muito tem de ser feito. E a primeira missão, e talvez a mais difícil delas, seja humanizar os diretores das prisões, civilizar os carcereiros e cristianizar os capelães. Seu, etc.

O AUTOR DE A BALADA DO CÁRCERE DE READING

TELEGRAMA A ROBERT ROSS

12 de abril de 1898   Paris

Constance morreu. Por favor, venha amanhã e fique comigo no hotel. Estou extremamente aflito.

OSCAR

A CARLOS BLACKER

13 de abril de 1898   Paris

Meu caro Carlos, é realmente terrível. Não sei o que fazer. Se pelo menos tivéssemos nos encontrado uma vez e nos beijado.

Agora é tarde. Como a vida é horrível. Como você foi bom vindo imediatamente. Estou fora de mim e não ouso ser eu mesmo. Sempre seu,

OSCAR

A ROBERT ROSS

Agosto de 1898   Hôtel d'Alsace, Rue des Beaux-Arts

Querido Robbie, onde você está? O cheque chegou bem, mas não havia caneta ou tinta no *département* no qual eu estava (Seine-et-Oise) e por isso não pude validá-lo.

Tenho estado com Rothenstein e Corder. Ambos têm sido muito bons para mim. O Sena é apaixonante e há lá maravilhosos remansos, com salgueiros e álamos, além de lírios-d'água e pássaros cor de turquesa. Banhava-me duas vezes por dia e passava a maior parte do tempo passeando de barco. Nichol, o filho daquele professor de Glasgow, também esteve lá — um bom sujeito, mas louco. Ele não pensa ou fala e, no lugar de conversar, fica sempre citando trechos de poemas de Swinburne. O que, de todo modo, não deixa de ser uma boa idéia.

Você permitiria que eu dedicasse a você *A importância de ser prudente*? Gostaria muito de escrever seu nome na página de dedicatórias ou, pelo menos, suas iniciais. Os jornais vespertinos poderiam descobrir sua identidade caso ela fosse apropriadamente indicada. Sempre seu,

OSCAR

A ROBERT ROSS

23 de novembro de 1898   Grand Café, 14 Boulevard des Capucines, Paris

Meu querido Robbie, as roupas são absolutamente encantadoras — bem adequadas para minha idade avançada. As calças estão bem apertadas na cintura. Este é o resultado de eu raramente jantar bem: nada engorda mais do que um jantar de 1 franco e 50. Mas o colete azul é um sonho. Recebi Smithers assim. Ele foi maravilhoso, e depravado, indo acompanhado por verdadeiros monstros aos musicais, mas tivemos bons momentos e ele foi muito gentil.

Será que eu iria incomodá-lo muito pedindo que me remetesse agora a pensão de dezembro? Um estalajadeiro patife em Nogent, para quem estou devendo 100 francos, fora uma conta que já chega aos 300 francos, está ameaçando vender a maleta que Reggie me deu, meu sobretudo e dois ternos caso eu não pague a ele até sábado. Ele confiscou as coisas e agora ameaça vendê-las. Como falta menos de uma semana, talvez você consiga arrumar a situação sem que isso lhe cause muitos transtornos.

Sir John foi surpreendente ao iniciar um romance absurdo com um rapaz de boulevard que, é claro, vem enganando-o e tratando-o pessimamente mal. O estopim de tudo foi Sir John ter dado a ele um terno — um motivo admirável. Despir é romance, vestir é filantropia. Você tem sido muito filantrópico comigo, mas é também romântico — o único exemplo vestido de falta de filosofia. Mande-me o cheque assim que puder. Sempre seu,

OSCAR

A ROBERT ROSS

2 de fevereiro de 1899   Hôtel des Bains, Napoule

Meu querido Robbie, obrigado pelo cheque, já devidamente recebido. Sua avaliação a respeito de Henry James divertiu muito a Frank Harris: é uma história deliciosa para sua memorabilia.

Hoje choveu pela primeira vez — quase um dia irlandês. Mas ontem fez um dia maravilhoso. Fui a Cannes assistir à *Bataille des Fleurs*. A mais linda carruagem — toda adornada com rosas amarelas e seus cavalos ornados com tirantes e arreios de violetas — estava ocupada por um velho, inglês, com cara de mau. No coche, ao lado do cocheiro, estava sentado seu valete, um rapaz lindíssimo, todo salpicado de flores. "Imperial, Roma neroniana", murmurei.

Autografei os exemplares da peça para Smithers e um exemplar em papel pergaminho japonês para você. Smithers irá mostrar-lhe minha lista. Caso eu tenha-me esquecido de alguém, avise-me. É claro que o querido More Adey ganhará uma dedicatória generosa, assim como Reggie.

Harold Mellor estará em Londres no final do mês. Ele vai até lá para me conseguir algumas gravatas. Pedi a ele que escrevesse a você. É um camarada encantador, muito culto, apesar de achar que a Literatura é uma expressão inadequada da Vida. Não deixa de ser verdade. Mas uma obra de Arte é uma expressão adequada da Arte, esta é a sua meta. Apenas isso. A Vida é meramente o *motif* para um modelo. Espero que tudo esteja bem com você. Frank Harris está lá em cima, pensando sobre Shakespeare em voz alta. Estou verdadeiramente à toa. Sempre seu,

OSCAR

A ROBERT ROSS

1º de março de 1899   Gland, Canton Vaud, Suíça

Meu querido Robbie, obrigado por sua encantadora carta, que eu encontrei à minha espera quando cheguei ontem de Gênova.

Foi um grande prazer escrever o seu nome na página de dedicatórias. Eu só queria que a peça fosse uma maravilhosa obra de arte — com a mais séria das intenções —, mas há nela coisas bem divertidas e acho o tom e o equilíbrio de todo o trabalho brilhante e feliz.

Fui a Gênova para visitar o túmulo de Constance. Ele é muito bonito — uma cruz de mármore envolvida por folhas negras de hera, formando um belo padrão. O cemitério está aos pés das adoráveis colinas que levam até as montanhas que circundam Gênova. Foi por demais trágico ler o nome dela escavado na tumba — com meu nome e sobrenome omitidos, é claro: apenas "Constance Mary, filha de Horace Lloyd" e um verso das *Revelações*. Comprei algumas flores. Eu estava profundamente tocado e também com o sentimento da inutilidade de todos os remorsos. Nada poderia ter sido diferente e a Vida é uma coisa absolutamente terrível.

Estamos em uma bela casa à beira do lago e ficamos observando a neve e as colinas da Savóia. Genebra está a meia hora daqui, de trem. Você pode vir quando quiser. Acho que aqui é lindo em abril, com uma grande ostentação de flores.

Há um cozinheiro italiano e um rapaz chamado Eolo que me esperam à mesa. O pai do rapaz contou a Mellor em Spezia que o batizou de Eolo porque ele nasceu em uma noite de tremenda ventania. Creio que é uma bela forma de se escolher um nome. Um camponês inglês teria dito "nós o chamamos de John, sir, por que nós o fizemos em cima de um monte de feno".

Não há um pingo de verdade na propaganda de Sedger e estou furioso com isso[108]. É monstruoso. Minha única chance é a peça ser produzida anonimamente. De qualquer outra forma, a noite de estréia seria um horror e as pessoas ficariam achando duplos sentidos em cada frase.

Estou tentando andar de bicicleta. Nunca me esqueci da aula que você tão gentilmente me deu — até minha perna lembra-se muito bem.

Escreva-me de novo o mais breve possível. Será que eu me esqueci de algum nome para quem devesse enviar um exemplar? Sempre seu,

OSCAR

A FRANK HARRIS

19 de março de 1899   Gland, Suíça

Meu querido Frank, estou, como você pode ver aí em cima, na Suíça com Mellor: a mais esquisita das combinações. A *villa* é linda e às margens do lago, com lindos pinheiros ao redor. Do outro lado estão as montanhas da Savóia e o Mont Blanc. Estamos, conduzidos por um trem vagaroso, a uma hora de Genebra. Mas

---

108) Horace Sedger (1853-1917), empresário teatral. Wilde vendeu-lhe a opção de produzir uma peça que eventualmente se chamaria *Senhor e senhora Daventry*.

Mellor é entediante e falta-lhe assunto e tudo o que ele me oferece para beber é vinho suíço. É um horror. Ele ocupa-se com ninharias e interesses domésticos desprezíveis. Então, estou sofrendo demais. *Ennui* é o inimigo.

Caricatura de Oscar Wilde como Um marido ideal, *por Harry Furniss (janeiro de 1895).*

Gostaria de saber se me permitira dedicar a você minha próxima peça, *Um marido ideal*, que Smithers está preparando para mim da mesma maneira que a outra — espero que você tenha recebido seu exemplar. Eu gostaria muito de escrever seu nome, ao lado de algumas palavras, na página de dedicatórias.

Lembro-me com alegria e pesar daquele dia ensolarado na Riviera e do encantador inverno que você, tão gentil e generosamente, proporcionou-me. Foi muita bondade sua. Não esquecerei jamais de tudo isso.

Na próxima semana, chegará um barco petroleiro, o que me irá consolar um pouco, já que adoro a proximidade com a água. Além do mais, o lado da Savóia está cheio de lindos vilarejos e vales verdejantes.

É claro que ganhamos nossa aposta. A frase de Shelley está no prefácio que Mathew Arnold fez para as obras de Byron: mas Mellor não vai pagar-me! Ele sofre de profunda agonia se tem de desembolsar qualquer franco. É extremamente irritante não ter um tostão desde que cheguei aqui. De qualquer maneira, vou sair à cata de uma *pension* suíça, onde não é cobrada taxas semanais.

Minhas mais gentis saudações à sua esposa. Sempre seu,

OSCAR

A FRANCES FORBES-ROBERTSON

Junho de 1899   Hôtel Marsollier, Paris

Minha querida, doce e linda amiga, Eric acabou de me enviar sua encantadora carta e estou maravilhado com a oportunidade de lhe mandar minhas congratulações por seu casamento e todos os melhores votos de felicidade por parte de alguém que sempre amou e admirou você. Encontrei Eric por acaso e ele me contou a respeito do casamento. Ele estava tão pitoresco e delicado como sempre, mas mais distraído do que o usual. Fiquei bem furioso com ele que não conseguia nem se lembrar com quem você havia-se casado, se o noivo era loiro ou moreno, jovem ou velho, alto ou baixo. Também não conseguia lembrar-se onde você tinha-se casado, o que você vestira ou sequer se você estava ainda mais linda do que o habitual. Ele me disse que havia muita gente na cerimônia, mas não se lembrava do nome de ninguém. Mas se lembrava, contudo, que Johnston estava presente. Ele falava de tudo como se estivesse descrevendo uma espécie de paisagem envolta em uma neblina matinal. Na ocasião, ele não conseguiu lembrar-se do nome de seu marido, mas me disse que talvez o tivesse anotado em casa. Ele adentrou sonhadoramente no Boulevard seguido por minhas mais violentas reprovações, as quais eram para ele o mesmo que a música é para as flautas. Ele continuava com aquele sorriso bobo de quem está sempre procurando a lua ao meio-dia.

Então, querida Frankie, você está casada e seu marido é um "rei dos homens"! É exatamente isso o que ele deve ser: aqueles que se casam com as filhas dos deuses são reis, ou acabam tornando-se um.

Não tenho nada a lhe oferecer a não ser um de meus livros, como aquela absurda comédia intitulada *A importância de ser prudente*, que envio a você na esperança que ela encontre lugar em uma de suas estantes e lhe seja permitido olhar para você de tempos em tempos. O livro está lindamente encapado com papel pergaminho japonês e pertence a uma família limitada de nove exemplares, estando longe de ser uma edição popular. O volume recusa-se a reconhecer as pobres relações existentes em qualquer coisa cujo valor seja apenas de seis pence. Como é grande o orgulho por um nascimento. É uma grande lição.

Ah, que fantástico seria *estar* com você e seu marido em sua própria casa. Mas, minha querida criança, como eu poderia fazê-lo? Estamos separados por quilômetros de mar e de terra, pelas montanhas púrpuras e pelos rios prateados — e você não faz idéia o quão pobre eu estou. Na verdade, não tenho um tostão. Eu vivo, ou finjo que vivo, apenas com alguns poucos francos por dia. Sou as sobras resgatadas de um naufrágio. Como o querido São Francisco de Assis, eu me casei com a Pobreza. Só que, no meu caso, o casamento não é um sucesso: odeio a noiva e tudo o que ela me oferece, não vejo beleza em fome e em seus farrapos. Não possuo o espírito de São Francisco: tenho sede da beleza da vida, desejo sua alegria. Mas foi adorável de sua parte me convidar e, por favor, diga ao "rei dos homens" o quão emo*cionado* e grato eu fiquei pelo convite que vocês me fizeram.

Escreva-me de vez em quando para me contar as belezas que você descobriu na vida. Eu vivo agora apenas de ecos, como se ainda tivesse uma fraca melodia dentro de mim. Seu velho amigo,

OSCAR

A ROBERT ROSS

28 de fevereiro de 1900   Hôtel d'Alsace

Meu querido Robbie, como eu posso ter escrito a você nesses últimos três *meses se ando* tão mal, que estou de cama desde a última segunda-feira? Estou muito doente e o médico tem feito todo o tipo de experiências comigo. Minha garganta é um forno de cal, meu cérebro é uma fornalha e meus nervos são um carretel de víboras furiosas. Estou, aparentemente, no mesmo estado que você.

Maurice — você se lembra dele? — tem vindo gentilmente me ver e estou compartilhando todos meus remédios com ele, dando-lhe a pouca hospitalidade que posso. Ficamos ambos horrorizados ao saber que as suspeitas que Bosie tinha sobre você eram justificadas. O fato de ter-se convertido ao protestantismo fez de você alguém terrivelmente *unique* (eu contei a Maurice como se soletra essa última palavra porque fiquei com medo que ele usasse uma palavra que aparece várias vezes na bíblia protestante)[109].

Aleck[110] almoçou comigo e Bosie um dia e, em outro, apenas com Bosie. *E*le foi ext*rema*mente amistoso e agradável e deu-me um *deprimente relat*o a seu respeito. Fiquei sabendo que você, assim como eu, havia-se tornado um neurastênico. Tenho estado assim há quatro meses, completamente incapaz de sair da cama até o começo da tarde e incapaz de escrever qualquer tipo de carta. Meu médico tem tentado curar-me com arsênico e estricnina, mas sem muito sucesso. Além disso, acabei intoxicando-me ao comer mexilhões. Então, você pode ver com exatidão a vida trágica que tenho levado. A intoxicação com mexilhões é extremamente dolorosa e, quando tomamos banho, ficamos parecendo um leopardo. Rezo para que nunca coma mexilhões.

Assim que estiver bem escreverei a você uma longa carta. Aquela sua, convidando-me para nos encontrarmos em Roma, nunca chegou.

Muito obrigado pelo cheque, mas sua carta foi realmente um horror. Com amor, sempre seu,

OSCAR

---

109) A palavra em questão é, provavelmente, "eunuco". (N.T.)
110) Aleck Ross, irmão de Robert Ross. (N.T.)

A ROBERT ROSS

16 de abril de 1900   Piazza di Spagna, Roma

Meu querido Robbie, eu simplesmente não consigo escrever. Isso é horrível, não por mim, mas para mim. É uma espécie de paralisia — um cacoethes tacendi —, a única forma que a doença realmente me afeta.

Bem, tudo correu satisfatoriamente. Minha estada *em Palermo, on*de fiquei por oito dias, foi apaixonante. Ela é a mais maravilhosamente bem localizada cidade do mundo, enlevando de forma sonhadora sua existência no Conca D'Oro, o lindo vale que se debruça sobre dois mares. Os bosques carregados de limoeiros e os jardins de laranjeiras são tão perfeitos, que voltei a ser um pré-rafaelita e repugnei os mais comuns dos impressionista*s, que tu*rvam o espírito e obscurecem a inteligência não fazendo nada além do que turvar e obscurecer aquelas "lamparinas douradas que pendem das noites esverdeadas" que tanto me encheram de alegria. Os elaborados e refinados detalhes dos verdadeiros pré-rafaelitas é a compensação que eles nos oferecem pela ausência de ação em suas telas. A Literatura e a Música são as únicas artes que não são de fato imóveis.

Em nenhum lugar, nem mesmo em Ravena, vi mosaicos tão maravilhosos. Na Cappella Palatina, cuja nave central é toda recoberta de ouro, podemos realmente sentir como se estivéssemos sentados no coração de uma grande colméia observando os anjos cantarem. E olhar os anjos, ou mesmo pessoas, cantando é melhor do que as ouvir. É por isso qu*e* os grandes artistas sempre dão a seus anjos alaúdes sem cordas e flautas sem orifícios, nas quais nenhum vento pode penetrar e emitir seus trinados.

Você já deve ter ouvido falar de Monreale, com seu mosteiro e sua catedral. Fomos várias vezes até lá, levados por cocchieri, que eram os mais bem-acabados exemplos de rapazes. Eles sim são de raça, e não os cavalos sicilianos. Os mais belos eram Manuele, Francesco e Salvatore. Adorei a todos, mas só consigo lembrar-me de Manuele.

Também fiz grande amizade com um jovem seminarista que vivia dentro da Catedral de Palermo. Ele e outros onze rapazes moravam sob o telhado, como pássaros.

Todos os dias ele me mostrava uma novidade da catedral e eu fiquei realmente melancólico diante do enorme e escuro sarcófago onde Frederico II descansa. É uma coisa ao mesmo tempo sublime e monstruosa, da cor de sangue e sustentado por leões que pareciam ter adquirido muito da fúria do espírito inquieto do grande imperador. Inicialmente, meu jovem amigo, chamado Giuseppe Loverde, me deu informações. Mas, no terceiro dia, fui eu quem dei informações a ele e, como sempre, reescrevi a História, contando-lhe tudo sobre o Grande Rei e sua Corte de

Poetas e sobre o terrível livro que ele nunca escreveu. Giuseppe tinha quinze anos e era muito delicado. Seu motivo para entrar na Igreja era singularmente medieval. Perguntei-lhe porque havia decidido tornar-se um clérigo e como o fez. Sua resposta foi: "Meu pai é um cozinheiro muito pobre e somos muitos lá em casa. Por isso me pareceu ser uma boa idéia haver menos uma boca para alimentar em um lar tão pequeno como o nosso. Apesar de eu ser muito magro, como demais. Temo que até mais do que deveria!".

Disse-lhe que ficasse em paz, pois Deus muitas vezes lança mão da pobreza como uma maneira de aproximar as pessoas Dele. Já os ricos nunca são lembrados ou, se o são, isso ocorre muito raramente. Como Giuseppe ficou reconfortado com o que eu disse, dei-lhe um pequeno missal, bem bonito, com muito mais ilustrações do que orações. Será muito útil a Giuseppe, que tem olhos lindos. Também lhe dei algumas liras e lhe profetizei um barrete cardinalício caso continuasse sendo uma boa pessoa e caso nunca se esquecesse de mim. Ele me disse que nunca me esqueceria e creio que nunca o fará mesmo, pois todos os dias eu o beijava atrás do grande altar.

Ficamos em Nápoles por três dias. Muitos de meus amigos, como você sabe, estão na prisão, mas encontrei alguns de ótima memória e me apaixonei por um deus marinho que, por alguma boa razão, está na escola Regia Marina, em vez de estar com Tritão.

Chegamos a Roma na Quinta-Feira Santa. Mellor foi embora no sábado para Gland e ontem, para o horror do cardeal Grissell e de toda a corte papal, eu apareci no Vaticano logo na primeira fileira de peregrinos e recebi as bênçãos do Santo Padre — uma benção que eles teriam-me negado.

Ele estava maravilhoso ao surgir diante de mim sendo carregado em seu trono. Não era de carne e osso, mas sim um espírito alvo dentro de vestes brancas, e era tanto um artista *quanto um s*anto — essa foi a única vez na qual pudemos acreditar nos jornais.

Não vi nada além do que a graciosidade extraordinária de seus gestos quando ele erguia-se para, de vez em quando, dar sua benção — possivelmente para os peregrinos, mas certamente para mim. Tree deveria vê-lo. É sua única chance.

Fiquei profundamente impressionado e minha bengala chegou a mostrar sinais de que iria florescer — e acho que realmente o faria se não me tivesse sido tirada na entrada da capela pelo Valete de Espadas. Essa estranha proibição deve ser, obviamente, em homenagem a Tannhäuser.

Como eu consegui a entrada? Por milagre, é claro. Achei que não havia qualquer esperança e não fiz *nenhum esforço*. Às cinco da tarde de sábado, eu e Harold fomos tomar chá no Hôtel de l'Europe. Subitamente, quando eu comia torradas com manteiga, um homem — ou algo que parecia ser um —, vestido como um carregador de hotel, entrou e perguntou-me se eu gostaria de ver o Papa no Dia de

Páscoa. Eu abaixei a cabeça humildemente e disse "Non sum dignus", ou outras palavras com o mesmo efeito. Ele imediatamente me conseguiu a entrada!

Quando digo a você que a aparência do tal homem era de uma feiúra sobrenatural e que minha entrada custou trinta peças de prata, não preciso dizer mais nada.

Outra curiosidade do mesmo tipo é que, toda vez que passo em frente ao hotel — coisa que faço constantemente —, vejo o mesmo homem. Os cientistas chamam esse fenômeno de obsessão do nervo ótico. Nós sabemos melhor do que se trata.

Na tarde do Domingo de Páscoa, fui assistir à missa vespertina no Lateran: a música era esplendorosa. No final, um bispo vestido de escarlate e com luvas vermelhas — exatamente como Patter fala em Gaston de Latour — foi até o balcão e mostrou-nos as relíquias. Ele era moreno e usava uma mitra amarela. Era um homem medieval e sinistro, mas soberbamente gótico, exatamente como os bispos esculpidos nas cadeiras das igrejas ou nos portais. E pensar que tanta gente já fez escárnio dessa postura de vitral! Estas eram as únicas posturas possíveis. A visão deste bispo, a quem observei com fascinação, encheu-me com o sentimento do grande realismo da arte gótica. Nem na arte grega nem na gótica há qualquer tipo de pose. As poses foram inventadas por péssimos pintores de retratos e a primeira pessoa a posar foi um cambista, que desapareceu completamente desde então.

Homer fala muito de você — até um pouco demais. Ele tem leves suspeitas a respeito de sua infidelidade e seu retorno repentino pareceu-lhe problemático. A alusão que você fez à conduta dele em um cartão-postal era bem misteriosa. O que era a tal dolorosa "revisão"?

Adicionei um Pietro Branca-D'Oro ao grupo. Ele é sombrio e melancólico e o amo muito.

Estou enviando uma foto que tirei no Domingo de Ramos em Palermo. Mande-me algumas suas e ame-me sempre — e tente ler essa carta. É um trabalho de uma semana fazê-lo.

Mande minhas mais gentis lembranças à sua querida mãe. Eternamente,

OSCAR

Oscar Wilde em frente ao Corridore del Bernini, Praça São Pedro, Roma (1900).

A ROBERT ROSS

Maio-junho de 1900   Hôtel d'Alsace, Paris

Queridíssimo Robbie, finalmente cheguei. Fiquei ainda dez dias com Harold Mellor em Gland. Foi encantador andar de automóvel, mas, é óbvio, ele acabou quebrando. Os automóveis, como todas as máquinas, são muito mais voluntariosos do que os animais — são coisas estranhas, nervosas e irritáveis. Vou acabar escrevendo um ensaio a respeito do "ataque de nervos no mundo inorgânico".

Frank Harris está aqui, e Bosie também. Perguntei a Bosie após o jantar o que você havia-me sugerido — sem mencionar quaisquer valores. Ele acabou de ganhar 400 libras nas corridas e outras 800 libras há alguns dias, então está muito bem humorado. Quando toquei no assunto, ele teve um ataque de raiva, soltando a seguir uma risada sarcástica, e disse-me que aquela tinha sido a mais monstruosa sugestão que ele já havia ouvido em toda a vida e que não daria a menor importância a ela. Ele disse ainda que estava absolutamente surpreso com o que eu tinha sugerido e que não via nenhum motivo para eu lhe pedir qualquer coisa. Ele ficou realmente revoltado — e eu fiquei completamente amargurado. Falei com Frank Harris sobre isso e ele ficou muito surpreso. Mas fez a sábia observação: "Não devemos nunca pedir nada. É

Fachada do Hôtel d'Alsace, em Paris, o último endereço de Oscar Wilde.

sempre um erro.". Ele me disse que eu deveria ter sondado alguém para conversar com Bosie e fazer o pedido por mim. Eu tinha pensado a mesma coisa, mas você declinou da idéia de corresponder-se com ele falando de dinheiro, fato que não me surpreendeu.

Este é, sem dúvida, um incidente verdadeiramente horrível e desgostoso. Quando me lembro das cartas dele para Dieppe, suas garantias de eterna devoção, suas súplicas para que eu vivesse sempre com ele, suas incessantes ofertas de me dar toda sua vida e tudo o que possuía, se*u des*ejo de reparar de alguma maneira a ruína que ele e sua família haviam-me causado... Bem, tudo isso me deixa doente e causa-me náusea.

O incidente aconteceu no Café de la Paix e, só por isso, não fiz nenhuma cena. Apenas lhe disse que, já que ele não reconhecia nenhum motivo para o meu pedido, não havia mais nada a ser dito.

Jantamos na noite passada com Frank Harris no Maire's. Eu estava do mesmo jeito de sempre, mas Bosie, como sempre acontece quando tem dinheiro, estava desprezível, mesquinho e ganancioso. Ele sempre acusa você de ter uma visão comercial burguesa sobre dinheiro, em vez de ser generoso, cavalheiresco e aristocrático, mas nessas horas ele torna-se um verdadeiro Herodes. "Não tenho a menor intenção de gastar um tostão com ninguém que não seja eu mesmo", foi uma de suas observações. Pensei em você e no querido More, e em toda a sua generosidade, cavalheirismo e sacrifício por mim. É uma coisa muito feia o que ele fez: enodoa a vida.

Mande-me logo o cheque, como um bom garoto. Sempre seu,

OSCAR

Estou horrorizado com a falência de Smithers. É realmente terrível.

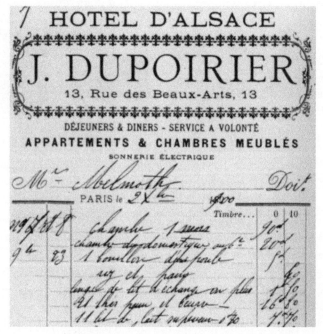

Última fatura de "Mr. Melmoth" no Hôtel d'Alsace.

A FRANK HARRIS

20 de novembro de 1900   Hôtel d'Alsace

Querido Frank, tenho estado de cama pelas últimas dez semanas e continuo muito doente. Tive uma recaída há duas semanas. Mas, apesar disso, tenho muitos motivos para escrever-lhe, além de ter de falar do dinheiro que me está devendo. As despesas com a minha doença já chegam a 200 libras e tenho de rogar para que me pague imediatamente a soma que ainda me deve. No dia 26 de setembro, quase dois meses atrás, você redigiu de próprio punho um documento no qual prometia pagar-me, em uma semana a partir daquela data, o valor de 175 libras, além de mais 25 libras por todos os lucros auferidos. Você me explicou que havia deixado seu talão de cheques em Londres, mas que me enviaria um cheque assim que voltasse, o que estava marcado para o dia seguinte. Você me deu 25 libras por conta disso e eu naturalmente aceitei a palavra de um de meus mais antigos amigos, ainda mais que tinha um documento escrito por você mesmo, apesar de não estar assinado. Por isso dei um recibo no valor total do débito. Eu não tinha a menor dúvida de que, em uma semana, você iria pagar-me. Duvidar disso seria o mesmo que duvidar do brilho do sol ou da lua. No entanto, uma semana passou-se sem eu ter qualquer notícia sua, e finalmente o cirurgião, cumprindo suas obrigações, veio a mim e disse que eu deveria ser operado logo e que as conseqüências de um retardamento da cirurgia poderiam ser fatais. Consegui o dinheiro necessário entre meus amigos, com grande dificuldade. Melhor dizendo, foram eles que conseguiram o dinheiro para mim, os 1.500 francos de honorários médicos, o que me permitiria ser operado com anestesia de clorofórmio. Então, telegrafei a você pedindo que me mandasse imediatamente o dinheiro que me devia. Tudo o que recebi como resposta foram outras 25 libras. Você não tocou mais no assunto e me deixou na mais terrível situação que eu poderia imaginar. Não desejo criticar sua conduta comigo, estou apenas relatando os fatos como são. Atualmente, você me deve — de acordo com o documento de dois meses atrás — a soma de 125 libras. Também está devendo-me as 25 libras a mais — a minha parte das 100 libras — que foram pagas como adiantamento pela senhora Campbell. Você me disse no Durant's que esse valor não era um adiantamento de honorários. Gostaria de saber se é isso mesmo ou não. A peça já está em cartaz há três semanas, eu acho, e até agora não recebi nenhuma prestação de contas ou meus direitos autorais. Uma prestação de contas quanto aos ingressos vendidos e meus honorários como autor deveriam, obviamente, ser enviados para mim semanalmente. Tenho de perguntar a você o que está acontecendo, já que, do jeito que estou, não posso ir a lugar algum. Estou constantemente às voltas com dois médicos e seus assistentes, uma enfermeira e todos os terríveis prejuízos causados por uma doença longa e perigosa.

Com relação a Smithers, estou — devo admitir — espantado que você tenha permitido que ele o chantageasse, mas está fora de questão o fato de você ter tentado resguardar-se do dinheiro que me devia e tentado seqüestrar a minha pequena parte dos lucros. Em nenhum momento lhe dei permissão para isso. Alguns anos atrás, fiz um acordo com Smithers no qual me dispunha a escrever uma peça para ele em um determinado prazo. Não fui capaz de cumprir minha parte do acordo e, quando estivemos juntos em Paris, Smithers formalmente renunciou a qualquer pretensão por eu ter quebrado minhas obrigações contratuais. É verdade que não obtive essa decisão por escrito, mas Smithers era, naquela época, um grande amigo meu e, como fiz com você mais tarde, achei que a palavra de um amigo me bastava. Em contrapartida, prometi dar a ele a permissão de publicar duas de minhas peças, além dos direitos autorais de um poema cujas ilustrações ficariam a cargo de um artista de grande talento. De lá para cá, como você sabe, Smithers faliu e eu me tornei um de seus credores. Se Smithers achasse que meu acordo com ele ainda era válido, teria naturalmente movido uma ação contra mim, mas ele não o fez, o que demonstrou com clareza que, na opinião dele, o acordo havia realmente prescrito. O fato de ele ir até você na tentativa de extorquir dinheiro é um verdadeiro ato de chantagem, já que meu acordo vencido com ele valia apenas 5 shillings — e este dinheiro pertence obviamente ao Depositário Oficial, com Smithers tendo tanto direito sobre ele quanto um homem comum das ruas. É desnecessário dizer isso a você. Como Smithers cometeu a mais séria ofensa contra as leis de falência e considerando que esse fato pode chegar ao conhecimento do Depositário Oficial, creio que ele vai acabar em uma situação bem delicada, quiçá até criminal. Se você contar esses fatos a seu advogado, ele irá dizer-lhe que estou com toda a razão. E, considerando que Smithers não gastou as 100 libras que extorquiu em uísque e soda, seu advogado poderá recuperar o dinheiro para você. Contudo, esse problema é seu, e não meu. Mas, como Smithers anda tendo sérias dificuldades com o Depositário Oficial, não posso deixar de pensar que ele corre o risco de acabar na cadeia.

Quando o tal de Nethersole entrava aqui quase diariamente durante as piores crises de minha doença e tentava chantagear-me, dizendo que tinha conseguido uma cópia de meu libreto e que uma peça pertencia a qualquer homem que possuísse uma cópia dessas, e se eu tivesse, nessas circunstâncias, sido tolo o bastante para lhe entregar 200 libras, você se espantaria se eu, a seguir, lhe escrevesse pedindo que tirasse o mesmo valor de seu bolso. Muito bem: sem querer fazer nenhum paralelo, seu advogado irá dizer-lhe que a conduta de Smithers é inteiramente ilegal e que você foi um tolo em aceitá-la.

Quanto a mim, sinto muito o que aconteceu a você, mas não posso perdoá-lo, nem espero que ache que eu vá fazê-lo. A coisa mais importante, porém, é acertar-mos nossas contas e por isso eu rogo que me mande as 150 libras que me deve, assim como todos os direitos autorais que têm de ser pagos.

Não preciso dizer o quanto fiquei angustiado com a maneira que as coisas aconteceram entre nós, mas você deve lembrar-se que a falha em nenhum momen-to foi minha. Se você tivesse mantido sua palavra comigo, cumprido o acordo e me mandado o dinheiro que me pertence e pelo qual lhe dei um recibo que você ainda deve ter, tudo teria ficado bem. E, se eu tivesse realmente me recuperado há duas semanas, eu não estaria nesse estado de ansiedade mental que a sua conduta me coloca durante todo o dia, acompanhada ainda por uma insônia que nenhum opiáceo prescrito pelo médico consegue curar. Hoje é terça-feira, dia 20. Conto com o recebimento das 150 libras que me deve. Sinceramente seu,

OSCAR

OBTUÁRIO, *THE TIMES*, 1 DE DEZEMBRO DE 1900

Um telegrama da Reuter enviado de Paris informa que Oscar Wilde morreu naquela cidade na tarde de ontem de meningite. O melancólico fim de uma carrei-ra que prometia tanto aconteceu em um obscuro hotel do Quartier Latin. Era ali que o outrora brilhante homem de letras estava vivendo, exilado de seu país e da sua sociedade. O veredicto que ele recebeu no tribunal de Old Baley em maio de 1895 destruiu para sempre sua carreira e o condenou a uma ignóbil obscuridade pelo resto de seus dias. Quando recebeu a sentença de dois anos de trabalhos forçados, tanto sua saúde quanto suas finanças ficaram destroçadas e ele perdeu sua fama e fortuna. A morte acabou logo colocando um ponto final em uma vida que estava desgraçada e cheia de remorsos inúteis.

FIM

O túmulo definitivo de Oscar Wilde, esculpido por Jacob Epstein, no cemitério de Père-Lachaise, Paris.

Este livro terminou
de ser impresso no dia
30 de novembro de 2001
nas oficinas da
Associação Palas Athena,
em São Paulo, São Paulo.